Karl Jaspers

카를 야스퍼스

<지식을만드는지식 사상선집>은
인류의 유산으로 남을 만한 작품만을 선정합니다.
오랜 시간 그 작품을 연구한 전문가가
정확한 번역, 전문적인 해설, 풍부한 작가 소개, 친절한 주석을 제공하는
고급 사상 선집입니다.

지식을만드는지식 사상선집

Karl Jaspers

카를 야스퍼스

쿠르트 잘라문(Kurt Salamun) 지음

정영도 옮김

대한민국, 서울, 지식을만드는지식, 2022

편집자 일러두기

- 이 책은 초판본 ≪Karl Jaspers≫(1985, C. H. Beck)를 원전으로 삼아 번역했습니다. 단, 마지막 장인 <영향>은 초판을 집필하던 상황과 많이 달라졌다고 판단한 원저자의 요청에 따라 이후 출간된 개정 증보판의 내용으로 교체해 번역했습니다.
- 본문의 괄호 안에 든 약어와 숫자는 참고한 책과 쪽수입니다. 약어는 이 책의 약어 목록을 참고하면 됩니다.
- 주석은 모두 원전을 그대로 옮긴 것입니다.
- 외래어 표기는 현행 한글어문규정의 외래어표기법을 따랐습니다.

차 례

머리말 · · · · · · · · · · · · · · · · · ix
제2판 머리말 · · · · · · · · · · · · · · · · · xii

I. 삶의 고비와 정신적 발전

청년 시절 대학교에서의 공부, 정신의학 연구 · · · · · 3
하이델베르크대학 시절, 심리학에서 철학으로의 길 · · 12
바젤에서의 활동 · · · · · · · · · · · · · · · · 16

II. 철학적 저작

철학의 과제와 목표 · · · · · · · · · · · · · · · 23
   실천으로서의 철학 · · · · · · · · · · · · 23
   반독단적 사유로서의 철학 · · · · · · · · · · 28
   존재의 확신으로서의 철학 · · · · · · · · · · 39
철학의 방법 · · · · · · · · · · · · · · · · 44
   간접적 전달로서의 철학 · · · · · · · · · · 44
   초월하는 사유로서의 철학 · · · · · · · · · · 51

    위에서 서술한 철학 이해의 문제성에 대해서 · · · 60
실존의 개념 · · · · · · · · · · · · · · · · · · · 70
    인간의 자기실현이라는 실존철학적 표상 · · · · · 70
    객관적 현존재로서의 인간과 실존으로서의 인간 · 87
    한계상황에서의 자기생성 · · · · · · · · · · · 105
사귐의 철학 · · · · · · · · · · · · · · · · · · · 119
    사귐의 객관적 여러 양태 · · · · · · · · · · · 119
    실존적 사귐을 위한 행동에의 호소 · · · · · · 124
    실존적 사귐과 대화 · · · · · · · · · · · · · 138
포괄자론(包括者論)과 이성의 철학 · · · · · · · · 146
    본래적 존재로서의 포괄자 · · · · · · · · · · 147
    포괄자의 여러 양태와 다원성의 이상 · · · · · 156
    역동적인 보편 원리로서의 이성 · · · · · · · 164
정치적 사유 · · · · · · · · · · · · · · · · · · 172
    도덕적 · 정치적 전향의 요청 · · · · · · · · 173
    전체주의 비판 · · · · · · · · · · · · · · · 193
    이성과 민주주의와 정치적 에토스 · · · · · · 200
철학과 과학 · · · · · · · · · · · · · · · · · · 213
    좁혀진 과학 개념 · · · · · · · · · · · · · 215
    과학의 기준 · · · · · · · · · · · · · · · 216
    철학과 과학의 상호 관계 · · · · · · · · · · 226

철학과 종교 · · · · · · · · · · · · · · · · · 231
　종교 비판과 종교의 철학적 내실 · · · · · · · · 232
　초월자의 개념과 암호의 형이상학 · · · · · · · 240
　좌절의 사상과 철학적 신앙 · · · · · · · · · · 252
철학과 교육 · · · · · · · · · · · · · · · · · 261
　인격 형성을 위한 가치 교육으로서의 교양 · · · 264
　높은 수준의 대학 교육의 목표로서 과학적 사고 · 271
　가치 지향적 교육 구상의 현실성 · · · · · · · · 281

III. 영향

독일에서의 수용 · · · · · · · · · · · · · · · · 291
국제적인 반향 · · · · · · · · · · · · · · · · 305

약어 · 317

해설 · 321
지은이에 대해 · · · · · · · · · · · · · · · · 327
옮긴이에 대해 · · · · · · · · · · · · · · · · 329

머 리 말

　카를 야스퍼스의 철학을 비판적으로 소개하고자 하는 이 책은 두 가지의 입장에 의해 거부될 것으로 예측한다. 그 첫째 입장은 야스퍼스를 비합리주의자로 보고 있고, 또 그의 사상에 대해 진지하고 근본적으로 몰두하는 경우 어떤 보상도 없으리라는 것을 확신하는 사람들에 의해 대표된다. 이러한 사람들은 야스퍼스의 초기 심리학적 저서 및 실존철학적 저서들로부터 만년의 정치적 저서들에 이르기까지 광범위한 저서들을 철저하게 연구하는 노력을 기울이지 않고 일반적으로 그의 철학을 일괄해 주관주의라고 비난하고 있다. 둘째 입장은 야스퍼스의 인격으로부터 깊은 인상을 받고 있고, 처음부터 그의 사유의 적극적 측면만을 보고 있을 정도로 그의 철학의 가치를 확신하고 있는 사람들에 의해 견지되고 있다. 이러한(둘째 입장을 견지하는) 사람들은, 우리가 야스퍼스 철학의 장점을 강조하고 결점을 덮어 버리는 것이 그의 철학에 가장 잘 기여할 수 있다고 확신하는 것 같다. 야스퍼스의 철학에 대한 무지나 변호적인 제자의 태도는 야스퍼스의 저작에 대한 객관적 논의를 전혀 효과적으로 촉진하지도 못하고, 또 그의 철학에 대한 정당한 평가조차도 불가능하게 한다.

야스퍼스는 자신의 철학 속에 부분적으로 매우 다양한 전통으로부터 유래하는 사유의 동기와 표상 내용을 융합했다. 그의 사유는 사변적인 존재의 형이상학(플라톤, 플로티노스, 셸링, 헤겔), 그리고 삶의 철학(니체) 및 키르케고르 철학의 반(反)합리주의에게 영향을 받았는가 하면, 인식과 형이상학에 대한 비판적 계몽주의 철학(칸트, 막스 베버)의 전통으로부터 유래하는 표상에서도 영향을 받았다.

다음과 같은 논술에서 야스퍼스의 여러 사상이 자유주의적·계몽주의적 사유의 전통에 기초하고 있다는 사실이 보다 엄밀하게 고찰될 것이다. 규범적 구속이 느슨해지고 가치의 혼란과 방위 상실(方位喪失, Orientierungslosigkeit)이 나타나고, 체념적인 분위기가 만연하고, 위험한 전체주의적 문제를 해결할 수 없는 무력감이 한층 팽배하는 위기의 시대에 특히 관심을 불러일으킬 수 있는 자유주의적 인간상은, 야스퍼스의 철학이 가지고 있는 장점을 한층 돋보이게 한다는 철학적 근본 확신으로부터 감지될 것이다. 야스퍼스가 주창하고 있는 사귐, 한계상황, 본래적 자기존재, 자유, 철학적 신앙, 이성 따위의 여러 개념의 맥락으로부터 추론이 가능한 인간상은, 기술 지상주의적 세계상이나 전체주의적 이데올로기에서 가끔 보는 인간의 제한 없는 자기 과대평가에 대해 강렬하게 맞서지 않으면 안 되는 삶의 태도를 시사한다. 이러한 개념들은 오늘날 묵시록적(黙示錄的) 파국의 무대 이면에 있는 부수적 현상인 숙명론적·체념적 입장에 맞서 있다.

1984년 8월
그라츠에서

제 2 판 머 리 말

 이 책은 베크출판사가 기획한 "위대한 사상가" 시리즈로 이미 출판된 바 있다. 지난 수년 동안 이 책은 야스퍼스에 대해 관심 있는 사람들과 야스퍼스 연구자들에게 대단히 많이 읽힌 카를 야스퍼스 철학 사상의 입문서였다. 지금은 절판된 이 책의 초판은 스페인어, 일본어, 한국어로 번역되었다. 지금 여기 나와 있는 제2판은 야스퍼스의 교육철학에 관한 장(章)을 추가해 증보했다.(제9장 "철학과 교육" 참조) 그 밖에도 야스퍼스가 오늘날 세계에 미친 영향에 관한 장을 보완하고, 야스퍼스에 대한 연구가 가져온 새로운 결과들에 관해서 논평 형식으로 썼고, 그에 따르는 참고 문헌도 구체적으로 제시했다.

 이 책은 독일어권에서는 한스 자너가 썼고, 로볼트출판사의 기획물로 새로이 출판된 야스퍼스에 관한 단행본과 함께 카를 야스퍼스의 사고에 대한 대체할 수 없는 입문서로 여겨지고 있다. 카를 야스퍼스의 사고는 그의 다양한 사상과 함께 21세기에도 여전히 빛바래지 않은 현실성을 함유하고 있다.

2005년 12월
그라츠에서

I. 삶의 고비와 정신적 발전

청년 시절 대학교에서의 공부, 정신의학 연구

카를 야스퍼스는 1883년 2월 23일 올덴부르크에서 태어났다. 그의 아버지 카를 빌헬름 야스퍼스는 자유로운 진보적 법률가로서 한때 은행장을 지냈고 공직의 수뇌부에 있었다. 그의 아버지는 어머니 헨리에테 탄첸과 마찬가지로 유복한 농가 출신이었다. 양친이 태어난 가문이 자기의 근본적 태도와 견해에 얼마나 오랫동안 영향을 미쳤는가를 야스퍼스는 자전적 저서에서 여러 차례 강조하고 있다. 일찍이 그는 직계 조상이 품고 있던 정치적 신조를, 귀족제를 매개로 한 민주주의적 경향의 보수적 · 자유주의적 · 재야적 입장으로 특징짓고 있다.(Aut 123) 그와 그의 남동생 둘, 그리고 여동생이 받은 교육에 대해서 야스퍼스는 다음과 같이 보고하고 있다. "우리가 받은 교육은 성실성에 대한 강렬한 요구라는 말로 특징지을 수 있는, 그러면서 역시 논란의 여지 없이 그리스도교적인 것에 대한 무시라는 말로 특징지을 수 있는 보수적 · 자유주의적 세계관에 기초해서 이루어졌다."(SchW 84 참조)

야스퍼스는 그리스어와 라틴어도 가르치는 김나지움을 다녔고, 1901년에 졸업했다. 그 후 그는 먼저 하이델베르크

대학교에서, 그다음에는 뮌헨대학교에서 법학을 공부했다. 대학에서 첫 3학기 동안 법학보다는 주로 미술사와 철학에 전념했으며 그 후 법학 연구를 중단하고 의학을 공부했다. 특히 이러한 연구 변화에 중대한 영향을 미쳤던 것이 있다면, 그것은 야스퍼스의 삶을 결정적으로 규정짓고 또한 그의 철학을 효과적으로 진행시킨 그 어떤 사정이었을 것이다. 여기서 말하는 어떤 사정이란 그가 치유하기 어려운 희귀 폐결핵에 걸려 있었고, 따라서 당시 의학으로는 매우 짧은 수명이 예상되었음을 의미하는데, 그는 바로 이러한 사정을 18세에 경험해야 했다. 그가 이 질병 상태를 어떻게 체험했고 어떻게 극복했는가에 대해서는 ≪철학적 자전≫에서 객관적인 자기분석과 냉정으로, 하지만 감동적으로 다음과 같이 쓰고 있다.

"나의 삶에서 모든 결단은 나의 현존재의 근본적 사실에 의해서 언제나 제약되었다. 어릴 때부터 나는 기관이 허약했다.(기관지확장증과 이차적 심부전) … 질병을 염려한다고 해서 질병이 생활의 내용이 될 수는 없었다. 질병을 거의 의식하지 않고 적절하게 치료하기도 하고, 마치 질병에 걸려 있지 않은 것처럼 연구에 전념하는 것이 과제였다. 모든 것이 질병에 맞추어 조정되지 않으면 안 되었다. 나는 여러 번 과오를 범했다. 질병의 결과로 나타나는 불가피한 것들이 항상 닥쳐와서는 모든 계획에 관여했다. … 질병의 결과는 연구 방식을 규정하는 내적 자세에 영향을 미쳤다. 의미가 충만한 삶을 살기 위해서는 끊임없이 삶에 집중해야 했다. 나는 여유를 가지고 진행하는 연구 방법, 본질적인 것의 파악, 불현듯 떠오르는 착상, 그리고 신속한 계획 수립에 의존하고 있었다. 어떤 좋은 순간도 놓치지 않고 어떤 처지에서라도 연구를 계속하고자 하는 집요한 행위에 기회는 있었다. 질병이 가져온 다른 또 하나의 결과는 내가 주의 깊게 지키고 있는 전제 아래에서만, 그리고 항상 단시간 동안만 공공장소에 나타날 수 있었다는 사실이다. 중요한 예외적인 경우에만 나는 내 정상적인 건강 상태가 손상을 입는 희생을 치르고라도 강연을 위한 출장이나 공식적인 학술논문 발표회의 참여를 받아들였다."(Aut 12ff)

야스퍼스의 삶과 철학함에 그칠 날 없는 극도의 신체적 위험이 인간적 삶의 한계상황에 대한 표상 가운데 반영되고 있다는 점은 많이 거론되고 있다. 예컨대 인간의 삶은 부단한 투쟁의 상황이고 언제나 죽음이라는 원칙상의 한계에 직면해 비로소 삶 본래의 의미를 가지게 된다는 견해가 바로 그것이다. 아무튼 야스퍼스 자신도 자신의 질병에 대해서 날마다 저항하지 않으면 안 되었고 머지 않은 장래에 죽을 수 있다는 가능성을 자주 의식하면서 살아가야만 했다.

야스퍼스의 삶과 철학에 근본적인 영향을 미쳤던 제2의 중대사는 연구 동료면서 평생의 벗이었던 에른스트 마이어[1]의 누이동생이자, 훗날 그의 아내가 되었던 한 여성과의 만남이었다. 야스퍼스는 그녀와의 첫 만남에 대해서 다음과 같이 쓰고 있다.

"내가 1907년 24살의 나이로 게르트루트 마이어와 만났을 때 고독, 우울, 자의식, 이 모든 것이 변했다. 내가 그녀의 오빠와 함께 처음으로 그녀의 방에 들어갔던 순간을 지금도 잊을 수 없다. … 우리는 이미 오래전부터 서로를 알고 있었던 것처럼, 곧장 삶의 중대한 근본 문제에 대해 대화를 나누는 것도 당연하게 생각되었다. 첫 순간부터 우리 사이에는, 결코 예상하지 못했던, 이해하기 어려운 일치가 있었다."(Aut 15)

  야스퍼스와 게르트루트 마이어는 1910년에 결혼해 매우

---

[1] 에른스트 마이어(Ernst Mayer) : 야스퍼스가 자기의 ≪철학적 자전≫에서 언급하고 있는 바와 같이 실존철학의 주저인 ≪철학≫ Ⅰ, Ⅱ, Ⅲ을 집필하는 데 커다란 영향을 주었다. 마이어가 야스퍼스와 사상적 관계가 얼마나 긴밀했는가는 마이어의 ≪무지(無知)의 변증법(Dialektik des Nichtwissens)≫(바젤, 1950)이 잘 보여 주고 있다. 이 책은 많은 부분에서 '가장 내재적인 야스퍼스 해석'을 충분히 서술하고 있다.

행복한 결혼 생활을 했다. 그러나 국가사회주의 시대에는 게르트루트가 유태인이었기 때문에 커다란 외적 시련을 참아 내야 했다. 이 시련을 함께 견뎌 냈던 두 사람의 관계는 야스퍼스가 저서들을 집필할 때 긴밀한 정신적 협력으로 나타났고, 따라서 인간 사이의 사귐에 관한 철학적 사유로 구체화되었다. 바젤대학교에서 야스퍼스의 마지막 개인적 조교이면서 야스퍼스의 많은 저작의 편집자인 한스 자너는 이러한 관계가 야스퍼스의 사유에 미친 영향에 대해서 다음과 같이 논평하고 있다.

"사귐과 사랑에 대해서 말하고 있는 것, 여기에 덧붙여서 말하건대 아마도 ≪철학≫ 전 3권은 이러한 깊은 정신 속에서의 인생의 반려와의 연대가 없었다면 표현되지 못한 채 끝나고 말았을 것이다."[2)

야스퍼스는 먼저 베를린대학교와 괴팅겐대학교에서 몇 학기를 보낸 이후 1909년에 하이델베르크대학교에서 의학 공부를 끝마쳤다. 그는 하이델베르크대학교 부속 정신병원에서 (말하자면 무급으로) 견습 연구 조교로 근무했으며, 당

---

2) H. Saner, <Vorwort> In : Karl Jaspers, ≪Schicksal und Wille. Autobiographische Schriften≫, H. Saner 편집, München 1967, S. 13.

시 이 병원의 지도자이자 탁월한 뇌세포학자였던 니슬은 야스퍼스의 '향수병과 범죄'라는 주제의 박사 학위 청구 논문에 호의를 표시하기도 했다. 이 부속 병원의 의사와 연구자들을 지배하고 있던 건설적인 비판과 학문적으로 생산적인 토론 분위기에 대해, 야스퍼스는 훗날 회상에서 여러 번 고마움을 표시했다. 이러한 정신적으로 성과가 많은 분위기 속에서 6년 동안 집중적으로 학문 연구에 몰두했고, 특히 이 기간 중에 <질투에의 망상>, <인격의 발달인가 병적 과정인가라는 문제에 기여하는 하나의 시론>(1910), <지능 검사의 방법과 치매의 개념>(1910), <정신병리학에서의 현상학적 연구 방향>(1912), <망상지각의 분석에 대해서>(1911), <조발성(早發性) 치매증(정신분열증)에서의 운명과 정신병 사이의 인과관계 및 '명백한' 연관>(1913)과 같은 논문을 발표했다. 정신병리학자로서 야스퍼스의 연구 활동의 정점을 이루고 있는 것이 ≪일반 정신병리학≫(1913)이라는 교과서의 출판이다. 이 책은 야스퍼스의 이름을 널리 알렸으며, 그 결과 야스퍼스는 제1차 세계대전 중에 하이델베르크대학교의 의학부 학장으로부터 니슬의 후임자로 정신의학 강좌의 교수가 돼 달라는 제의를 받았다. 그러나 그는 자기가 병에 걸려 있다는 사실을 고려해 이 제의를 거절하지 않으면 안 되었다. 그는 이 저서가 야기한 반향으로 고령에 이르기까지 세계정신의학회 명예 회원으로 있었다.

≪일반 정신병리학≫의 특별한 공적은 방법론적인 통찰과 해명의 노력에 있다. 이러한 통찰과 노력을 통해서 야스퍼스는 정신의학을, 확실하게 공식화할 수 있고 검증할 수 있는 방법에 근거한 독립된 학문 분야로 발전시킬 수 있는 길을 개척하고자 했다. 자너는 야스퍼스에 대한 연구서에서 당시의 정신의학이 차지하고 있던 학문적 지위를 서술하고 있는데, 여기서 자너는 다음과 같은 문맥을 보아서도 야스퍼스의 업적을 평가해야만 한다고 쓰고 있다.

"사람들이 때로는 이해하면서 때로는 설명적으로 나타내 보이는 해부학적, 생리학적, 유전학적, 분석적, 신경학적, 심리학적, 사회학적 여러 계기로부터 생기는 혼란이 이 학문 전체를 지배했다. 게다가 이 학문에서는 이론이 형성되었다기는 잊히고 여러 가지 전문 용어가 횡행하고 온갖 방법을 사용하면서도 이 방법들의 한계와 결속은 보려고 하지 않는 그런 태도가 시종할 뿐이었다. 그리고 진단적인 관심이 지배적이었다. 치료에서는 정신의학적 관대함, 사회적 인도주의를 점차 단념하고 더욱 위생적인 시설에서 생활하는 것이 치료를 대신하고 있었다."[3]

야스퍼스는 그때까지의 정신의학 연구 방법의 항목을 체

계화하는 것을 자기의 사명으로 삼았다. 이 경우 그가 첫째로 문제 삼았던 것은 이 연구 방법의 테두리 내에서 비정상적인 정신적 현상들을 이해하고 설명할 때 적용되는 여러 가지 방법들의 유효 범위와 한계를 명료하게 하는 것이었다. 야스퍼스 자신은 자기의 책을 어떤 '경험적인 근본 태도'에 기초해서 쓴 것이라고 이해했다. 그러나 이 근본 태도는 당시 하이델베르크대학교 부속 정신병원에서 우세했던 좁은 의미의 경험적인 뇌생리학적 방법이 결코 아니다. 야스퍼스는 이러한 방법과는 반대로, 정신병리학에서 성과가 많은 인식을 획득하는 사변적 · 분석적 · 심리학적 방법을 강조하고 있다. 그는 기술적(記述的) 심리학의 형식에 기초한 후설의 현상학으로부터 기술적 방법을 계승했다. 그러나 그는 후설이 현상학을 본질적 관계로 전개한 것에 대해서는 동조하지 않았다. 자연과학에서 인과관계의 설명이라는 방법에 대해 정신과학의 감정이입적 요해(了解)의 방법을 대립시킨 딜타이의 자세한 논구에 기초해 ≪요해의 심리학≫[4])의 초안에서 보여 준 야스퍼스의 통찰은 풍성한

---

3) Saner(1970), S. 28.
4) ≪요해(了解)의 심리학≫ : 야스퍼스의 저서 ≪세계관의 심리학≫ 초고(草稿)의 제목임.

결실을 맺었다.5)

---

5) 정신의학의 방법적 논의에서의 야스퍼스의 의의에 대해서는 이 책을 참조하기 바람. W. Schmitt, ≪Methodologische Strömungen in der Psychiatrie der Gegenwart≫ In : W. Janzarik 편집, ≪Psychopathologische Konzepte der Gegenwart≫, Stuttgart 1982, S. 19ff.

하이델베르크대학 시절, 심리학에서 철학으로의 길

1913년에 야스퍼스는 ≪일반 정신병리학≫으로 하이델베르크대학교의 의학부 교수 자격이 아니라 오히려 철학부의 심리학 교수 자격을 획득했다. 그의 저작을 엄밀하게 검토한 사람이 바로 막스 베버였다. 그는 1909년부터 베버와 서로 알고 지냈으며, 베버는 사상가로서도 또 인격자로서도 그에게 가장 지속적으로 영향을 미친 사람이었다. 야스퍼스는 1916년에 심리학 객원교수가 되었지만 심리학 연구소를 인가받고자 노력한 그의 시도는 좌절되었다.

1919년에 야스퍼스는 자기의 심리학 강의 가운데 하나에 대해 ≪세계관의 심리학≫이라는 제목으로 출판했다. 이 저서에서 그는 ≪요해의 심리학≫이라는 표제로 훗날 다루었던 자신의 실존철학의 거의 모든 근본 문제를 선취하고 있었다. 특히 중요한 것은 이 저서로 말미암아 야스퍼스가 1920년에 하이델베르크대학교의 정교수가 되었다는 점이다. 이것은 그가 이전에 그라이프스발트대학교와 킬대학교의 철학 교수직을 수락해 달라는 제의를 거절한 이후의 일이다. 그때부터 수년이 지난 후 그는 명성 높았던 동료 교수이자 1916년 빈델반트의 후계자로, 하이델베르크대학교로

초빙되어 와 있던 신칸트학파 철학자인 리케르트와 많은 논쟁을 전개했다.[6]

1920년에 프라이부르크대학교의 후설을 통해서 서로 알게 되었고 수년 후에 하이델베르크대학교에서 많은 성과 있는 대화를 나누었던 하이데거와는 신칸트학파를 거부하고 있다는 점에서 일치했다.

1933년 하이데거가 짧은 기간이나마 국가사회주의에 참여했다는 이유 때문에 하이데거와의 관계는 중단되고 말았다. 훗날 야스퍼스는 당시 하이데거와의 관계를 다음과 같이 쓰고 있다.

"처음부터 우리 관계는 열정적인 것은 아니었다. 우리 관계는 깊은 본질에 기초한 우정은 아니었다. 외적 여러 사정에 의해서 또 태도와 언어에 의해서도 다소의 격차가 있어서 혼란스러웠다. 그래서 우리 사이의 기분은 분명하지 않았고, 다만 몇 시간 동안의 멋진 대화로써만 순수하고 담백한 기분에 이를 수 있었다."(Aut 96f)

야스퍼스는 오랫동안 저작 발간을 중단한 이후 1931년에 많은 시리즈로 출판되던 소책자들 가운데 하나로 ≪시대

---

[6] ≪Zu Rickerts Kritik an Jaspers≫(Rickert), S. 41ff 참조.

의 정신적 상황≫을 출간했다. 이 책은 이 시대의 정신적 상황을 분석해 제시하고 있지만, 이 경우에도 유럽 현실 정치의 정세와 독일에서의 국가사회주의의 위협적인 대두를 헤아리지 못했다. 야스퍼스 자신이 자주 표출했던 (현실적 상황을 향한) 비난에 대해 국가사회주의의 위협이 가해지고 있음을 그는 당시에 이미 알고 있었으며, 따라서 이러한 위협에 신중히 대처해야만 했다. 우리는 그의 이러한 처지를 자서전에서 읽을 수 있다.

"1930년 9월에 이 소책자가 완성되었는데, 이때는 벌써 국가사회주의가 처음으로 성공을 거두었던 제국의회(帝國議會) 선거가 공포되고 있었다. 이 저작을 집필할 즈음에 나는 파시즘에 대해서는 조금밖에 알지 못했고, 국가사회주의에 대해서는 거의 알지 못했다. 나는 독일에서조차 국가사회주의가 미친 짓을 자행하리라고는 생각조차 못했다."(Aut 72) 뒤이어 1932년에 야스퍼스의 실존철학의 주저 ≪철학≫ 전 3권 ('철학적 세계 정위', '실존 개명', '형이상학')이 출판되었다. 이 저작에 의해서 야스퍼스의 명성은 높아 갔고 그는 하이데거와 나란히 독일의 위대한 실존철학자가 되었다. 그는 1935년과 1938년에 ≪이성과 실존≫ 그리고 ≪실존철학≫이라는 강의록을 출판했다.

1933년 국가사회주의가 대두하면서 그는 먼저 대학 당

국으로부터 추방되었고, 1937년에는 강제로 퇴직되었다. 1938년에는 비공식적으로, 1943년에는 공식적으로 출판 금지를 명령받았다. 아내가 유태인 출신이라는 사정으로 특히 전쟁이 끝날 무렵 두 사람은 끊임없이 생명의 위협을 받았다. 두 사람에게는 1945년 4월 14일 강제수용소로의 이송이 예정되어 있었다. 그러나 다행스럽게도 1945년 4월 1일에 미국군이 하이델베르크를 점령했다. 그는 나치 정권의 붕괴 이후 하이델베르크대학교의 조직적 재건에 참여했다.

나치가 지배하던 기간에 자신이 "유죄가 될 수 있는 무위의 상태"(Aut 75)에 있었다는 국가사회주의의 체험과 아마도 가능했을지 모를, 이른바 그러한 태도에 대한 자기비판은 1945년 이후 그에게 정치적 시대 문제와 실제의 정치 문제에 대한 공공연한 입장 표명의 동기를 유발했다. 야스퍼스는 1946년에 정치사상가로서의 최초의 저서인 ≪죄책론(罪責論)≫을 저술했고, 이 저서에서 나치 정권하의 독일 민족과 한 사람 한 사람의 독일인이 저지른 죄를 논의했다.

바젤에서의 활동

야스퍼스가 1948년 2월에 바젤대학교의 초빙을 받아들였을 때 많은 동료 교수와 수많은 독자들이 실망했다. 그들은 실로 자유민주주의 독일공화국 건설의 어려운 형세에서 이미 ≪죄책론≫에서 선량한 비국가주의적 독일 국민성이 지니고 있는 정신적 및 윤리적·도덕적 힘들에 호소했던 사상가로부터 버림을 받았다고 느꼈던 것이다.

야스퍼스는 죽기 얼마 전에 당시 하이델베르크로부터의 탈출 동기에 대해서 다음과 같이 말했다.

"우리를 내쫓았던 것은 분명 다음과 같은 것이었다. 유태인 대량 학살의 결과들을 용납할 수 없었다는 것, 총체적 범죄 국가로부터의 철저한 멀어짐, 대학에서의 노력에도 불구하고 닥쳐온 나의 고립화, 정부의 적대 행위, 허사가 되고 만 노력으로 인한 과중 부담, 나의 철학 연구의 무력함 등이다."(SchW 180)

특히 중요한 것은 야스퍼스가 하이델베르크에 실망했다는 점이다. 독일연방공화국의 건설과 독일 대학 재건 과정에서 야스퍼스가 국가사회주의의 붕괴 후에 기대했던 철저한 '정신적·도덕적 방향 전환' 또는 '사고방식'의 철저한 변

화가 일어나지 않았던 것이다.[7]

1947년에 야스퍼스는 ≪진리론≫이라는 방대한 저서를 출판했다. 이 저서는 (범주론, 방법론, 지식론으로 구성되는) 전 3권으로 전개하려던 새로운 철학적 논리학의 제1권이다. 최종적으로 전개되어 나와야 했던 제3권은 그 후에 출간되지는 않았지만, 바젤대학교의 야스퍼스문고에 남아 있는 그의 유고에는 그것을 위한 방대한 자료가 보인다. 야스퍼스가 ― 1961년까지 가르치고 1969년 2월 26일에 죽었던 ― 바젤에서 전개했던 신문 및 잡지에서의 왕성한 활동으로 말미암아 출간된 저서들은 주로 정치적인 시사 문제를 다루고 있다. 이러한 저서들로는 ≪현대의 이성과 반이성≫(1950), ≪원자폭탄과 인류의 장래≫(1958), ≪자유와 재통일≫(1960), ≪독일연방공화국은 어디로 가고 있는가?≫(1966) 등이 있다. 종교적 신앙을 지지하는 입장과의 대결은 ≪철학적 신앙≫(1948)과 ≪계시에 직면한 철학적 입장≫(1962)이라는 저서에 구체화되어 있다. 역사 이론과 문화 비판은 ≪역사의 기원과 목표≫(1949)에 포함되어 있다.

---

[7] Saner, <Zu den Umständen des Weggangs von Jaspers aus Heidelberg nach Vasel>, 1970, S. 55f 참조.

여기서 야스퍼스의 가장 중요한 연구 분야, 즉 철학사를 언급하지 않은 채 다음 문제로 넘어갈 수는 없다. 그는 ≪니체와 데카르트≫(1936, 1937), ≪셸링≫(1955), ≪니콜라우스 쿠자누스≫(1964)를 저술했을 뿐만 아니라 1941년에 이미 기초(起草)한 것으로서 자기의 사상에 대한 회상과 전망(RAu 429 참조)에서 그가 철학적 논리학과 함께 자기의 '궁극적인 필생의 사업'으로서 생각했던 ≪세계 철학사≫의 기획에 대해서 알리고 있다. 그가 임종할 때까지 ≪위대한 철학자들≫(1957)만을 발간할 수밖에 없을 정도로 얼마나 방대한 기획이 있었던가는 유고에 기초한 저작을 고려할 때 비로소 그 전체가 분명해진다. 야스퍼스의 유고에 가장 정통한 한스 자너가 이미 보고했던[8] 바와 같이 유고 속에는 부분적으로 완성된 여러 장들, 엄청난 수의 주석, 발췌, 구성 초안 등으로 이루어진 방대한 자료가 이 거대한 기획의 구

---

8) H. Saner, <Zu Karl Jaspers' Nachlass. Ein vorläufiger Bericht(1969/1971)>(자너가 편집한 ≪Karl Jaspers in der Diskussion≫에 게재된 논문), S. 455ff 참조. 야스퍼스의 유고에 관한 정보들은 한스 자너의 보고 및 자너와의 개인적인 대화에서 비롯한다. 나는 이 책의 기획을 위해서 기꺼이 지원해 주었고 또 내가 관심을 가진 전문적인 부문에 대해 특별히 의견 교환을 할 수 있는 기회를 준 한스 자너에게 감사를 드린다.

현을 기다리고 있다. 자녀는 이 유고 속에 있는 방대한 자료들 가운데 중요한 부분을 1981년에 두 권의 책으로 출판했다.9)

그 후에도 우리들의 관심을 모으고 있는 많은 유고가 계속해서 발간되어 나와야 하는데 아직 출판되지 않고 있다. 그 많은 유고들 가운데는 전혀 교정되지 않은 채로 대충 완성된 저서의 초고(草稿), 여러 곳에서 행한 강연 원고 및 강의 노트, 그리고 방대한 양의 자전적 정보가 될 수 있는 손으로 쓴 메모, 정신병리학, 정치 및 현대사, 체계적인 철학, 철학사와 관련한 여러 자료들이 있다. 이러한 유고들 이외에도 "독일의 자기반성"이라는 제목이 붙은, 독일의 도덕적·정치적 문제들에 관련한 저서의 초고도 아직 출판되지 않고 있다. 특히 20회에 걸쳐 그가 행한 라디오 강연을 묶어 1950년에 출판한 (주로 포괄자론에 관해 설명한) ≪철학 입문≫을 훨씬 능가하는, 새로운 철학 입문 관련의 엄청난 양의 자료들 역시 출판을 기다리고 있다. 유고에는 약 3만 5000장의 손으로 쓴 메모지와 2만 5000통의 편지가 포함되어 있고,

---

9) Karl Jaspers, ≪Die grossen Philosophen. Nachlass 1·2≫ 참조. 한스 자너가 빌란더(Bielander)의 협력에 의해 편찬한 책. (München/Zürich, 1981)

더욱이 유고에는 야스퍼스 생전에 출판했던 저서들이 들어 있기도 하다. 그 사실을 마음속에 새겨 본다면 우리는 그가 병고에 시달렸음에도 불구하고 엄청난 연구 성과를 남겨 놓았다는 데 깊은 인상을 받게 된다.

이 전기적인 서론을 종결지으면서 야스퍼스가 자기의 생애 중에서 어떤 사상가를 철저하게 연구했는가라고 묻는다면, 우리는 특히 칸트, 키르케고르, 막스 베버, 더 나아가서 스피노자, 플로티노스, 쿠자누스, 브루노, 셸링, 니체, 괴테, 헤겔, 아우구스티누스, 플라톤 등이라는 회답을 야스퍼스로부터 얻게 된다.(RAu 399f 참조)

II. 철학적 저작

철학의 과제와 목표

야스퍼스의 철학을 구성하고 있는 사상 하나하나를 보다 상세하게 논하기 전에 먼저 그가 철학과 그 방법에 대해서 이해하고 있는 점을 논술하는 것이 불가피하다. 그러지 않으면 야스퍼스의 철학 이해와 관련해서 논리적으로 곤란한 상황이 생기고, 따라서 이러한 논리적 곤란에 대해서는 확실한 입장을 취해야 하기 때문이다.

실천으로서의 철학

야스퍼스의 철학 이해의 특징 가운데 하나는 철학적 사유가 항상 실천과 직접적 관계를 맺어야 한다는 것 또는 철학적 사유 그 자체가 '유일무비의 실천'이라는 확신에 있다.(RAu 401) 그러나 이 실천적 관계란 실제로 응용 가능한 지식, 즉 기술적으로 이용할 수 있는 지(知)를 획득하는 과학과 같은 실천적 관계처럼 이해되지는 않는다. 야스퍼스의 실천 이해의 본질적 역점은 객관적으로 거리를 두는 과학적 사유로부터 철학적 사유를 도출하고, 또 과학적 사유와는 대조적으로 철학적 사유를 개인이 자기의 내면에서 실행하는 사유로 이해하는 데 있다. 이러한 철학적 사유는 기본적인 실존적 삶의 문제에 관여하고, 철학함이라는 개인적 체험과 긴밀하게 연결되어 있다. 야스퍼스는 과학철학을 거부한다. 왜냐하면 과학철학이 신실증주의자와 논리경험주의자에 의해 촉진되고 있기 때문이다. 철학을 인식론적 성질 및 언어논리학적 성질을 가진 메타과학적 성찰로 한정시키는10) 신실증주의의 기도는 그로서는 받아들일 수 없었던 것 같다. 왜냐하면 신실증주의에서는 생활 실천에 중요한 모든 실존적 의미의 문제가 － 과학이 인간의 삶에 대해 어떤 의미를 가지는가에 대한 물음 또한 － 전혀 고려되지 않고 있기 때문이다.(Prov 18 참조)

실존철학에서는 야스퍼스 이외에도 키르케고르, 사르트르, 마르셀이 철학적 사유의 특징으로서 개인적 참여를 강조했다. 철학을 이처럼 이해하게 된 그 직접적인 선구자는 니체를 비롯한 삶의 철학의 대표자들이었다.11) 야스퍼스는

---

10) M. Schlick, ≪Zum Philosophieprogramm des Neopositivismus≫ 참조. 같은 저자, <Die Wende der Philosophie> In : ≪Erkenntnis≫ 1(1930/1931), S. 4ff 참조. R. Carnap/H. Hahn/O. Neurath, ≪Wissenschafliche Weltauffassung Der Wiener Kreis≫(Wien 1929), H. Reichenbach, ≪Der Aufstieg der wissenschaftlichen Philosophie≫(Braunschweig 1968), S. 137ff, 339ff 참조.
11) <Zu dieserfür die Entstehung der Existenzphilosophie so

철학을 하나의 '내적 실행', '사유하는 행위' 또는 '내적 행위'(W 170)라고 지적함으로써 철학이란 개인적 당혹, 감정적 관여 및 내면적 관여와 결부해 있지 않으면 안 된다고 서술하고 있다. 철학은 자기 자신과 세계에 대한 '내적 태도'를 변화시키는 사명을 가지고 있다.

철학의 실천적 관계에 대한 야스퍼스의 많은 언명에 근거해 볼 때, 칸트와 마찬가지로 그가 윤리적·도덕적 목표관념을 '실천이성'과 '실천철학'이라는 맥락에서 '실천적'이라는 말과 결부시키고 있다는 것이 분명하다. 우리는 야스퍼스의 철학 전체의 규범적인 관계의 틀을 짜고 있는 이와 같은 관념을 다음의 각 장에서 보다 상세하게 취급할 것이다. 여기서는 야스퍼스 이전에 키르케고르가 '주관적 반성'이라는 개념으로 바꾸어 쓰고자 했던 것과 같은 '하나의 사고방식' 또는 삶의 관점을 철학을 통해서 전달하려는 그의 의도만을 시사할 뿐이다.[12] 야스퍼스에게 "실존적 사유

---

wichtigen Strömung〉 참조. O. F. Bollnow, ≪Die Lebensphilosophie≫(Berlin/Göttingen 1958) 참조.

12) S. Kierkegaard, ≪Abschliessende unwissenschaftliche Nachschrift zu den Philosophischen Broken≫ 1. Teil. In: ≪Gesammelte Werke≫16. Abt. Düsseldorf 1957, S. 182ff 참조.

는… 자기반성, 그것도 적극적인 자기반성이다. 그것은 현재 있는 것을 고찰하는 것이 아니다. 그것은 작용할 뿐이다. 적극적인 자기반성은 기꺼이 맞아들이는 소여(所與)의 존재 가운데서 자기 자신의 자유의 내실을 생겨나게 한다."(W 356)

위처럼 기술함으로써 철학의 한층 중요한 과제가 진술된 셈이다. 철학은 자유의 촉진과 보존을 목표로 삼지 않으면 안 된다. 야스퍼스의 사유 전개를 실존철학적 단계인 전기와, 정치적 문제에 관심을 가지면서 이성 개념이 더욱 중심적이 된 후기(1945년 이후)로 구분한다면, 전기는 단독자의 자유('자기선택', '무제약적 결단', '본래적인 자기존재'의 '비약', 그리고 일회적 실존의 실현이라는 개인의 자유)가 핵심으로 되어 있다. 후기의 사유 단계에서는 일반적·정치적인 자유의 사상이 전면에 나온다. 철학은 이제 단순히 개인적·실존적 자유를 실현할 것을 개인에게 호소하는 사명만을 가지는 것이 아니다. 철학은 공공연하게 모든 사람의 정치적 자유를 위해 진력하지 않으면 안 된다.(A 246 참조)

야스퍼스의 철학이 "아주 작은 부분을 위해 이성을 세계 속에서 촉진해야만 하는"(Aut 134) 목적을 추구하는 철학이라는 확인 역시, 그의 실천적인 근본 의도를 이루는 요인을 지적하는 것이 된다. 이 경우에 야스퍼스는 레싱이나 칸트와 같이 도덕적으로 정위된 이성의 이해를 증거로 이끌어 낸다. 그의 실천적 관심사에 본질적인 일련의 윤리적·도덕적 목표 관념은 그가 철학에 다음과 같은 과제를 부여했을 때 흐릿한 윤곽으로나마 시야에 들어온다. 즉 "인간이 사고를 통해서 그의 최고의 가능성을 유지하는 데 협력하는 것"(Gl 10), "죽음에 대한 이해를 가능하게 하는 것은 아니지만, 고난의 불안을 느끼면서 죽음을 이기도록 하는 스토아 철학적인 부동성을 가지고 죽음을 이겨 낸다는 것이 아니라, 사랑과 신뢰를 동반하는 부동성을 가지고 죽음을 이겨 내는 가능 근거를 찾으려는 것"(Gl 120), "절대로 한 인간을 단순한 수단으로 끌어내리지 않는 것"(Gl 123), "미래가 열려 있다는 것, 그리고 인간적인 일이 그처럼 훌륭한 형태를 지니고 있음에도 불구하고 한계가 있음을 깨닫게 하고 그렇게 함으로 해서 모든 새로운 구체적 상황 속에서 책임을 높이는 것"(KlSch 41), "세계의 인간에게 궁극적 의미로서의 '진리'와 '궁극적 요청'으로서의 진리를 무조건적으로 옹호하는 것"(KlSch 174), "사귐의 결심을 장려하고 인간들 간의 가능한 한 보편적 사귐의 전제를 개명하는 것"(Gl 136)이다.

야스퍼스의 전체적 사유 속에서 마지막에 열거된 사귐의

과제가 특히 가치 있는 위치를 차지하는 것은 야스퍼스에 관한 연구 문헌에서 한층 자주 인식되고 있다. 이미 비교적 일찍이 크니터마이어[13]와 하버마스[14]가 야스퍼스 철학의 전체적 연계에서 사귐이 가지는 의의에 대해 주의를 환기시켰고, 최근의 논의에서는 이러한 관점을 자너, 헤르슈, 슐트하이스가 강조해 오고 있다.[15]

반독단적 사유로서의 철학

적어도 야스퍼스의 철학 이해의 두드러진 특징은 지금까지 묘사해 온 실천적 관심사와 마찬가지로 반(反)독단적인 근본 의도에 있다. "진리의 소유가 아니라 진리의 탐구야말로 철학의 본질이다. 비록 철학이 독단주의에, 다시 말하면 명제들로써 언명된 결정적이고 완전하며 교훈적인 지식에 빠짐으로써 자기 자신을 배신하는 일이 아무리 자주 있다 치더라도 말이다. 철학이란 도상(途上)에 있음을 말함이다. 철학의 물음은 그 답보다 더 중요하며, 모든 답은 새로운 물

---

13) H. Knittermeyer, ≪Die Philosophie der Existenz von der Renaissance bis zur Gegenwart≫(Wien/Stuttgart 1953), S. 333. 참조.
14) Habermas, S. 87.
15) Saner(1970), S. 101 ; Hersch(1980), S. 97ff ; Schultheiss, S. 97ff.

음이 된다."(Einf 13) 야스퍼스는 현대의 저명한 다른 철학자들과 마찬가지로 반독단적 철학을 지지하고 있다. 그러므로 버트런드 러셀은 철학에 대해 다음과 같이 기대하고 있다.

"철학은 사유를 '관례적(慣例的)인 전제(專制)(Tyrannei des Gewohnten)'로부터 해방해서, 즉 극도로 보호되고 훈련된 사유 과정과 보호된 인식에서의 고정화로부터 해방해서 세계에 대한 '사변적 관심'을 불러일으키지 않으면 안 된다."16)

포퍼나 알베르트 같은 비판적 합리주의자들은 철학을 변호하는 과정에서 창조적인 문제 해결 제안을 시도했고, 그리하여 계시의 원형과 궁극적으로 인간적 지(知)에 근거하는 이념을 기초로 하는 독단적 사고방식에 반대해 논쟁을 전개한다.17) 호르크하이머, 아도르노, 마르쿠제 등의 비판

---

16) B. Russell, ≪Probleme der Philosophie≫, Frankfurt 1967, S. 138·142.

17) K. Popper, ≪Conjectures and Refutations≫(London 1963), ≪Objektive Erkenntnis≫, 'Ein evolutionärer Entwurf'(Hamburg 1973) 참조. H. Albert, ≪Traktat über kritische Vernunft≫(Tübingen 1968, 4. verb. Aufl. 1980), ≪Konstruktion und Kritik≫, Aufsätze zur Philosophie des kritischen Rationalismus. (Hamburg 1972), ≪Die

이론 역시 도구적 이성과 기술적 합리성의 일차원적 사고방식의 고정화를 비판적으로 문제 삼고, 이러한 사고방식에 의해서 야기되는, 이른바 자유에 대적하는 '타율적인 기구'[18]를 자율적인 기구로 전환시키는 비판적·반독단적 철학을 지향한다.

반독단적 철학을 변호하는 다양한 사유의 입장에 직면해 야스퍼스의 반독단론의 근본 의도를 다소나마 정확하게 살펴보는 것이 적절할 것 같다. 이 경우에 그의 반독단론이 매우 다양한 근거로부터 유래한다는 사실이 나타난다. 즉 그것은 한편으로는 칸트의 형이상학 비판과 베버의 사유에서

Wissenschaft und diefehlbarkeit der Vernunft≫(Tübingen 1982).

18) 타율적 기구(Apparat der Heteronomie) : 프랑크푸르트학파가 초고도 산업사회의 타율적 관리 시스템을 비판하면서 사용한 말이다. 초고도 산업사회 또는 대중사회에서는 정부 및 거대 기업체가 시민이나 기업의 구성원들을 효과적으로 관리하기 위해 매우 합리적인 시스템을 만들고 있다. 이러한 관리 시스템에서는 인간의 자율적인 판단이나 행위가 용납되지 않는다. 개인의 의사·개성·이견(異見)이 관리 시스템, 이른바 국가·조직·기업의 '룰'에 의해 무시된다. 따라서 국가, 조직, 기업은 구성원들을 관리하는 차원에서 온갖 제도적·타율적 장치를 설치하고 있다. 이러한 여러 가지 타율적 장치가 바로 타율적 기구에 해당한다. Th. W. Adorno, ≪Wozu noch Philosophie?≫, ≪Eingriffe Neun kritische Modelle≫(Frankfurt 1970) S. 22 참조.

보이는 합리적 · 자유주의적 · 계몽주의적 전통으로부터 유래하고, 다른 한편으로는 비합리주의적인 삶의 철학과 키르케고르의 철학으로부터 유래한다는 것이다. 이러한 실상은 야스퍼스가 ≪세계관의 심리학≫에서 객관적 세계상의 '용기(Gehäuse)'[19]와 '합리주의'의 '정신 유형'을 비판하고 있는 논증에 비추어 보아서도 명확하다.(PsW 307) 그는 여러 가지의 객관적 세계상과 삶의 형식, 일반적 구속력을 가진 규칙과 명령, 다양한 사회 제도 등등의 형식으로 '합리적 용기'를 불가피하게 형성하는 통일, 폐쇄성, 평온, 안전성에 대

---

19) 객관적 세계상(世界像)의 용기(容器)(Gehäuse der objektiven Weltbilder) : 야스퍼스는 서양의 전통적인 합리주의를 비판한다. 왜냐하면 합리주의는 세계를 이성으로 사유해 도식화(圖式化)하고 체계화하는 경향을 드러냈기 때문이다. 끊임없이 변화하는 세계를 이성의 범주로 체계화하고 도식화하면 이미 세계는 고정되고 경직된다. 세계의 본래의 모습이 사라진다. 세계의 본래의 모습은 삶을 살아가는 순간마다 인간이 관계할 경우에만 이해될 뿐이다. 그러므로 세계를 인간의 도식적 · 체계적 주관으로 해석한다면 세계의 본래적 형상은 결코 인식되지 않고, 그런 체계화된 세계와 상호 관계를 가지는 인간의 삶이 고정되고 도식화된다. 그 경우에 인간의 삶은 창조성을 상실한다. 여기서 세계상의 용기란 세계를 체계(System)라는 도식 속에 넣어 해석한 독단론적인 세계관을 상징하는 말이다. 직접적으로 말해서 용기는 체계를 뜻하는 일종의 은유(隱喩)다.

해서 인간이 품고 있는 기본적 욕구를 승인하는 것으로부터 출발하고 있다. 용기 형성 과정은 일면으로는 인간학적인 기본 정수(定數)다. 왜냐하면 모든 인간은 세계상의 형식으로 용기를 형성해야 하기 때문이다. 인간은 사유와 행위에 일정한 안전성을 주는 안전한 세계관을 필요로 하고 또 그 안전성의 관점에 근거해서 현실을 해석할 수 있다. 그러나 다른 면으로 용기의 형성으로부터 인간의 자발성, 자유, 자기실현을 방해하는 부정적 경향도 생겨난다. 야스퍼스가 보기에 이 부정적 경향을 일으키는 결정적 요인은 합리주의다.

"모든 용기에 공통적인 것은 보편타당한 것, 필연적인 것, 질서 있는 것, 하나의 규칙, 그리고 의무와 처방과 적절한 것으로서의 법률이 합리적 형식으로서 인간과 대치하고 있다는 점이다. 모든 용기와 공통되는 것이 바로 합리주의다."(PsW 305f)

막스 베버가 야스퍼스에게 미쳤던 커다란 영향을 생각해 보면, 베버가 합리화 과정에 대해 반대를 표명했던 것이 합리주의의 '정신'에 대한 야스퍼스의 회의에 반영되어 있음을 알 수 있다. 예컨대 이 합리화 과정의 결과로 생기는 관료주의적 기구 − 더욱더 많은 삶의 영역을 엄습하는 합리화의 과정이라는 효과 있는 하나의 현상 형식 − 가 인간에게 '예속'이라는 새로운 '용기'가 될 것이라는 위협적인 사실을 베버가 경고할 경우에 특히 그러하다.[20] 베버의 영향이라는 시각에서 본다면 야스퍼스가 수행했던 많은 비판적인 깊은 고찰은 베버가 진단한 합리화 과정의 정신적 근거를 해명하는 데 기여하는 것으로 간주되고, 또 이 합리화 과정으로부터 일어나는, 이른바 인간의 자유와 자율에 대한 위험을 방지하려는 노력으로 간주된다.

단조롭고 균일하게 규제하는 오성으로부터 풍성하고 심오한 비합리적 의지력과 생명력을 지킬 것을 요구하는[21] 삶의 철학의 영향이라는 관점에서 본다면, 그리고 합리적·객관적 사유를 낮게 평가하는 키르케고르 철학의 반합리주의적 사고 동기라는 관점에서 본다면, 야스퍼스에게 세계상이라는 합리적 용기는 인간의 삶의 충실과 실존의 무한성을 보편적·추상적 도식 가운데 가득 채워 넣어서 경직시켜 버

---

20) M. Weber, ≪Gesammelte politische Schriften≫(Tübingen 1958), S. 320, ≪Wirtschaft und Gesellschaft≫ 'Grundriss der verstehenden Soziologie'(Tübingen 1972), S. 563, 578f 참조.
21) F. Nietzsche, ≪Also sprach Zarathustra≫, ≪Werke II≫(K. Schlechta 편집, 6. Aufl., frankfurt 1969) S. 632f, ≪Jenseits von Gut und Böse≫, ≪Werke III≫ S. 33ff, 46f 참조.

리는 강제적 구조로 생각된다. 이러한 합리적 용기는 일종의 안전성과 확실성을 주는 고정된 전체지(全體知, Ein fixierendes Totalwissen)를 전달함으로써 일체를 창조적으로 질문하려는 충동과 역동적인 삶의 충동을 억제해 버린다. 야스퍼스는 철학적 전통에서 데카르트로부터 유래하는[22] 합리주의를 다음과 같은 소극적인 여러 경향과 결부해서 보고 있다.

(a) 객관화하는 오성적 사유로의 맹목적·일면적 고정화와 그것으로부터 도출되는 일체의 비합리적인 것, 즉 감정, 신앙, 신비적인 것 등을 싸잡아서 불신하게 하는 것.

(b) 유연성을 결여한 정적인 사고 모델에 의거해 근시안적 편견을 야기하고, 우리가 세계를 해명하기 위한 결정적인 여러 범주와 모든 인생 문제를 극복하기 위한 기존의 처방을 가지고 있다는 인상을 전달하는 닫힌 세계상.

(c) 편협한 목적 사고 또는 도구주의적 근본 경향.[23]

---

22) Jaspers, ≪Descartes und die Philosophie≫ S. 87, 97f, Eine weit ausgewogenere und differenziertere Deutung von Descartes' Rationalismus gibt : W. Röd, ≪Descartes. Die Genese des Cartesianischen Rationalismus≫(2. überarb. u. erw. Aufl. München 1983) 참조.

(d) 실존적인 근본 기분과 야스퍼스가 실로 인간의 자기실현의 불가결한 조건으로 보고 있는 실존적 자기성찰이라는 (한계상황의) 감동적 체험과 과정을 캡슐에 가두어 버리는 것.(PsW 308ff, 395)

야스퍼스는 삶의 철학에 고무된 자신의 합리주의 비판으로써 합리주의에 대한 불신을 조장했고, 그와 동시에 인간과 인간의 자유로운 자기규정에 중요하다는 이유에서 자발적인 삶의 충동과 비합리적·실존적 충동을 가장 적극적으로 묘사해 냄으로써 합리성과 객관적 사유 일반을 평가절하했다. 이 경우에 야스퍼스는 독단적 합리주의의 견해들과

---

23) 세계상의 합리적 용기에 대한 야스퍼스의 부정적 평가는 합리주의 비판이나 실증주의 비판과 상당히 유사하다. 이러한 비판은 당시 하이델베르크의 베버 학파와 교류했던 게오르크 루카치에 의해 수년 후에 '구상화된 의식' 개념과 관련해 마르크스주의적 시각에서 진술되었고, 또 루카치를 계승해 '추상적 이성', '기술적 합리성', '도구적 이성' 등과 같은 개념을 주창한 비판 이론의 대표자들에 의해 제기되기도 했다.
G. Lukács, ≪Geschichte und Klassenbewusstsein≫(Berlin 1923) 참조, Th. W. Adorno/M. Horkheimer, ≪Dialektik der Aufklärung≫(Frankfurt 1969), M. Horkheimer, ≪Zur Kritik der instrumentellen Vernunft≫(Frankfurt 1967), H. Marcuse, ≪Der eindimensionale Mensch. Studien zur Ideologie derfortgeschrittenen Industriegesellschaft≫(Neuwied 1967).

나란히 독단적이 아닌 합리적 사유의 전통이 존재한다는 것을 고려하지 못했다. 예컨대 소크라테스 이전까지 소급하는 반독단적 · 비판적 · 합리적 사유의 전통이 카를 포퍼의 새로운 인식론적 논의 가운데서 재인식되었다.24) 야스퍼스는 베버조차도 합리주의의 전통 속에 있는 사상가라고 생각했음이 틀림없다. 왜냐하면 베버는 독단적 합리주의에 빠진 것은 아니었지만 합리화 과정의 위험성을 합리적으로 극복하는 가능성에 대한 확신을 결코 단념하지 않았기 때문이다.

더욱이 야스퍼스에게는 일면적인 합리화, 수평화, 독단화와 같은 부정적 요인에 의해 규정되고 좁아진 체계의 개념이 소극적인 합리주의의 개념과 관련하고 있다. '체계'는 다소나마 독단적으로 고정되고 닫힌 것으로서, "마치 우리가 궁극적인 인식을 소유하고 있는 것 같은 기만적 확신을

---

24) "die unter Anm. 8 genannten Werke, sowie zur Diskussion von Poppers erkenntnisund wissenschaftscheoretischem Standpunkt" : I. Lakatos/A. Musgrave 편집, ≪Kritik und Erkenntnisfortschritt≫ (Braunschweig 1974), G Radnitzky/G Radnitzky/G. Andersson 편집, ≪Fortschritt und Rationalität in der Wissenschaft≫(Tübingen 1980) 참조.

쉽사리 야기하는"(II 273) 완결된 확실한 지(知)의 규준(規準)으로 나타난다. 이러한 체계 개념이 열린 체계의 가능성을 무시하고 있다는 것은 야스퍼스에 대한 논의에서 이미 리케르트가 비판적으로 말하고 있는 바다.25) 야스퍼스가 가끔 용기라는 개념의 동의어로 사용하는 부정적인 체계 개념은, 그가 자신의 철학함을 통해서 획득하려는 것과 그리고 그의 견해인바 모든 철학이 장려해야 하는 것, 즉 개방성, 다원성, 자기성찰, 개인의 자유, 창조적 자발성, 이성적 사귐, 자기선택의 모험, 개인적 책임 등 이 모든 것에 대한 대립으로 생각되어 왔다고 확고하게 단언할 수 있다.

야스퍼스의 반독단적 근본 의도가 부분적으로 비합리주의적 사유 동기에 기초하고 있다고 판명된다면 이 반독단론의 긍정적 측면이 경시되어서는 안 된다. 이미 ≪세계관의 심리학≫에서 요해의 심리학의 상위 목표는 인간의 삶의 과정에서 필연적으로 생기는 용기와 체계를 반복해서 억지로 여는 데 있다. 다시 말해서 그것은 "우리가 그 안에서 살고 있는 모든 용기에 대해 문제를 제기하고 이 용기가 단순한 하나의 가능성에 불과하다는 것을 발견하는 데 있는 것이

---

25) Rickert, S. 54 참조.

아니고, 그 반대로 이것을 전제로 삼는 데 있다."(PsW 142)

야스퍼스의 사유의 발전에서 세계관적 체계와 객관적 용기의 관련이 실존적으로 '초월하면서' 시도하는 철학함과 훗날 이성에 의해 인도되는 철학함의 본질적 과제가 되고 있다.

야스퍼스는 자신의 철학에서 반도그마적 근본 의도를 이중의 방식으로 올바르게 평가하고 있다. 즉 (a) 그는 세계관의 체계를 도그마화 하는 다종다양한 시점(視點)을 비판적으로 인식시킴으로써, 근대의 비판적·합리적 세계관 분석과 분석적 이데올로기 비판의 입장으로부터도 중요하고 가치 있는 통찰들을 전해 주고 있다. 우리는 야스퍼스를 자유주의적·계몽주의적 이데올로기 비판의 전통에 비추어 보는 이와 같은 통찰에 대해서는, 그의 종교 비판과 전체주의 비판을 취급할 때 화제로 삼을 것이다. (b) 그는 인간의 본래성과 초월성이라는 비합리적 차원에 호소함으로써 모든 합리적 사실로부터 강제되고 내면화된 역할을 뛰어넘어 인간이 개인의 자유와 대체 불가능한 인간적 책임이라는 비객관적·비법칙적 여러 가능성을 소유하고 있음을 깨닫게 하려 했다. 야스퍼스는 이 같은 가능성을 본래적으로 인간적인 것으로서 그의 자유주의적 인간성의 관점에서 지키려고 한다. 이러한 인간상은 인간에 대한 천편일률적·도그마적 이해에 기초한 일체를 규칙화하는 인식 요구나 세계상에 대립한다.

존재의 확신으로서의 철학

"철학은 본래적 존재를 사유하면서 확신하는 행위다. 탐구 가능한 대상으로 주어지고 있는 존재는 본래적 존재로서 고집할 수 있는 것이 아니기 때문에 철학은 모든 대상성을 초월하지 않으면 안 된다."(I 37)

이 말에는 인식론적·형이상학적 기본 전제가 서술되어 있다. 따라서 이 말은 야스퍼스의 전체적인 존재 이해를 위해서 본질적이다. 즉 우리의 인식과 사유라는 범주에 의해 이해하고 객관적으로 알 수 있는 존재 차원과, 처음부터 경험적·합리적인 인식에 의해서 대상화하고 객관적·보고적(報告的) 진술에 의해 전달하는 것이 불가능한 존재 차원 사이의 구별이다. 야스퍼스에게 — 철저하게 가치 규정할 수 있다는 의미에서 본래적 존재라고 불리는 — 이 제2의 존재 차원은 과학에 의해서 탐구될 수 없으며, 바로 이러한 존재를 다루어야만 하는 것이 철학의 진정한 과제다. 물론 이것은 체계적 학설로서의 논리적·강제적 방식에서 그 성과를 공식화하는 존재론의 형식에서는 일어날 수 없다.

이러한 의도에 의해서 야스퍼스는 존재론적으로 규정된

실존철학자 하이데거 및 사르트르와 구별된다. 이 의도 때문에 하이데거는 현존재 분석을 감행하는가 하면, 기초적 존재론의 테두리 내에서 인간 현존재의 실존성을 강조하고,26) 사르트르가 그의 실존주의적 사유의 테두리 내에서 현상학적 존재론을 전개하려고 노력하는 데27) 반해서 야스퍼스는 모든 존재론 가운데서 일종의 자유에 적대하는 용기와 교의화(敎義化)한 닫힌 체계를 보고 있다.(Ⅲ 157ff)28) 여러 존재론은 야스퍼스에게 항상 존재에 관한 확실한 지(知)를 주는 것으로 나타난다. 그러므로 삶에 의미를 부여하려는 개인적 노력을 방해하기도 하고 결단의 자유와 자신의 생활 설계에 대해 가지는 완전한 책임을 침해하기도 하는 경향이 존재론과 결합하며, 따라서 이것은 말하자면 습득 가능한 처방전으로서의 객관적 지의 형식으로 삶의 의미를 규정하는 세계관과 관계하는 것과 같다. 이러한 견해에 따

---

26) M. Heidegger, ≪Sein und Zeit≫, Tübingen 1927, 15. Aufl. 1979, S. 41ff 참조.

27) J. P. Sartre, ≪Das Sein und das Nichts≫ 'Versuch einer phänomenologischen Ontologie', Hamburg 1962, S. 125ff.

28) Zu Jaspers' Kritik an Heideggersfundamentalontologie, Jaspers, ≪Notizen zu Martin Heidegger≫, S. 142, 167, 215f 참조.

라 야스퍼스가 지극히 엄격하게 주장하고 있는 것은 뒤에서 더욱 명료하게 설명될 것이다.

그런데 여기서는 야스퍼스의 이른바 '본래적 존재'를 밝히는 것이 중요하다. 야스퍼스는 이것을 밝히기 위해서 '실존'과 '초월자'라는 개념을 사용하고 있는데 이 경우 두 개념이 전적으로 적절하다고는 말할 수 없다고 강조하고 있다.

"나는 그것 자체로서는 대상적일 수 없는 것을 부적절한 방법으로 대상화하는 가운데 규명될 것을 확인할 뿐이다. 이 비대상적 존재는 나 자신이 비대상적이라는 사실에 따라, 고유한 근원이 나에게 현재적이 될 수 있을 경우에 실존이 된다. 그리고 이 비대상적 존재는 실존에게만 이해될 수 있는, 암호의 대상적 형태에서 존재 그것일 경우에만 초월자라고 일컬어진다."(I 28)

비록 실존의 개념과 초월자의 개념이 뒷장에서 비로소 논구된다고 하더라도, 여기서 미리 이러한 양 개념과 관련해서뿐만 아니라 야스퍼스의 존재 이해 전체에 대해서도 명료하게 하는 하나의 방법적 문제를 제기하는 것은 불가피하다. 우리는 그것을 다음과 같이 공식화할 수 있다. 즉 야스퍼스는 비대상적이면서 우리의 사유와 언어의 범주로써는 파악할 수 없는 존재를 확실하게 하는 것을 철학의 사명으로 간주하고 있다. 그러나 우리의 사유와 언어의 범주로부터 본래 멀리 떨어져 있는 것에 관여하는 것이 도대체 어떻게 가능한가? 이미 이와 같은 존재에 대한 물음과 우리가 이와 같은 존재에 가까이 가서, 비록 부적절하다고 하더라도, 이 존재를 언어로 표현해야 하는 어떤 깊은 숙고도, 본래적 존재란 사유될 수도 없고 나타날 수도 없다는 기본 전제를 범하는 것은 아닌지? 비트겐슈타인은 이러한 지극히 오랜 철학적·신학적 딜레마를 나타내는 패러독스들을 다음과 같은 적절한 물음으로 분절화(分節化)해서 명료화하고 있다.

"그렇다면 우리는 표현하는 것이 허용되지 않는 것, 그것(DAS)이 표현되는 것인가 아닌가를 어떻게 묻고자 하는가?"[29]

그러나 비트겐슈타인이 객관적 사유와 직접적 언명의 한계를 나타내고, 그리하여 이 한계의 피안에 존재하는 언명 불가능한 것을 간접적으로 지시하는 것을 전적으로 제한하고 있는 데 반해, 야스퍼스는 객관적 사유와 직접적 전달의 한계를 넘어서 비대상적 존재로 나아가는 것을 철학의 본래적 사명이라고 생각하고 있다. 비록 야스퍼스가 비트겐슈타

---

29) L. Wittgenstein, ≪Notebooks 1914~1916≫, Oxford 1961, S. 52.

인과 마찬가지로 철학에서 대상이 될 수 없는 것과 언명 불가능한 것의 차원에 관해, 객관화하는 과학적 사유와 언어를 거부함에도 불구하고 비트겐슈타인과 달리 야스퍼스는 비대상적 사유 방식과 언어 방식 － 이 두 가지 방식의 도움으로 철학은 비대상적인 본래적 존재의 차원을 지시한다 － 을 발전시키고자 한다. 범주적·대상적 사유와 객관적 인식의 획득을 지향하는 모든 사유 노력에 대해서 명료한 경계를 설정함으로써 야스퍼스는 자신에게 중요한 철학적 사유 방식과 언어 방식을 단순히 '규명하는 사유', '확증함', '호소하는 철학함' 또는 '미결정의 철학함' 또는 '초월하는 사유'라고 부르고 있다.

철학의 방법

간접적 전달로서의 철학

'사유와 언어의 카테고리로서도 파악할 수 없는 존재에 대해서 어떻게 말할 수 있는가'라는 물음에 대해 우리는 야스퍼스로부터 다음과 같은 해답을 얻을 수 있다.

"그것이 가능하다면 여하튼 간접적으로만 가능할 뿐이다. 우리의 사유란 매순간 대상과 결합되어 있기 때문에 이러한 비대상적인 것은 대상적 사유의 실에 의해 인도됨으로써 나타날 수 있다."(Ant 798)

≪세계관의 심리학≫에서는 특정 원리들을 가르치는 자들(에피쿠로스학파와 스토아학파의 철학자들)과 위대한 체계의 형성자들(아리스토텔레스, 헤겔)과 나란히 철학의 교사들의 유형 가운데서 무엇보다 먼저 "주의를 환기시키고자 하는", "불안 속으로 옮겨 놓고자 하는", "사태를 문제 삼고자 하는"(PsW 376f), 그리고 간접적인 전달의 방법으로 철학을 실천하는 교사들의 유형이 뚜렷이 드러나고 있다. 야스퍼스는 특히 소크라테스, 칸트, 키르케고르를 이 같은 유형의 대표자라고 부르고 있다.

우리는 간접적 전달을 방법으로 삼는 철학에서 다양한

것을 이해할 수 있다. 예컨대 소크라테스의 산파술이라는 방법이 그러하다. 이 방법에 의하면 어떤 지혜도 직접적 형식으로는 습득되지 않는다. 오히려 산파술을 통해, 대화를 하면서 대화 상대자에게 가능한 반성과 자기성찰이라는 자주적 과정 속에서 스스로 깨닫도록 해 사려 깊게 만드는 데 교육 목표가 있다. 상징이나 은유 같은 문학적 표현 형식을 뛰어넘는 철학적 내용을 전달하려는 시도를 우리는 간접적 전달에 의한 철학함이라고 생각할 수 있다. 야스퍼스에게서 이 같은 철학함의 중요한 방법적 관점은 다음에 있다.

"간접적 전달은 형식과 공식에 따른 가장 엄밀한 의미의 명석(明晳)을 향한 열망과, 모든 탐구에서 어떤 표현도 충분하지 못하며 또 인간은 이 점을 스스로 의식하게 된다는 것을 의미한다. 다시 말해서 간접적 전달은 간접적으로 언표 가능한 모든 의사소통이 궁극적으로 비본질적이지만, 동시에 본질적인 것의 간접적 담지라는 관점을 의미한다."(PsW 378)

여기서는 직접적으로 말해진 것과 인식된 내용적 사상지(事象知, Sachinformation)를 결국 비본질적인 것으로 간주하려는 요구가 간접적 전달이라는 철학의 방법적인 근본 요청으로 제기되고 있다.

야스퍼스는 자신의 철학을 본래적 존재로 '이끄는 실' 또는 '간접적 지시자'로서 이해하려 하며, 따라서 본래적 존재에 관한 내용적 사상 진술(事象陳述, Sachaussagen)로 이해하려고 하지는 않는다. 야스퍼스는 '사유의 수행에서'만 본래적 존재의 '주위를 맴돌고자 하고', 실존을 기술하지 않고 '개명하고자' 하고, 초월자를 내용적으로 언표하지 않고 단순히 '확신하고자' 한다. 그의 철학은 습득 가능한 지(知)의 내용을 가진 사고 체계나 학설로 이해되어서는 안 되고, 미결정 상태에 있는 철학으로 이해되어야 한다. 이러한 철학은 내용적 지(知)를 전달하지 않고 개인에게 자기실존의 가능성과 초월자를 의식할 것을 호소한다. 야스퍼스는 일찍이 은유적으로 "사용된 뒤에는 버려지는 사다리의 정상(頂上)으로 오름"(W 28)에 관해 말하고 있다. 본래적 존재는 이미 언급한 인식론적·형이상학적 근본 전제에 따라서 전적으로 비대상적이면서 우리 사유의 카테고리로써는 객관화될 수 없기 때문에, 야스퍼스는 자신의 철학적 언명을 '지(知)의 내용'으로 진지하게 받아들이지 말고, 오히려 인지된 통고(通告) 내용을 초월할 것을 자신의 독자에게 촉구하고 있다.(VE 97 참조)

야스퍼스는 자기의 철학적 언명을 대상적인 것과 단순한 지적인 것 가운데 경직시키는 것을 막기 위해 '부정적·순환적·변증법적 언명'을 사용하는 것이 불가피하다고 생각하고 있다. 이러한 변증법적 언명에서 나타나는 논리적 모순과 아포리아는 특정한 사상(事象, ein Sache)의 추측적 인식으로서 언표된 것이 다시금 지양되는 결과를 야기한다. 야스퍼스 논의에서는 이 방법이 '부정신학'30)의 방법과 확실한 유사성을 띠고 있다고 지적하는 것을 부당하다고 간주하지는 않는다.31)

야스퍼스는 철학에서 단순한 간접적 전달의 방법적 의도 − 우리가 자신의 철학에서 언명된 여러 명제의 의의를 다시금 상대화하지 않으면 안 되는 방법적 의도 − 가 이념과 얼마나 긴밀한 관계에 있는가에 대해서는, 실존철학과 철학적 인간학에 대한 마르틴 부버의 철학을 그 실례로 들고 있다. 부버도 이와 마찬가지로 단언하고 있다. 부버는 '학설'을 전달하지 않고 대화에서만 간접적으로 '현실적인 것을

---

30) 부정신학(否定神學, ein negativ Theologie) : 현실의 세계는 감각의 세계 또는 현상의 세계다. 이러한 세계는 영원의 세계로서 신의 세계, 또는 하느님의 나라에 들어가기 전의 잠정적으로 머무르는 세계다. 하늘나라에 존재하는 신은 현실 세계의 모든 존재자와 그 속성을 부정하는 데서 이해된다. 부정신학은 존재자에 대한 부정을 통해서 신의 존재를 간접적으로 체험하는 신학을 가리킨다.

31) Stegmüller, S. 210 ; Parallelen zur negativen Theologie zeigen auch auf : Ehrlich 1975, S. 152ff ; Hertel, S. 37f.

지시'하고자 한다.

"나는 내 말을 경청하는 사람을 받아들이고 손을 잡고 그를 창가로 안내한다. 나는 창문을 열어 바깥을 가리켜 보인다. 나는 학설을 가지고 있지 않지만, 대화를 나눈다."[32]

비트겐슈타인 역시 직접 말한 것을 불가피하게 지양하는 사유의 동기가 발견되지만, 이것은 그의 유명한 저서 《논리 철학 논고》[33]의 결론에서 다음과 같이 말할 때다.

"나의 여러 명제는 나를 이해하는 사람이 이 명제들을 통해서 - 이러한 명제들에 기초해서 - 오히려 이 명제들을 뛰어넘어 나왔을 때 결국 여러 명제를 무의미한 것으로 인식함으로써 극복된다."(말하자면 그는 사다리를 올라간 뒤에는 그 사다리를 내던져 버려야 한다.) 그는 이처럼 이 명제들을 극복하는 경우에 세계를 바르게 보게 된다. 그러므

---

32) M. Buber, 《Antwort》 In : P. A. Schilpp/M.friedmann 편집, 《Martin Buber》, Stuttgart 1963, S. 593.
33) 이 책은 비트겐슈타인의 주저다. 비트겐슈타인은 이 책에서 "우리는 언어가 우리에게 매개해 주는 현실의 그림(Bild)만을 소유하고 있다"라고 쓰고 있다. 그러므로 문제는 어떻게 언어가 현실이 그림을 매개하며, 사유와 언어를 가능하게 하는 언어적 기호와 지시된 대상 간의 결합이 어떤 것인가 하는 점이다. 이 책은 대체로 이러한 문제에 관해 논의하고 있다.

로 "말할 수 없는 것에 대해서는 침묵해야 한다."[34]

    이러한 은유에 대해 가능한 해석 외에도 있을 법한 해석은 다음과 같은 가정이다. 비트겐슈타인이 그의 언명에서 직접적 전달의 기능을 부정하고 그 언명의 인지 내용을 다시 지양하고자 하는 것이 — 그 이유는, 말할 수 없는 것에 대해서는 침묵해야 한다는 것에 대해서 이미 ≪논리 철학 논고≫의 서문에서 언급하고 있는 비트겐슈타인 자신의 많은 요구에 의해 그가 불성실해지기 때문이다 — 바로 그 가정이다. 야스퍼스와 마찬가지로 비트겐슈타인 또한 자신의 언어 논리적·형이상학적 근본 전제를 위반하지 않을 수 없음을 의식하고 있었을 것이다. 왜냐하면 비트겐슈타인은 야스퍼스와 이야기를 나누기 위해 '언어의 여러 한계를 거역'하려는 '충동'에 따랐고, 그리고 이 경우에 사유 불가능하고 언표 불가능한 것에 대해서 의미 있는 진술을 시도하고자 했기 때문이다. 이 같은 진술에는 다음과 같은 것이 있다. "세계의 의미는 세계의 바깥에 있다" 또는 "물론 나타낼 수 없는 것이 있다. 이것은 그것이 신비적임을 나타내고 있다"

---

34) L. Wittgenstein, ≪Tractatus logicophilosophicus≫, Frankfurt 1963, S. 115.

등등.35) 파이어아벤트는 비트겐슈타인의 다면적인 저작들에 포함되어 있는 신비적이고 치료법적인 면을 바르게 평가하는 이러한 해석36)이 근본적인 논리적 곤란에 빠진 것을, 비트겐슈타인 논의(die Wittgenstein-Diskusson)에서 확실하게 보았다. 왜냐하면 ≪논리 철학 논고≫에서의 모든 명제는, 그 직접적 전달 기능에서 비트겐슈타인을 이해하는데 무의미한 것으로 인식되지 않으면 안 되었고, 또 사다리의 모티브가 시사한 바와 같이 이 저서에 관한 어떤 합리적 논증도 무용했기 때문이다. 비트겐슈타인의 언명은 "그것이 아주 잘 기초되어 있기 때문이 아니라, 그것이 전적으로 논박의 대상일 수 없기 때문에"37) 공격할 수 없었던 것 같다. 이와 동시에 파이어아벤트는 직접 말해진 것의 의미를 지양함으로써 사유할 수도 없고 진술할 수도 없는 것을 간

---

35) 같은 책, S. 111 · 115.

36) Zu dieser Wittgenstein-Deutung vgl. : P. Engelmann, Ludwig Wittgenstein : ≪Briefe und Begegnungen≫, Wien/München 1970 : A. Janik/St. Toulmin, ≪Wittgensteins Wien≫, München 1984 ; W. Schulz/Wittgenstein, ≪Die Negation der Philosophie≫, Pfullingen 1967.

37) P. Feyerabend, Ludwig Wittgenstein. In : L. Wittgenstein, ≪Schriften≫, Beiheft 1. Frankfurt 1960, S. 47.

접적으로 지시하고자 하는 야스퍼스와 모든 철학자에게도 결국은 통용되는 중요한 논리적·방법적 결론을 서술하고 있다. 다시 말해서 파이어아벤트는 그들의 언명이 그 내용에서 더 이상 논의 불가능하고, 또 그럼으로써 모든 비판적 논의에 면역되어 있다는 위험에 대해 서술하고 있다.

초월하는 사유로서의 철학

우리가 야스퍼스와 관련해 논의 불가능성이라는 번거로운 결론을 논구해 이 딜레마를 타개하는 하나의 가능적 방책을 추구하기 전에 야스퍼스가 자주 철학과 동일시하고 반복해서 고려하곤 하는 '초월하는 사유'라는 방법으로 보다 정확하게 파고 들어가는 것이 중요하다. 그리고 감각적 지각과 오성적 활동에 의해서 대상들을 인식하고 동시에 합리적으로 습득하는 일반적인 사유 방식과는 지극히 다른 사유 방식이 아주 중요하다. 우리의 습관적인 사유와 인식은 끊임없이 '주관·객관의 관계' 안에서 — 야스퍼스는 '주객 분열'에 관해서 말하고 있다 — 생겨나는데, 야스퍼스는 이 관계를 둘러싸는 '포괄자'인 비대상적 존재를 향해서 이 주객 관계를 '초월하는' 것을 철학적 사유의 고유한 특징으로 간주하고 있다.

"초월하는 철학적 사유는 이 사유를 수행하는 가운데 주

객 분열이 극복되고, 바로 그때 이 주객 분열을 포괄하는 것이 규명되는 그런 사유다."(W 248f)

야스퍼스는 초월론적 철학에서 대상이 될 수 없는 것에게로 초월하는 행위를 모범적으로 수행했던 칸트를 이러한 사상의 전형으로 끌어들였다. 칸트 이전의 형이상학은 세계의 사물의 피안에 존재하는 것을 실체, 모나드(Monad), 신(神) 등등으로 생각해 내어 규정 가능한 개념으로 파악하려고 시도해서 결국 세계를 피안의 사물 존재(I 41)로 초월해 가는 것이지만, 칸트의 초월론적 방법에 의해서는 초월하는 행위가 근본적으로 변화한다. 야스퍼스는 자기가 본래적 존재의 철학적 확신에서 자신을 찾고자 했을 때와 똑같은 딜레마에 빠져 있는 칸트를 보고 있다. 칸트는 불가피하게 자기를 다시 한번 더 대상화하는 개념에서만, 즉 개념 내용을 가지고 있는 개념들에서만 모든 인식 대상의 조건들을 말할 수 있었던 것 같다. 그러므로 야스퍼스는 초월론적 사상을 '대상화하는 것'에 대해 경고하며 또 '통각(統覺)의 초월론적 통일', '아프리오리' 등과 같은 개념을 심리학적·인간학적 또는 방법론적·인식론적 의미에서 이해하는 것에 대해서도 경고한다.(I 41f) 야스퍼스는 대상 구성과 그 아프리오리한 인식 구조에 대한 칸트의 문제 제기를, 인식론적 가설로서가 아니라 삶의 철학과 실존철학의 표상과의 관련에서 첫

번째로 실존적 존재 의식의 변화를 가지고 오는 자극으로 해석하고 있다.

특히 야스퍼스가 ≪철학≫에서 행하는 칸트의 '실존주의화'는 세계 현존재의 한계들을 의식하게 하고 그렇게 함으로써 개인의 존재 의식을 변화시키는 수단으로서 초월론적 철학을 등장시키고 있다. 야스퍼스에 의해 인간은 대상 인식을 가능하게 하는 여러 조건과 인식 능력의 원칙적 한계들에 대한 초월론적 성찰을 통해 비로소 대상적 세계지(世界知)로의 확실한 고정화로부터 구출된다. 따라서 야스퍼스는 모든 지(知)란 인식하는 의식에 의해 구성되는 존재 현상(그러나 이것은 본래적 존재 자체는 아니다)에 지나지 않는다는 것에 대해 주의를 환기시키고 있다.

이 본래적 존재 자체는 칸트의 누메논(noumenon), 즉 물자체(物自體)와 같이 인식 불가능한 것이다.

초월하는 사유 수행에 대한 야스퍼스의 생각을 간략하게 묘사하기 위해서는 여기서 ≪철학≫ 전 3권의 서론적 관점을 형성하고 있는 존재의 세 가지 양태, 즉 세계, 실존, 초월자를 거론해야 한다. 우리는 나중에 서술할 포괄자론의 맥락에서 '포괄자의 여러 양태'가 되는 이러한 세 가지 존재 양태 가운데서 칸트의 세계, 정신, 신이라는 초월론적 이념과의 상이성 및 유사성 역시 보게 될 것이다.[38] 그러나 여기서는 야스퍼스의 ≪철학≫의 내적 체계에서 이 세 가지 존재 양태에 대해 초월하는 행위 및 철학적 존재 탐구의 세 가지 양식이 대응하고 있다는 사상만이 중요하다.

제1의 양태는 세계 정위에서의 초월함이다. 이러한 종류의 세계 정위에서 메타 과학적 반성에 의해서 과학적 상대성과 한계를 명확히 하고, 그럼으로써 과학적 연구에 의미를 부여하는 것 자체가 과학에 의해서는 결코 성취될 수 없다는 사실을 명확히 하는 것이 중요하다. 이러한 세계 정위는 야스퍼스가 '사실적' 또는 '탐구적' 세계 정위라고 부르는 것과는 다른 종류의 세계 정위에 의해 강조되어야 하고, 이러한 세계 정위에서는 개별 과학들에서 이루어지는 모든 사유 노력이 숙고된다.

때때로 철학의 사명으로 간주되기도 했던 것처럼 개별 과학의 성과를 통일적·폐쇄적인 하나의 세계상으로 통합하는 사명은 철학적 세계 정위에는 적절하지 않다. 오히려 철학적 세계 정위는 ≪철학≫의 성립에서 야스퍼스의 가장 가까웠던 협력자면서 매제였던 마이어가 해석하는 것처럼 세계지를 상대화하고 객관적인 인식 가능성의 무한성에 대

---

38) Gabriel, S. 142 ; Wallraff, S. 93ff 참조.

한 절대적 신뢰를 인간으로부터 빼앗는 '부정적 초월 작용'[39]이다. 이미 우리가 야스퍼스의 용기 개념 및 체계 개념을 비평할 때 언급했듯이 야스퍼스에게는 불확실한 것의 부정적 요인과 독단적 견해 및 일면적 고정화의 지양이라는 긍정적 요인이 항상 결합되어 있다. 인간을 사실적 세계 정위 가운데 사로잡아 버리는 '세계의 폐쇄성'을 억지로 열어젖힘으로써(I 40 참조) 철학적 세계 정위는 경험적 · 합리적 과학의 용기 가운데서 맹목적으로 고정되어 버린 사유를 이러한 고정화로부터 끄집어내어 '미결정'의 상태에 가져다 놓고, 그 사유로 하여금 과학이 용기로부터 거리를 두게 하고, 자유 의식을 세계 존재의 타율에 대립시키도록 만든다.

이러한 단계의 실존 개명 가운데 초월함은, 초월하면서 철학한다는 야스퍼스의 계획 속에 삽입되어 있다. 이렇게 함으로써 과학적으로 탐구할 수 있는 경험적 자아가 '실존', '본래적 자기존재', '자유', '무제약적 행위' 등과 같은 '여러 표기(標記)'에 의해서 간접적으로만 바꿔 쓸 수 있는 자아의 차원에로 사유하면서 '초극하는 것'이 생각된다. 실존을 개명하면서 철학하는 행위에 의해서 인간 '본질'을 기술한다든

---

[39] E. Mayer(1950), S. 151ff 참조.

가 '참된 인간'의 객관적 여러 구조를 밝히려는 목적을 추구해야 하는 것이 아니고, 개인에게 대리 불가능한 자신의 개체적 자아를 실현할 것을 단지 간접적으로만 호소해야 한다. 이 경우 최종적으로 중요한 것은, 애써 행하는 성실한 자기성찰과 내적 행위를 의미하는 '자기와의 사귐'(철학 II, 37쪽과 그다음 쪽 참조)이라는 이미 여러 번 언급된 과정이다.

실존 규명(Existenzerhellung)에서 오토 볼노와 슈미트호이저는, 초월하는 사유를 실존의 실현과 동일시해서는 안 됨을 야스퍼스 해석에서 명백히 하고 있다.[40] 실존적 가능성의 확인은 아직 실존적 현실성의 성취가 아니고 또 철학적 실존 개명은 아직 실존하는 것 자체가 아니다. 야스퍼스에게서 이 두 과정의 경계선이 불명료하다면 이것은 다음과 같은 그의 견해와 관련되어 있다. 즉 실존 규명이라는 초월하는 사유는 사유와 존재가 구별할 수 없이 하나의 통일을 이루는, 실존을 성취할 가능성의 불가결한 조건을 나타내고 있다는 견해다. 헤겔, 피히테, 셸링이 주장했듯이 독일 관념론의 사변적 '동일 철학'의 전통에 대한 사유와, 존재의 통일이라는 사고 동기가 가지고 있는 역사적인 관계에 대해서는

---

40) Bollnow(1937/1938), S. 241 ; Schmidhäuser, S. 218f 참조.

여기서는 더 논의할 수 없다.[41]

  야스퍼스의 실존 개념을 다음 장에서 다루겠지만 먼저 여기서는 이 개념의 본질적 국면, 즉 실존을 성취할 때 초월자에 대한 실존의 관련성이 언급되어야 한다. 이러한 국면은 야스퍼스가 구별하는 초월하는 철학적 행위의 제3의 양태에 대한, 즉 형이상학에서 초월하는 행위에 대한 사상적 연쇄의 일환을 이루고 있다. 실존 개명에서는 인간이 내재적 · 경험적 세계 존재의 여러 한계를 초월해 자신의 자유와 대체할 수 없는 개체적 실존에 의해 하나의 초월적 차원을 가지는 존재로 경험되는 데 반해서, 자유의 실존적 수행에서 인간은 전적으로 비대상적 존재인 초월자에 의해 바로 자유 가운데 증여되고 있음을 체험한다. 그리하여 키르케고르의 실존 이해와 유사한 사상을 다음 장에서 규명할 수 있을 것이다.

  실존적 초월 체험은 존재의 확신이라는 앞서 나아가는 걸음, 즉 초월자로의 '형이상학적 초월' 및 '최종적 초월'에 대한 충동을 인간에게 준다. 이 초월의 체험은 야스퍼스가 자신의 철학적 맥락에서 이해하는 바처럼 형이상학에서는

---

41) Zum Schelling-Einfluss 참조. Jaspers, ≪Schelling≫, S. 122ff.

다음 세 가지 방식에 의해, 즉 초월자로의 논리적·형식적 초월, 초월자로의 실존적 관계에 대한 철학적 반성, 초월자로의 암호 해독 등에 의해 가능해진다.

초월하는 행위 하나하나의 양태들이 상호 간에 제약하는 관계를 고려하지 않는다면 우리는 야스퍼스의 철학 구상의 내적 체계성을 이해하지 못할 것이다. 철학적 세계 정위 가운데서 초월하는 행위는 모든 세계지가 한정되어 있음을 의식시켜야 하고, 동시에 그것은 실존 개명이라는 초월하는 행위 가능성의 조건이기도 하다. 이 초월 행위는 인간에게 초월적·실존적 차원을 지시하고 동시에 형이상학에서의 초월 행위에 의해 본래적 초월자를 탐구할 수 있는 가능성의 조건을 형성한다. 형이상학에서의 초월 행위는 가능한 한 포괄적인 실제의 세계 정위를 다시 창도(唱導)한다. 왜냐하면 이 경우 세계 내 모든 대상은 분명 초월자의 '암호'가 될 것이기 때문이다.

세계, 실존, 초월자라는 초월 행위와 존재 양태의 세 형식을 구별하는 것이 단순히 본래적 존재의 가능성을 지시하는 것에 불과하다면, 이 본래적 존재 실현은 키르케고르와 마찬가지로 야스퍼스가 시간성(역사적 행위)과 영원성(무제약적 자유)이 융합되는 초월적 순간의 체험이라는 성격을 부여하는 실존의 실현에서만 가능하다. 헤르슈는 '이 순간의'라는 동인에 대해 다음과 같이 생각하고 있다.

"이 순간은 본래적으로 의미 있는 것이고, 순간은 어떻든 시간을 초월한 타당성이 지속하지 못하는 데서 나오는 그러한 끝없는 무료에 역행한다. 그러므로 자유로서의 존재는 존속이나 지속으로서는 결코 현재화(顯在化)될 수 없다. 자유로서의 존재는 그것이 획득됨으로써 존재하고, 그것이 생성되어 지속하고자 할 경우에는 소멸해 버린다."[42]

때때로 신비적으로 들리는 '순간의'라는 동인이 야스퍼스에게는 자신의 인간상에 대해 일반적으로 본질적인 하나의 표상과 긴밀히 결합되어 있는 것이 확실하다. 그것은 진정한 인간 존재가 객관화하는 오성적 사유에 대해 초월적이고 비합리적인 역동적 요인에 의존하고 있기 때문에 단순한 오성적 지 가운데서 편안하게 있어서는 안 되는 존재라는 생각이다. 야스퍼스가 문제 삼고 보호하고 싶어 하는 자유란 실로 이러한 요인의 합리적 고정화의 불가능성, 계획 불가능성, 자발성 그리고 창조적 역동성에 기초하고 있다. 그는 그것을 우선 니체, 칸트, 헤겔을 본받아서 '삶', '힘', '이념', '정신'이라는 개념으로 바꾸어 쓰고(PsW 27) 있으며, 실존

---

42) Hersch(1980), S. 42f.

철학적인 주요 저서들에서는 '실존'과 '무제약적 행위'에 대해서 말하고 있다.

위에서 서술한 철학 이해의 문제성에 대해서

초월하면서 철학하는 행위에 관한 야스퍼스의 전체 구상을 생생하게 그려 낸다면, 여기서는 조금밖에 윤곽을 짓지 못하지만, 그 세련된 체계성에 감탄하지 않을 수 없다. 그러나 한편으로 이러한 전체 구상은 비합리주의로 미끄러질 위험성을 동반하고 있다.[43] 이 위험성은 이미 언급했듯이 본래적 존재 일반이란 실질적으로 생각될 수도 없고 전달될 수도 없다는 인식론적·형이상학적 전제로부터, 그리고 야스퍼스의 반독단주의라고 하는 반합리주의적 특징으로부터 분명해진다. 이러한 특징은 윤리학, 존재론, 철학적 인간학 등 내용적으로 분명히 드러내고 있는 모든 구상이, 이미 처음부터 독단적 학설과 그리고 인간의 자기선택 및 자기결정의 자유를 제한하려는 그런 사상을 합리화하고 있다는 견해에 두드러지게 나타나고 있다. 미결정 상태에서 초월하면서 철학하는 행위에 의해 단순히 간접적·경고적으로 본래

---

43) dazu auch : Stegmüller, S. 234 참조.

적 존재를 지시하는 것으로부터 생기는 방법적 계획이 많은 곤란과 문제적인 결과를 필연적으로 가지고 온다는 것이 많은 야스퍼스 해석자들에 의해 인식되어 왔다.

야스퍼스는 그의 철학하는 행위의 중요 개념들을 명백하고 정확하게 규정하고자 하거나, 여러 개념을 그 의미 규정에서 확실하게 경계 짓고자 하는 노력은 하지 않는다. 그의 방법적 입장에서 본다면 정확히 정의할 수 있는 어떤 개념 규정도, 오히려 기피하는 것이 좋다고 생각될 수 있는 대상적인 의미 내용으로 고정화한다고 간주하는 것이 틀림없다. 그래서 지금까지 야스퍼스의 논의에서 '가능적 실존'과 '현실적 실존'이라는 두 개념의 관계가 극히 애매하다는 것에서,[44] 또 야스퍼스가 '비본래적 존재'도 '본래적 존재'도 실제로 분석하지 않았고, 그 때문에 독자가 이러한 표현의 의미를 파악하는 데 큰 곤란을 느낀다고 비난받고 있다.[45] 얼(W. Earle)은 호소하는 의도에 관해서 우리가 야스퍼스의 호소를 통해서 도대체 무엇을 촉구해야만 하는가라는 근거가 없지 않은 물음을 제기하고 있다. 만약 우리가 말해지지

---

44) Reding, S. 56 참조.
45) Heinemann, S. 67 참조.

도 않고, 인식되지도 않고, 전달될 수도 없는 그 무엇에 대한 호소에 귀 기울여야 한다면, 우리는 이해할 수 없는 문제에 직면하는 것이 아닐까?[46] 초월적 철학함의 구상이 빠질 수 있는 방법적 곤경은 볼노의 야스퍼스 논의에서 이미 다음과 같이 간결하게 말해진 바 있다.

"철학이 특정한 실질적 견해를 확정할 수 있는 모든 가능성으로부터 움츠러들어 버리는 순간, 즉 철학이 자기 자신을 아직 호소하는 사유에 지나지 않는 것으로 간주하는 순간에 철학은 성과 있는 논쟁의 가능성을 단념해 버린다. 즉 모든 논쟁은 상대자와 맞서는 것을 전제로 하고 있다. 이와 반대로 모든 언명을 고정화하지 않을 경우에는 현실적 논쟁의 모든 가능성, 즉 의미 있는 대화의 가능성이 실현된다."[47]

언명이란 비대상적인 것과 진술 불가능한 것을 간접적으로 전달하는 (사다리, 지시자, '실마리' 등등으로서) 기능만을 가지고 있기 때문에 언명 내용과 관련짓지 않으면 안 되는 철학은 성실하게 생각된 모든 해석의 노력을 무시한다. 더욱이 감정이입적 이해의 과정에서 파악된 것을 객관적 언

---

46) Earle, S. 529 참조.
47) Bollnow(1938/1939), S. 211.

명으로 공식화하는 것과, 그렇게 함으로써 간주관적(間主觀的)으로 음미할 수 있고 전달할 수 있는 것을 목표로 삼는 해석학적인 해석의 시도(Hermeneutische Interpretation Versuche)에 대해서 비대상적인 본래성의 차원은 논구 불가능하다.

야스퍼스 철학이 가진 문제점이 상세한 해명이나 비판적 논구에 기초해서 어떻게 해결될 수 있는지의 문제는, 실존 개명 속에서 사유하면서 초월하는 것으로부터 구체적으로 실존하는 것으로의 고양을 내적 행위로부터 실존 성취에 이르기까지의 연속적 이행으로서 이해해야 하는 것인지, 아니면 야스퍼스가 여러 번 권고한 대로, 하나의 비약으로서 이해해야 하는지의 문제를 야기한다. 야스퍼스의 방법적 입장에서 이 물음에 대한 유일하게 수미일관한 해답은 이 물음이 (구체적으로 실존하는 행위도 실존하는 행위로의 이행도 하나의 형식적 문제로서 말해지지 않고, 합리적으로 논의될 수도 없기 때문에) 부적당하다는 지적일 것이다. 야스퍼스의 해석에 의하면 그가 일찍이 '고양'에 대해서, 또 그 후에 다시 '비약'에 대해서 논하려고 할 때 이 비합리적인 실존적 요인을 대상적 표상으로 고정화하는 것을 저지하기 위해 의식적으로 불명료하고 모순적인 형태 그대로 그냥 두었다는 것이다.

야스퍼스가 자신의 철학은 논의 불가능하다는 비난에 대해서 변명하는 몇 가지 논증을 찾아본다면, 이 비난을 본래적 존재와 관련한 그의 저서들 속에 나와 있는 여러 개념이나 언명과 관련시키는 것이 적절할 것 같다. 그러나 유감스럽게도 이 경우에 생기는 경계 설정의 문제는 해결할 수 없는 것으로 판명된다. ≪세계관의 심리학≫이나 후기의 정치적인 시대 분석을 뺀다면, 야스퍼스 철학의 직접적인 언명 내용이 성실하게 받아들여지고 그것이 단순히 간접적인 전달 기능만을 가져야 한다고 명백히 결정할 수는 없을 것이다. 야스퍼스는 모든 진정한 철학하는 행위란, 과학과는 대조적으로 초월하는 미결정의 사유에 불과하다는 인상을 반복해서 전달한다. 그렇게 함으로써 그 상태에서 그의 철학함의 메타 철학적 언명에 접근하는 문제가 해결 불가능한 새로운 딜레마로 생겨난다. 야스퍼스의 철학 이해에 관한 언명이 어쩌면 마찬가지로 간접적이고 미결정적인 것으로만 이해되어도 좋다는 것인가?[48]

야스퍼스의 개념들이 지시적 의미에서 (즉 그 무엇에 대

---

48) 이 문제를 특별히 논의한 것으로는 다음과 같은 것이 있다.
Böckelmann, <Die Problematik existentiellerfraheit bei Karl Jaspers>(박사 학위논문, München 1972), S. 47f.

한 언표로서) 이해되어서는 안 되고 오히려 기능적 개념의 의미로 이해되어야 한다는 논의가, 앞서의 여러 곤란에 대한 아무런 타개책도 제공하지 못하고 있다. 비록 우리가 개념들을 경험에서 주어진 것에 대한 직접적인 언표로 이해할 것이 아니라 언어활동, 언어 행위, 삶의 형식이라는 보다 넓은 맥락 가운데서 비로소 그 의미를 획득하는 기능적 개념으로 이해한다고 하더라도[49] 이 같은 개념들을 이용하기 위한 논리적이고 실용적인 규칙들이 재구성되지 않으면 안 된다. 이 규칙들에 대한 지식은 이것과 관계되는 개념들의 의미 내용을 명백히 밝혀 준다. 따라서 기능적 개념 역시 원천적으로 합리적 논증으로 모든 인간에게 전달할 수 있는 객관적으로 식별 가능한 의미 내용을 가지고 있다.

우리가 이처럼 언어 논리학적, 메타 철학적으로 숙고할 경우에 우리는 야스퍼스의 철학에 관해 충분히 논의할 수

---

49) 이러한 기능주의적 의미론에 대해서는 다음의 책 참조. L. Wittgenstein, ≪Philosophische Untersuchungen≫(Frankfurt 1967), S. 15ff, J. L. Austin, ≪How to do things with words≫(1962) Dt., ≪Zur Theorie der Sprechakte≫(Stuttgart 1972), J. R. Searle, ≪Speech Acts. An Essay in the Philosophy of Language≫(Cambridge 1969)Dt. Serchakte. ≪Ein sprachphilosophischer Essay≫(Frankfurt 1971).

있을 것이다. 그것도 가령 우리가 야스퍼스의 철학에서 볼 수 있는 그 모든 개념과 언명을 우리 자신이 이해한 바대로 직접 성실하게 받아들일 경우에만 논의될 수 있을 것이다.

이러한 숙고는 야스퍼스 자신의 방법적인 근본 의도와는 상반되기도 하지만, 그러나 그것은 부동(浮動)하고 있는 것으로 평가되어서는 안 되고 오히려 그 의미 내용에 있어 적어도 일시적으로 확정된 것으로 간주되지 않으면 안 된다. 이러한 전제에 근거했을 경우에만 그의 철학은 비로소 사상적으로 풍부하게 해석될 수도 있고 또한 재구성될 수도 있다.

자기의 사상을 존재론적·윤리학적 또는 철학적·인간학적인 구상의 형식으로는 논의하려고 하지 않는 야스퍼스의 애매한 방법적 입장은, 그의 자유주의적 인간상의 핵심적 원칙을 결정하는 지적 성실성이라는 지극히 엄격하게 이해되는 원리의 결과일 것이다. 이러한 원리는 그의 위대한 모범이었던 막스 베버의 도덕적인 지도 원리였다. 이러한 원리에 직면해 야스퍼스는 규범적 의미의 구상, 행위의 구상, 그리고 실존의 구상을 합리적, 실질적으로 계획함으로써 오히려 다른 사람들이 부당한 가치관을 갖도록 하지 않을까 하는 우려를 가지고 있는 것 같기도 하다. 더욱이 야스퍼스는 그 때문에 최종적인 가치 입장과 관련한 다른 사람들의 자유로운 결단의 가능성이 박탈될 수도 있지 않을까 하는 우려까지도 가지고 있는 것으로 생각된다. 이 같은 구상을 객관적으로 공식화하는 것과 관련한 지나친 우려에 근거해서 그는 너무 일찍 이성을 한계 지어 버리는 경향을 보이고 있다. 그가 '실존', '실존적 사귐', '본래적 자기존재', '실존적 자유' 등등에 의해 이해하고 있는 가치에 대한 태도, 주체적인 동일화의 과정, 그리고 인간 간의 상호작용 현상은 그가 합리성에 관한 좁은 이해에 기초해서 자인하려는 것보다 훨씬 스케일이 큰 합리적 숙고의 측면에서 접근 가능한 것으로 판명되고 있다. 이것은 앞서 말한 현상이 완전히 인지적(認知的)으로 파악될 수 있고 합리적인 범주들에 의해서 전달 가능함을 의미하는 것이 아니다.

이런 현상이 객관을 초월한 영역을 나타낸다고 야스퍼스가 말하는 것은 지극히 정당하다. 가치 결정이 절대적인 의미에서 합리적으로 정당화되는 것이 아니고, 그것에 합리적인 근거의 가능성을 무산시키는 하나의 요인을 항상 내용으로 포함하는 것과 꼭 마찬가지로 '실존', '실존적 사귐' 등등은 객관적으로 진술할 수 있는 규정들 외에도 언제나 하나의 객관화할 수 없는 차원도 가지고 있다. 이러한 차원은 대체할 수 없는 개인과 실존적 사귐을 가지는 사람이 직관적 이해 및 주관적 명증이라는 비합리적 행동에 의해서만 체험할 수 있지만, 그것은 객관적으로 기술될 수도 없고 구두로 전달될 수도 없다. 이러한 영역에서 전달의 비구두적(非口頭的)인 모든 형식, 즉 '본능적 요해', '주관적 명증', 그리고 구두적인 것과 합리적인 것을 초월해 '달성된 침묵'은 그 자신의 장(場)을 가지고 있다. 야스퍼스는 이러한 장에 대해서 실존적 사귐과의 관련을 여러 번 말하고 있다.

우리가 야스퍼스에 의해서 높이 평가된 지적 성실성이라는 요청에 − 가치의 태도와 입장을 논구할 수도 없고 합리적이지도 못한 것의 영역으로 성급하게 밀어붙임 없이 − 응한다는 것은 다음과 같은 깊은 고찰을 나타낸다. 즉 우리는 규범적인 여러 구상과 자기실현의 이상을 합리적으로, 철저히 반도그마적으로 윤곽 지을 수 있다. 그리고 렝크가 공식화하는 것처럼[50] 제출된 입안을 다른 삶의 이상과 자기 생활 경험을 비판적으로 비교하는 가운데 재검토할 수 있는 하나의 가능적인 자기실현의 이상으로만 이해하려는 것을 충분히 명료하게 할 때 우리는 이러한 구상들을 '안전보장 없는 감정적 입안(Sinnentwürfe ohne Sicherheitsgarantien)'으로

---

50) Hans Lenk, ≪Pragmatische Philosophie zwischen Wissenschaft und Praxis≫, Stuttgart 1979, S. 4 참조.

제출할 수 있다.

  이 같은 반독단적 처리로 그릇된 외관이 일깨워지는 것도 아니고, 가치에 대한 입장이 완전히 합리적인 근거를 갖게 되는 것도 아니다. 또한 야스퍼스가 자기의 자유주의적인 근본 입장에서 당연히 거절하는 가치 결정의 자유를 침해하는 독단화의 효과들이 위의 것과 결부되어 있는 것도 아니다.

실존의 개념

인간의 자기실현이라는 실존철학적 표상

실존철학은 철학에서 극도의 합리주의적 경향과 인간의 삶에서 기술적·합리적 사유의 지나친 중시에 대한 역류다.[51] 실존철학의 대표자들은 합리주의 철학자들에 대해 이의를 제기하지만, 독일관념론의 철학자들은 인간을 단지 사유하는 존재로서 철학의 테마로 삼고 일면적 고찰 방법을 사용함으로써 인간의 가장 내면적 본질에서의 현실적 측면을 간과해 왔다. 이와는 반대로 실존철학에서는 키르케고르가 공식화한 것처럼 인간을 사유하는 존재로서뿐 아니라 실존하는 사유자로서 철학적 성찰의 중심에 두고 있다.[52] 이같은 시각에서 본다면 인간은 자신의 객관적 지(知)의 확실

---

51) Heinemann, S. 30f. 하이네만(F. Heinemann)은 실존철학에서 '일체를 포괄하는 기술의 강력한 영향에 대한 반작용'과 '기술 시대의 파괴적 결과를 피하려는' 시도를 보고 있다.

52) S. Kiekegaard, ≪Abschliessende unwissenschaftliche Nachschrift zu den Philosophischen Brocken≫(2. Teil) In : 같은 저자, ≪Gesammelte Werke≫(16. Abt. Düsseldorf 1958), S. 1ff 참조.

성 가운데 안온하게 비호되면서 그럭저럭 살아가는 존재로서가 아니라 기본적인 기분, 감정, 정서적인 근본 경험에 동요되는 존재로서 나타나고 있다. 이 같은 기분이나 경험에는, 예를 들면 불안, 절망, 우려, 죄책, 구토, 죽음의 확실성, 고독감, 무의미성, 부조리 등이 있다. 실존철학자들의 수많은 연구는 이 같은 인간의 삶의 여러 가지 근본 경험, 근본 기분, 한계상황을 현상학적으로 기술하고 분석하는 데 이바지했다. 실존철학에서는 윤리적 행위와 삶의 원리 및 규칙들에 관한 명확한 학설의 형식을 가진 체계적 윤리학은 발전되지 않고 있다. 오히려 "윤리학적 테마가 전체적인 실존 해석 내지 존재 해석"[53]과 극히 긴밀히 얽혀 있다. 특히 윤리학적 견해는 인간의 자기실현과 의미 실현, 경우에 따라서는 '참된 자기' 또는 '본래적 자기', 그리고 인간 존재의 규범적 구상으로 표시할 수 있는 사상을 가르쳐 왔다. 이 규범적 구상이 실존철학적 숙고에서 부정적 · 감정적 근본 경험에 의해 불러일으켜지는 실존적 충격을 견뎌 낼 수 있도록 하는 한 실천적 · 치료학적 과제가 이 구상에 상응하는 것이

---

53) H. Fahrenbach, ≪Existenzphilosophie und Ethik≫(Frankfurt 1970), S 3ff 참조.

다. 이 경우 인간의 자기실현이라는 실존철학의 이념은 궁극적으로 가장 내면적인 의미 규정과 같은 것, 즉 인간의 '참된 본질' 또는 '궁극적인 내면적 핵심'과 같은 것이 틀림없이 존재한다54)는 사상에 기초되어 있다. 이러한 사상에 기초해서 인간은 절망, 불안, 죄책, 불가피한 죽음 및 무의미함의 의식 등과 같이 충격을 주는 경험들에 직면하고, 말하자면 '되던져진다.' 이러한 가장 내면적이면서 유한한 현존재의 규정으로 더 이상 환원될 수 없는 실현의 영역은 정적으로 주어진 현존재로 이해되는 것이 아니고, 생성과 가능적 존재라는 역동적 요인으로 파악된다. 우리는 이러한 차원, 특히 인간의 '본래성'을 '무제약성', '본래적인 자기 존재', '실존적 자유' 또는 '절대적 자유'라고 한다.

이러한 사상은 의심할 여지없이 인간이 현상계에서 경험적 자아로서 타율적 현존재의 목적에 종속해 온 존재, 즉 예지적 자아로서 자신의 윤리적 행위를 자율적으로, 그리고 자유롭게 규정할 수 있는 존재임을 의미한다는 칸트의 이원론적 인간상과 현저한 구조적 유사성을 보이고 있다.

---

54) Zu dieser Deutung 참조 : O.F. Bollnow, ≪Existenzphilosophie≫ (Stuttgart 1964), S. 24 참조.

여기서 우리가 인간의 자기실현이라는 야스퍼스의 표상을 상세하게 논하기에 앞서, 적어도 다른 실존철학자들의 이러한 종류의 표상에 간단히 눈을 돌려 보는 것이 적절할 것 같다. 이것이 동시에 야스퍼스의 입장을 보다 명료하게 하고, 또 다른 실존철학자와의 뜻밖의 유사성이나 상이성을 보다 잘 인식할 수 있게 한다. 이 경우에 우선 제일 먼저 19세기의 실존철학의 창시자인 쇠렌 키르케고르(1813~1855)를 언급할 필요가 있다. 키르케고르는 단순한 '추상적 사유' 및 '객관적 사유'와는 대조적으로 '구체적 사유'나 '주체적 사유'를 옹호하는, 철저한 내면성과 주체성을 주창하는 철학자다. "주체적 사유의 사명은 자신을 실존 가운데서 이해하는 데 있다."[55] 비유적으로 말한다면 이것은 자신의 내면성으로의 침잠을 통해서 일어나고, 이때의 주체적 성찰은 본질적으로 '자기 자신을 개현(開顯)함'[56]이라는 의미에서 자

---

55) Kierkegaard, 위의 책, 2. Teil. In : 같은 저자, ≪Gesammelte Werke≫(16. Abt.), S. 55.
56) 야스퍼스는 "인간이 사회적인 실존이 되기 위해서 너와 나 사이에 실존적인 사귐이 이루어져야 한다"라고 주장하고 있다. 이 실존적인 사귐의 전제로서는 우선 내가 너를 향해서 나의 마음을 개현(開顯 : 활짝 열어젖혀 훤히 드러냄)하고 너 또한 나를 향해서 너의 마음을 개현해야 한다. 나와 너 간의 상호 개현(相互開顯)이 이루어졌을 때 내가 너의 마

기성찰의 과정으로 이해된다. 인간 자신이 책임을 지고 관여하는 주체적 성찰은 인간 본질의 근본 구조가 사실로부터 결과하는 것과는 지극히 정반대의 것이거나 역설적인 것, 즉 유한성과 무한성, 시간성과 영원성, 필연성과 자유 같은 양립하기 어려운 요인이 자신의 내면 가운데서 상호 관련하고 있다는 것을 인간에게 의식시킬 필요가 있다.[57] 이러한 요인들의 상호 불균형 관계는 불안과 절망이라는 실존적 근본 기분이 인간의 현존재를 지배하는 결과를 가져온다. 그런데 대부분의 인간은 일상적인 삶의 향락과 감각적 쾌락에 몰두함으로써 실존적 근본 기분으로 인도되고 있다는 감정에서 도피하고자 한다. 그러나 키르케고르가 ≪이것이냐 저것이냐≫라는 저서에서 가능한 인생 설계로 묘사하듯이[58] "미적 실존"의 단계에서의 이 같은 삶은, 시대의 대중화와

음속에 있는 모든 문제점을 지적하고 비판하며 너 역시 나의 마음속에 있는 모든 것에 대해서 그렇게 할 수 있다. 이러한 상호 개현에서 나와 너는 실존적 사귐을 가질 수 있고 동시에 실존이 될 수 있다.

[57] 같은 저자, ≪Krankheit zum Tode≫ In : 같은 저자, ≪Gesammelte Werke≫(24. u. 25. Abt. Düsseldorf, 1957), S. 165ff 참조.

[58] 같은 저자, ≪Entweder-Oder≫ 2. Teil. In : 같은 저자, ≪Gesammelte Werke≫(2. u. 3. Abt. Düsseldorf, 1957) S. 165ff 참조.

수평화의 경향을 비판적으로 분석하는 데 포괄적인 가치의 척도로 배경을 삼고 있는 인간의 자기실현 사상에는 적합하지 않다. 그의 시각에서 본다면 불안한 실존의 근본 기분 앞에서 의식적 또는 무의식적으로 일상적 세계로 도피하는 것은 자살로의 도피와 꼭 같은 잘못된 길을 의미한다. 이러한 것에 대해서 그는 인간의 근본 구조와 필연적으로 결합하고 있는 불안과 절망을 의식적으로 '선택하고' 자기를 떠맡아 책임질 것을 개개의 인간에게 호소하고 있다.

자기 자신에 대한 공개성과 성실성에 의해서 특징지어지는 무제약적인 결단과 자기선택의 행위에서 인간은 실존하는 행위의 윤리적 단계로 들어간다. 이 경우에 인간은 자유로운 자기결정과 자기책임의 무한한 가능성을 의식으로 포착하는 하나의 본질로서 자기를 실현한다. 이러한 자기실현에는 ≪죽음에 이르는 병≫에서 상세하게 기술하는 바와 같이 절망 속에서 살고자 하는 모험이 있다. 왜냐하면 심연 앞에, 그리고 무(無)에 직면했을 때에만 인간은 자신을 자기의 역설적인 근본 구조 가운데서 자기로서 정립한 그러한 타자를 경험할 수 있기 때문이다.

"인간의 자기는… 자기가 자기 자신에 관계하는 하나의 관계고, 자기는 자기 자신에 관계됨으로써 타자와 관계하는 것이다."[59] 인간이 자기를 자기 자신에 대한 관계로 정립된 것으로 경험하도록 하는 타자가 키르케고르에게는 신(神)이다.

신과의 개인적 관계는 키르케고르의 철학적 · 인간학적 구상에서는 종교적 실존의 단계다. 요컨대 이러한 종교적 실존의 단계는 진정한 그리스도교적 신앙의 실현이고, 궁극적으로는 진정한 자기존재 및 본래적 인간 존재의 실현이다. 이러한 실존의 단계는 오랫동안 지속하는 것이 아니고 오히려 충실한 순간의 성질을 가지고 있다. 왜냐하면 인간은 최고의 개인적 · 종교적 신과의 관계로부터 항상 다시금 불안, 절망, 고독으로 되돌아오기 때문이다. 신앙 관계를 둘러싸고 자기의 내면성의 고독 속에서 항상 새롭게 투쟁하는 것이 단독자의 사명이다. 신학적 교의나 그리스도교적 도그마의 확실성 또는 철학적 여러 학설의 보편적 원리와 방침에 의지해 투쟁하는 것이 단독자의 사명은 아니다. 신앙 관

---

59) 같은 저자, Die Krankheit zum Tode. In : 같은 저자, ≪Gesammelte Werke≫(24. u. 25. Abt.), S. 9. 키르케고르의 자기관계로서 실존의 이해에 대해서는 다음의 책을 참조하기 바람. : J. Holl, ≪Kierkegaards Konzeption des Selbst≫(Meisenheim 1972), M. Theunissen, 'Das Menschenvild in der Krankheit zum Tode' In : M. Theunissen/W. Greve, ≪Materialien zur Philosophie Sören Kierkegaards≫(Frankfurt 1979), S. 496ff.

계 가운데서 비약이 성공하고, 이 관계가 최종적으로 비교할 수도 없고 계획할 수도 없고 또 내용적으로 기술할 수도 없는 모든 단독자의 비밀을 나타내는 데는 어떤 종류의 객관적 보증도 없다.

키르케고르는 이러한 사상으로 많은 신학자와 철학자에게 영향을 미쳤다. 그 가운데는 가톨릭의 신앙적 전통에 확고하게 뿌리를 내리고 있는 페르디난트 에브너(1882~1931)가 있다. 에브너는 야스퍼스와 마찬가지로 객관적·추상적인 사유와 주체적 성찰 간의 차이를 키르케고르에서 계승하고 있다. 최초에 거론된 사유 형식이 에브너에게는 인간을 자아의 고독(Icheinsamkeit)에서, 즉 자신과의 자기중심적 관계에서 나타내고 있다. 주저인 ≪언어와 정신적 실재성≫이나 무수한 격언이나 일기의 메모에 나와 있는 에브너[60]의 실존적인 철학함의 전체적 연관 속에서는 자아의 고독 또는 자기중심적 자세(Selbstbezogenheit)가 '인격 존재', '구체적 자아', '현실적 자아', '본래적 자아'의 대극(對極)으로 나타나고 있다. 인간의 자기실현은 키르케고르와 마찬

---

60) F. Ebner, ≪Schriften in drei Bänden≫, F. Seyr 편집, München 1963, 참조.

가지로 신과의 신앙 관계로 이해되고 있다. 왜냐하면 자기실현은 신으로부터 나와서 신으로 되돌려지는 것을 지시하는 언어에 의해서 드러나는 것, 즉 "참된 정신적인 것"과 "인간의 참된 너"61)를 나타내기 때문이다.

에브너가 종교적 입장에서 결국 자기실현을 인간의 신에 대한 나-너 관계 가운데서 보고 있기 때문에 우리는 그 밖의 다른 점에서도 키르케고르와 같이 본래적인 인간 존재가 무엇보다도 먼저 신에 대한 신앙과 신의 사랑에 고정되어 있다는 실존의 문제성이 종교적으로 좁혀지는 시각을 비난할 수도 있다. 이렇게 함으로써 인간 상호 관계의 차원이 신과의 관계에서 연역되는 하나의 현상이 되어 나타나기도 하고, 또 실존적 자기실현의 차원에서 나타나기도 한다. 특히 마르틴 부버(1878~1965)62)는 인간의 자기실현이라는 이상적 관점에서, 즉 우리가 야스퍼스의 실존적 사귐과 관련해서 한 번 더 논하게 될 대화적 나-너의 관계63)의 관점에서

---

61) F. Ebner, ≪Das Wort und die geistigen Realitäten≫(Frankfurt 1980), S. 164, 196ff, 201ff 참조.

62) M. Ebner, <Zur Geschichte des dialogischen Prinzips> In : 같은 저자, ≪Werke≫ 제1권 : ≪Schriften zur Philosophie≫(München/Heidelberg, 1962), S. 296f 참조.

위와 같은 비난을 하고 있다.

실존철학에서 우리 관심을 불러일으키는 인간의 본래적 자기실현에 관한 이념은 특수한 방식으로 각인되어 있는 프랑스 실존주의 대표자들에게서도 확증된다. 예를 들면 키르케고르나 에브너와 같이 자기실현이 인간 상호 간의 나-너 관계에서 이루어진다고 보는 그리스도교적으로 방향 지어진 가브리엘 마르셀이 그렇다. 마르셀은 나-너의 만남을 동시에 신과의 만남으로 해석한다. 인간은 이러한 만남 가운데서 '소유'의 차원과는 근본적으로 상이한 본래적인 메타적·문제적 존재의 차원을 실현한다. 이러한 존재는 합리적으로 논의할 수 있는 문제도, 합리적으로 관철할 수 있는 삶의 영역도 나타내지 못한다. 우리는 이러한 존재의 비약을 그때마다 수행하는 나-너의 만남이라는 실존적 행위에서만, 그리고 그리스도교적 신앙 및 희망, 신의 사랑이라는 이 신앙의 근본 가치와의 무조건적 자기관계에 의해서만 체험할

---

63) 부버의 자기실현의 이상에 대해서는 다음의 책을 참조하기 바람. M. Buber, ≪Ich und Du≫ In : 같은 저자, ≪Werke≫ 제1권, S. 77~170, sowie auch die Schriften "Zwiesprache", "Diefrage an den Einzelnen", "Elemente des Zwischenmenschlichen", die ebenfalls im ersten Band der genannten Gesamtausgabe abgedruckt sind.

수 있을 뿐이다.[64]

   시종일관 무신론적 입장을 취하고 인간의 삶의 근본 상황을 부정적으로 묘사하는 두 사람의 실존철학자에게서도 역시 염세적인 세계관과는 대조적으로 인간의 자기실현에 관한 적극적인 가치 이념이 감지된다. 알베르 카뮈(1913~1960)에게 이 같은 이념은 시시포스의 부조리한 삶의 범례에서 분명해진다. 신들로부터 벌을 받아 바위덩어리를 항상 산꼭대기로 밀어 올리도록 — 산 정상에 올려놓은 바위는 항상 산 아래로 굴러 떨어지고 그때마다 다시 정상으로 밀어 올리도록 — 선고받은 시시포스라는 신화적 인물의 예를 카뮈는 다음과 같은 확신의 구체적 표명에 이용하고 있다. 즉 그것은 비극적 부조리적 삶의 상황을 의식적으로 떠맡는 데서, 그리고 이 세계 내에서 승인되고 있는 무의미성에의 의존을 경멸하는 데서 인간은 실로 자기의 존엄을 유지할 수 있다는 자기 확신이다. 그러므로 카뮈는 자신의 무의미한 활동을 위해 다시 산 아래로 내려오는 시시포스에 대해,

---

[64] G. Marcel, ≪Metaphysisches Tagebuch≫(Wien/München 1955), S. 94f, 207ff, 221ff 참조. 같은 저자, ≪Homo Viator. Philosophie der Hoffnung≫(Düsseldorf 1949), S. 21ff, 같은 저자, ≪Sein und Haben≫(Paderborn 1954), S. 162ff 참조.

시시포스는 자신의 운명을 "능가하고 있다"고 쓰고 있다.

"경멸로 극복할 수 없는 운명은 없다."[65]

카뮈가 문학작품(예컨대 소설 ≪페스트≫)에서도 표현했듯이 인간은 실로 현존재의 모든 무의미성에 대해서 참아 내기도 하고 영웅적으로 반항하기도 하는 데서 자기 확인을 발견한다. 부조리한 삶의 상황을 의식적으로 떠맡음으로써 인간은 이 상황에 반항하고 또 부조리에 대해서 영속적으로 반항하는 데서 자신의 본래적 인간 존재를 실현한다. 자살로 무의미성에 반응하거나 종교에 근거한 가치 및 의미의 질서에 자신을 맡겨 버린다면 자기실현 가능성을 빼앗겨 버리고 말 것이다. 종교적 신앙의 입장을 전달하는 정서상의 변호 상태는, 카뮈에게 결국 초월적인 재보장 없이 부조리를 이겨 내는 가능성 앞에서의 회피를 의미하는 동시에, 본래적 내지 참된 인간 존재 앞에서의 도주를 의미하기도 한다.

인간의 자기실현에 관한 카뮈의 생각을 지나치게 단순화하지 않기 위해서, 그의 철학함의 후기 단계에서 반항적 인

---

[65] A. Camus, ≪Der Mythos von Sisyphos≫(Düsseldorf 1956), S. 99 참조.

간이라는 개념에 새롭게 강조해야 할 의미를 부여하고자 하는 사회적, 도덕적, 정치적 근본 의도가 한층 두드러지게 나타나고 있다는 것을 여기서 언급하지 않으면 안 될 것 같다. ≪반항적 인간≫에 따르면, 역사적 사명을 주장하는 이데올로기들에 의해 자기와 타자를 도구화하려는 것에 대한 거절에 반항의 본질적 요인이 있다. ≪반항적 인간≫에서 카뮈는 ≪무절제의 광기≫에서와는 대조적으로 중용의 윤리를 지지하고, 세계 내에서의 괴로움과 슬픔을 감소시키고 부정 및 불가피한 비통과 영속적으로 싸우는 그러한 활동들 가운데서 자기실현의 본질적 요인을 보고 있다. 물론 이러한 해악을 결코 완전하게 제거할 수는 없지만, 그럼에도 이러한 해악을 경감하고자 시도하지 않으면 안 된다는 인식에서 기인한다.[66)]

---

66) 위의 저자, ≪Der Mensch in der Revolte≫(Hamburg 1953), S. 203f, 308f 참조.
통일, 양의 윤리학, 연대(連帶)의 카테고리를 향해 나아가는, 그런 중요한 사상을 고려하고 있는 카뮈의 자기실현의 이상(die Ethik der Quantität)에 대해 세련되게 서술하는 책으로는 다음의 것이 있다. F. Bondy, ≪Albert Camus und die Welt des Absurden≫ In : H. R. Schlette 편집, ≪Wege der deutschen Camus-Rezeption≫(Darmstadt 1975), S. 213ff, 위의 저자, ≪Der Aufstand als Mass und als Mythos≫, Ein Blick auf das Werk

장 폴 사르트르(1905~1980)의 실존주의적 사유에서 자기실현의 생각은 다음과 같은 견해에 명백히 드러나고 있다. 즉 인간은 현존재 속에 내던져지고 또 거기에는 신이 존재하지 않기 때문에 완전히 버려진 상태에 있지만, 인간은 실로 규정되지 못한 상태에 있다는 것을 근거로 보다 높은 본질에 의해서 주체성(또는 실존)으로부터 아주 자유로이 자신의 삶의 투기(投企, Lebensentwürfe)67)를 감행할 수 있다는 것이다.

"실제로 현실만이 존재할 뿐이다. 인간은 자기의 투기 이외에 아무것도 아니다. 인간은 자기를 실현하는 척도에 상응해서 존재할 뿐이다. 그러므로 인간은 자신의 행위의

---

von Albert Camus aus Anlass von "L'Homme revolté" In : 같은 책, S. 245ff ; A. Pieper, ≪Albert Camus≫(München 1984), S. 66ff, 124ff.
67) 투기(Lebensentwürt) : 인간은 이 세계 내에 아무런 본질도 없이 무(無)의 존재로, 즉 결여태(缺如態)로 던져져 있다. 다시 말해서 인간은 자유 존재로 이 세계 내에 던져져 존재하도록 운명적으로 선고(宣告)되어 있다. 인간의 자신 앞에 그 무엇이 있다면 그것은 무한한 가능성이다. 그 가능성 앞에서 인간은 그 무엇을 선택한다. 예컨대 내가 A를 선택한다면 나는 A가 되고, B를 선택하면 B가 된다. 따라서 인간이 그 무엇을 선택하는 데서 인간의 본질이 형성된다. [이 점에서 인간은 조형가능적 존재(造形可能的 存在)다.] 무한한 가능성 가운데서 선택하는 결단의 행위, 그것이 곧 삶의 투기다.

전체 외에 아무것도 아니다. 즉 자기의 삶 외에 아무것도 아니다."[68]

사르트르는 주체적 투지 및 무제약적 행위에서 절대적으로 자유로운 인간의 자기결정과 자기창조에 관한 실존주의적 구상을 자기의 문학작품에서 서술한 바 있다. 특히 오레스티의 번역판 ≪파리 떼(die Fliege)≫에서 이러한 사상은 인상 깊게 하나의 문학 형식으로 바뀌어 있고, 거기에서는 모든 인간이 절대적인 의미에서 자기 삶의 투기에 대해 책임을 지지 않으면 안 된다는 요청과 사르트르의 자유의 구상이 얼마나 밀접하게 결부되어 있는가를 명백히 하고 있다.

사르트르의 절대적인 자유의 투기 및 무제약적 행위라는 생각에는 이미 키르케고르의 자기선택이라는 개념이 기초하고 있고, 또 볼노가 일찍이 적절하게도 "무조건적 하나의 에토스"[69]라고 불렀던 실존철학의 근본 사상이 나타나 있다. 볼노는 이 사상에 대해서 그것이 "특정한 실질적 신앙에 의해 지탱되어"[70] 오지 않았다면 쉽사리 "공허한 모험을 좋

---

[68] J. P. Sartre, ≪Ist der Existentialismus ein Humanismus?≫ In : 같은 저자, ≪Drei Essays≫(Berlin 1964), S. 23.
[69] Bollnow, ≪Existenzphilosophie≫, S. 130.

아하는 태도로 변질될 수 있다"고 이의를 제기하고 있다. 실존적 행위를 하는 사람이 무엇 때문에, 또는 무엇에 대해서 무조건 내기를 걸까를 그때마다 확실히 눈앞에 끌어내는, 실질적으로 구체화된 가치 기준과 결부시키지 않고는 무조건적인 내기나 절대적으로 자유로운 투기에 대한 호소는 ― 비록 이러한 호소가 그 책임성의 요청과 결부되어 있다 하더라도 ― 모든 임의적 행위를 정당화하는 데 이용될 수 있다. 무조건적인 내기의 정신과 인간적 내용을 가진 가치 척도가 결합하지 못한다면 파괴적인 무정부주의자는 그의 사회 파괴적·혁명적 행위에 의해서 이러한 정신을 이끌어 낼 수도 있고, 마찬가지로 정치적 반동주의자도 그가 도덕적으로 주저할 것이 없는 무조건적 방어 행위에 의해서 인기 없는 개혁 운동에 대립할 경우에는 이미 내기의 정신을 이끌어 낼 수 있다.

이러한 것은 확실히 사르트르의 결점이었고, 사르트르가 나중에 자기실현이라는 실존주의적 구상으로부터 멀어지고자 했던, 매우 위험한 생각이었다.[71]

---

70) 같은 책, S. 131 참조 ; 위의 저자, ≪Neue Geborgenheit. Das Problem einer überwindung des Existentialismus≫(Stuttgart 1960), S. 36f.

이때 마르크스주의도 영향을 미쳤다. 사르트르가 후기의 사유에서 절대적 자유라는 자신의 근원적·실존주의적 구상에서 어느 정도 멀어졌는가에 대해서는, '자유'를 다음과 같이 규정하고 있는 1969년의 인터뷰에서 알 수 있을 것이다.

"자유는, 인간이 제약되어 있다는 사실에서 비롯하는 것을 전혀 의미하지 않는 한 사람의 인간을, 완전히 사회적으로 제약되는 본질로 형성하는 작은 운동이다."[72]

절대적으로 자유롭고 주체적인 투기의 사상이 비인간적인 목적을 위해 쉽사리 악용될 수 있다는 위험은, 이 사상이 인간적인 가치 규정과 명백히 결부되어 있지 않을 경우, 사르트르뿐만 아니라 무제약적 결단, 무제약적 선택, 절대적·실존적 자유의 에토스 등등 인간의 자기실현에서 높은

---

[71] 이러한 구상의 흔적은 사르트르가 ≪변증법적 이성의 비판≫에서 전개하고 있는 실천 철학에서 감지된다. 요컨대 이러한 구상의 흔적은 인간이 주관적 기투(企投)에서 사물들에 의미를 부여하는 존재에 불과하고, 인간의 자유가 의미 부여 능력에 의존하고 있다는 그의 사상에서 감지된다. J. P. Sartre, ≪Kritik der dialektischen Vernunft≫ 제1권, Hamburg 1967, S. 83ff 참조.

[72] 위 저자, ≪Sartre über Sartre-Ein Interview≫ In : 위의 저자, ≪Das Imaginäre≫, Hamburg 1971, S. 13.

단계의 가치를 갖고 있는 모든 실존철학적 입장에도 적용된다. 행위의 결과들을 도덕적 의미에서 평가해야 하는 실질적 가치 기준이 불명료한 경우에, 무조건 행위자가 자기 행위의 결과에 대해서 전적으로 책임지지 않으면 안 된다고 단순히 요구할 뿐인 그런 무제약적 결단의 에토스를 하나의 형식적인 책임 윤리와 결부시키는 것은 충분하지 않다. 이러한 이유에서 인간의 자기실현 (또는 본래적 인간 존재의) 하나하나의 실존철학적 이념과 결부하고 있는 모든 포괄적 도덕적 가치 기준을 가능한 한 분명히 두드러지게 하는 것이 불가결하다. 이것은 야스퍼스에게도 적용된다. 야스퍼스가 자기실현의 이념 및 이 이념과 결부된 가치의 관점을 윤리적·규범적·철학적·인간학적 구상의 형식 가운데 그 어디에서도 확실하게 하려고 하지 않았던 것은, 그로 하여금 주관주의라든가 엘리트적·정신적 귀족주의라는 비난을 다시금 받게 한 커다란 결점들 가운데 하나였을 것이다.

객관적 현존재로서의 인간과 실존으로서의 인간

인간의 자기실현에 관한 야스퍼스의 생각은 미리 그의 실존철학의 철학적·인간학적인 근본개념이라고 부를 수 있는 사상에 주의를 기울일 경우에만 적절하게 묘사된다. 상호 관계 속에서 서로 다르게 존재하고 있는 존재의 여러 층 및 존재의 여러 단계(신체-영혼-정신, 혹은 신체-육체-영혼-정신 등과 같은 단계)에 의해서 특징지어진 본질로써 인간을 해석하는 전통적 이해와 유사하게 야스퍼스는 인간의 네 가지 존재 양태 또는 실현의 차원을 구별하고 있다. 즉 단순한 현존재, 의식 일반, 정신, 실존이다.

이러한 존재 양태를 상세하게 논의하기 전에 두 가지 서론이 필요하다. 첫째는 네 가지 존재 양태의 상호 관계다. 비록 야스퍼스가 이 네 존재 양태를 비교해 평가하려고 생각하지는 않고 있음을 여러 번 강조하고 있다 하더라도 그의 철학적·인간학적 구상은 연속적으로 상승해 가는 단계라는 생각으로 방향 지어져 있다. 이 점에 대해서는 특히 다음과 같은 확인이 잘 말해 주고 있다.

"여기에서도 하나의 서열이 존재하며, 따라서 예를 들면 단순한 현존재보다는 의식 일반의 서열이, 의식 일반보다는 정신의 서열이, 정신보다는 실존의 서열이, 우위에 있다."(VE 84)

비록 이러한 서열이 명백히 하나의 '존재 문제'로서 간주되고, 비교하는 평가의 문제로서 간주되지는 않는다고 하더라도 그럼에도 여러 가지 존재 양태에 계획된 배열은 명료한 가치의 강조를 포함하고 있다. 그것은 연속하는 존재 양태가 '본래적인 자기존재'(또는 본래적인 인간 존재)와 동일시되고, 인간의 삶 가운데서 획득할 수 있는 최고의 것이나 도덕적으로 최선의 것으로 나타나는 실존을 향해서 정렬된다는 이유 때문에 그런 것은 아니다. 본래적 존재 양태의 '아래'에 있는 존재의 단계는 탁월한 존재 양태에 도달할 수 있기 위한 조건 또는 전 단계에 불과하다. 가치의 강조는 최종적으로 가장 아래층의 단계가 되풀이해서 '단순한' 현존재라고 불리고 있다는 사실에서 나타나고 있다. 여기에 제시된 평가의 관점은 ≪철학≫에 명백히 밝혀져 있고, 그것은 ≪진리론≫에서 전개되는 포괄자의 이론에서는 현저하게 후퇴하고 있지만, 완전히 제외되고 있는 것은 아니다.

제2의 서론은 현존재라는 개념에 관계하고 있다. 여러 가지 오해에 빠지지 않고 또 다른 실존철학자들(예컨대 하이데거의 현존재 개념)과 경솔하게 나란히 두는 것을 피하기 위해 다음과 같은 것을 염두에 두는 것이 목적에 부합된다. 야스퍼스의 저서들에서는 그가 항상 상호 경계를 설정하지 않고 부분적으로 교차시키고 있는 '현존재'라는 말의 다양한 사용이 엿보인다는 것이다. 이 장에서 상세하게 기술할 내용을 위해서는 다음의 세 가지 의미를 구별하는 것이 중요하다. 즉 야스퍼스는 매우 넓은 의미에서 "현존재에 대해서 말하고 있는데 이때 그는 이 현존재라는 말에 의해서 세계 내에 나타나고, 또 경험과 사유의 대상이 될 수 있는 일체의 것을 언표하고 있다. 이러한 의미에서 세계 존재를 가질 수 있고 사유하는 의식은 모두 현존재를 가지고 있다."(W. 53, 172 참조) 레버는 (야스퍼스의) ≪철학≫ 내 현존재 개념 연구에서 '현존재'에 관한 이 넓은 이해를 '현존 일반'으로서의 '현존재'라고 부르고 있다.73) 인간의 '현존재'가 (경험적 현존재까지도) 문제로서 제기될 때(W 138 참조) 이 말은 제한된 의미에서 사용되고 있다. 이 말에서 과학적으로 탐구할 수 있는 내재적 인간 존재를 도출할 수 있다. 이 경우에 현존재는 실존 개념과 대비되는 말로 이해된다. 더욱이 우리는 과학적으로 탐구할 수 있는 내재적 인간의 현존재 안에서 구별되는 이른바 현존재의 세 가지 존재층과 만난다. 요컨대 야스퍼스는 인간의 현존재를 세 가지의 특수한 존재 양태로 구분하고 있는데, 이 가운데 하나를 그는 다시금 '현존재'(이미 언급한 바와 같이 '의식 일반'과 '정신'이라는 다른 두 가지의 현존재)라고 부르고 있다. '현존재'에 관해 이와 같이 가장 좁은 의미로 생각되는 것은 충동과 본능으로 제약된 인간의 신체성이다.74)

---

73) Räber, S. 30ff 참조.

74) Wieweit aus der Perspektive der Lehre vom Umgreifenden noch wietere Bedeutungsakzente von "Dasein" unterschieden werden

단순한 현존재 : 야스퍼스의 철학적·인간학적 구상에서 '단순한 현존재'는 그 위에 다른 존재의 층이 구축되어 있는 가장 아래 존재층의 기능을 수행하고 있다. 가장 아래의 존재층은 충동과 본능으로 제약된 신체적 생명을 실현하는 차원, 즉 '생물학적 현존재'라고 불리고 있다. 이 단계에서 인간은 단순한 생명이고, 게다가 인간 존재가 본질적으로 풍부한 생명의 기능들로 제약받고 있다는 의미에서의 생명에 불과하다. 충동과 본능이 인간을 지배하고 있고, 따라서 인간은 "… 둔한 본능의 물음과 같은 것이 아닌 직접성 속에서"(II 40) 자기가 비호되고 있다고 느끼고 있다. 자기의식은 신체성과 동일화되는, 즉 바로 앞서 말한 단계에서 충분히 설명된다. 의도적 의식은 최초에 '현존재의 보존과 확대'라는 가장 우선적인 목적을 지향한다. 이러한 단계에서는 무사려(無思慮)한 생적 현존재의 의지가 … 지배한다. 그러나 세계 내에서 권력, 명망, 향락의 제공만을 가시적으로 만들어 주는 좁은 시야를 통해서, 현존재의 의지는 자기의 욕

---

müssen, hätte eine noch differenziertere Analyse zu zeigen, als sie hier geleistet werden kann und als sie Räber unterscheidet aus seinem Blickpunkt letztlich nur zwischen dem "Dasein als das Vorkommende überhaupt" und dem "subjektiven Dasein."

구에만 집중한다. 현존재의 의지는 자신을 방해하는 것을 강력하게 물리친다.(III 108)

이러한 존재 양태의 특징은 인간이 순박한 직접성 및 의심할 여지없는 무관심의 상태에서 살아가고 있다는 사실이다.(II 24, 39 참조) 무엇보다도 이것은 세계 내에서의 안전성과 비호성의 감정 가운데 나타나고 있다. 인간 존재의 이러한 단계에서는 자기성찰에 기초하고 있는 자기의식은 없다. 그러므로 인간은 본래적인 자기존재의 가능성조차 의식하지 못한다. 야스퍼스는 이러한 존재 양태를 일찍이 "아직 결정적인 자아로서가 아니라 가능적인 자아로서, 즉 아직 자기성찰을 결여하고 있지만, 나라고 말할 수 있는 존재자로서…"(II 25) '소박한 현존재의 의식' 속에 살고 있는 어린이의 삶의 형식과 비교하고 있다.

의식 일반 : 충동적 · 생명적 신체성에 가장 가까운 존재 양태는 오성 또는 '의식 일반'이다.

"우리는 일체의 것의 하나면서 동일한 의식으로서의 의식 일반이다. 우리는 의식 일반에 의해서 대상적인 존재를 동일한 방법으로 사유하고 지각하고 감득(感得)하면서 그 대상적 존재로 향하는데, 이때 의식 일반 각각의 작용 속에서는 어떤 보편타당한 것이 우리에 대해서 문득 떠오르는 방법으로 그 대상적인 것으로 향해진다."(W 65) 단순한 현존재에서는 의식이 생명에 효능이 있는 가장 가까운 목적을 '앞에 세우는' 것과도 같이 감각 속에서만 지향하는 의식인 데 반해서 의식 일반의 단계는 "명석하고 강제적이고 보편타당하고 논리적인 사유"로의 상승을 의미한다.(II 52) 인간은 자기를 단순한 현존재로서 특징짓는 불명료한 소박성과 확실한 상태로부터 각성한다. "묻는다는 것은 내가 나의 현존재 안에서 나의 세계를 이미 자명한 것으로 알고, 따라서 나의 세계를 사유함이 없이 벗어나고자 하는 현존재의 내면적인 행위다. 나는 단순한 생명으로서의 현존재에서 인식하는 현존재로 깨어난다."(I 72, W 6 참조)

야스퍼스는 '의식 일반'의 존재 양태를 일찍이 "모든 객관적 존재의 조건으로서, 주관성을 의미하는 자아 존재 일반"이라고 부르고 있다.(I 13) 여기에 인용한 말에는 칸트의 가장 두드러진 영향이 분명히 드러나고 있다. 왜냐하면 의식 일반의 개념은 칸트의 인식론에 기초한 '선험적 자아' 또는 '선험적 의식'의 개념에 유사하기 때문이다. 칸트에게는 아프리오리한 직관 형식과 오성 개념이 경험이나 개인적·주관적 특수성이라는 모든 내용을 도외시하는 의식의 형식적 구조 요인을 형성하고, 인식하는 주관을 분명하게 하며, 비로소 대상 인식을 가능하게 한다. 이와 꼭 마찬가지로 야스퍼스에게서도 의식 일반은 인간이 전반적으로 그 무엇을 동일한 것으로 생각하고 보편타당한 것으로 받아들일 수 있게 하기 위한 불가결한 조건을 의미한다. 의식 일반의 존재 양태에서 인간은 오성적 존재로 실현된다.

정신 : 지금까지 서술했던 단순한 현존재와 의식 일반 양쪽에 기초하고 있는 제3의 존재 양태가 정신의 차원이다. "왜냐하면 인간은 결코 오성의 단순한 형식적인 자아도 아니고 단순한 생명으로서의 현존재도 아니고 오히려 원초적 공동성(Primitive Gemeinschaft)75)의 어둠 속에서 지켜지기도 하고, 또 의식은 되지만 결코 충분히 의식되지는 않는 정신적인 전체성을 통해서 실현되기도 하기 때문이다."(Ⅱ 53) 정신적인 전체성 아래에서 야스퍼스는 "… 나의 행위의 한정된 목적들 속에서" 연관을 만들어 내고 "… 의식 일반의 무제한 속에서 제한되는 구성을 제공하고 가지적(可知的)인 것과 경험 가능한 것의 확산 상태로의 통일"을 가지고 오는 하나의 이념을 이해하고 있다.(W 71 참조) 위에서 인용한 두 개의 문구들은 야스퍼스에게서 정신의 존재 양태가 무엇보다도 먼저 의미의 표상과 이념의 영역을 형성한다는 것을

---

75) 원초적 공동성 : 현존재로서 인간의 내면에 내재하고 있는 이기주의적 욕구의 경향성을 뜻한다.

명료하게 밝히고 있다. 이념의 담당자로서 인간은 의미의 여러 연관을 만들어 내고 포괄적인 가치의 표상과 세계관적으로 정위하는 틀에 의해서 여러 가지 경험과 감각적 인상을 형성하고 정리한다. 이러한 가치의 표상과 세계관적 틀은 인간의 다양한 경험을 질서 짓는 의미 연관으로 인간에게 도움이 된다.

실존: 이미 앞서 기술했던 세 가지 존재 양태로부터 실존으로의 고양 또는 비약은, 이미 여러 번 시사한 바와 같이 계획 가능한 것도 아니고 합리적으로 통찰될 수도 없다. 인간은 이러한 비약에서 참된 인간의 개인적인, 대체할 수 없는 최고의 양태(가능성)를 포착한다. 즉 인간은 자기 '근원'의 자유에 기초해서 자기 자신을 선택한다. 이러한 실존 개념의 구상을 규정해 왔던 가장 중요한 영향을 생생하게 그려내려면, 우선 첫째로 칸트의 개념을 거론하지 않으면 안 된다. 인과적으로 결정된 현상의 세계와 인과적으로 결정되지 못하는 예지적인 자유의 세계라는 칸트의 구별이 경험적·합리적 현존재(단순한 현존재, 의식 일반, 정신)로서의 인간과 비대상적이고 객관화될 수 없는 실존이라는 야스퍼스의 구별의 본질적인 틀의 이념을 형성하고 있다.[76] 야스퍼스는 인간의 이원론적 구상에서 칸트 철학에서의 순수이성의 이념에 관한 이론을 계승하고, 더 나아가서는 이 이론을 헤겔,

니체, 키르케고르의 영향 아래에서 해석하고 있다.

칸트는 모든 아프리오리한 대상 인식을 선험적으로 연역하는 범위 내에서, 우리의 인식 능력의 감각적 지각의 순수한 직관 형식(공간과 시간)과 순수한 오성 개념(여러 범주)과 함께, 더욱이 이성의 순수한 여러 개념(이념)이야말로 중요한 역할을 수행한다는 견해를 주장하고 있다. 이성의 순수 개념은 직접 인식을 구성하는 기능을 가지고 있는 것이 아니고 "오성의 작용에 일정한 통일 ― 이 통일에 관해서 오성은 어떤 개념도 가지고 있지 않고 또 모든 대상을 고려해서 오성의 모든 행동을 하나의 절대적 전체로 통합하는 것을 목표로 한다 ― 의 방향을 지시하기 위해 오성의 사용에만 관계한다."77)

칸트의 인식론에서는 '절대적 완전', '통일' 또는 '절대적 전체성'이라는 대상을 규정하는 개념을 오성에게 중개하는, 여러 가지의 규제 원리에 기초해서 나오는 과제가 오성에게 당연히 주어지는데, 이 경우에 통일성과 전체성은 실제의 인식 과정에서는 결코 도달될 수 있는 것이 아니고 오히려

---

76) J. V. Kempski, S. 241f 참조.

77) I. Kant, ≪Kritik der reinen Vernunft≫, Hamburg 1956, S. 359 참조.

무한한 과제로 남는다. 여기에서는 칸트의 인식론에서의 순수이성의 이념의 역할을 취급할 수도 없고, 또 이 이념의 역할을 도덕적 행위를 위한 실천이성의 요청(자유, 죽지 않음, 신)으로서 그 윤리학에서 완수하고 있는 규제적 기능을 취급할 수도 없고,[78] 오히려 칸트의 이념에 관한 두 가지 중요한 관점을 지시하는 것만이 중요하다. 제1의 관점은 이념의 무한성이라는 성격이다.

주관이 통합하는 오성 작용이 언제나 가능적 경험의 한계 내에서 일어나고, 불가피하게 공간적·시간적·감성적 직관과 결부되어 있기 때문에 인식하는 주관은 유한하다. 이에 반해서 이념은 가능적 경험의 한계의 피안에 있다. 왜냐하면 공간과 시간에 대한 직관의 여러 형식에 의해서 구성되고 있는 직관에서 어떤 대상도 이념에 상응하지 못하기 때문이다. 이념은 공간과 시간으로부터 독립해 있고 비대상적, 초경험적, 무한적이다. 이와 같은 것으로서만 이념은 유한한 오성에 대한 규제적 임무를 완수할 수 있다.

여기서 중요한 제2의 관점은 이념의 무제약성이다. 이미

---

[78] 칸트의 이념론을 참조하기 바람. St. Körner, ≪Kant≫, Göttingen 1980.

말했던 바와 같이 칸트는 대상을 규정하는 것으로서 '절대적 완전성' 또는 '절대적 전체성'을 이념이라는 말로 이해하고 있다. 이 경우에 이 전체성은 모든 대상 인식의 감각적 확정과 유한성 때문에 결코 현실적 경험으로는 주어지지 않고 오히려 항상 사변적 이성의 개념으로만 오성에 선행해서 주어질 수 있고 또 맡겨질 수 있다. 이념을 대상적으로 사유하려고 시도한다면 이 시도는 칸트에 의해서 논구된 이율배반으로 이끌린다. 이념이 무제약성을 가지고 있다는 것은 이념이 감성적 직관에 구속되어 있지 않다는 사실로부터 분명히 밝혀지고, 또 그 전체적 제약에서 인식된 대상이 더 이상 어떤 것에 의해서도 제한될 수 없는, 즉 무제약적이라는 논리적 숙고로부터도 분명히 밝혀진다.[79]

야스퍼스는 칸트의 이념론으로부터 이념의 특성을 무한에서 무제약적인 것으로서 계승하고 있다. 야스퍼스에게는 이념도 최초에는 전체성을 목표로 하고 있고, 가능적 경험의 한계의 피안에 존재하고 있다. 칸트에서와 마찬가지로 야스퍼스의 이념은 규제적·추진적 기능을 가지고 있다. 확

---

[79] R. Kroner, ≪Von Kant vis Hegel≫ 제1권, Tübingen 1921, S. 127 참조.

실히 야스퍼스는 이 기능을 ≪세계관의 심리학≫에서, 자기로서는 인정할 수 없는 '칸트의 이념 개념의 심리화'라는 리케르트의 비난을 불러온 것처럼, 아주 광의의 심리학적 의미에서 해석하고 있다. 야스퍼스가 '이념의 체험'에 대해서 말하거나 또는 이념을 '심리학적 힘'(PsW 450 참조)으로 간주할 때 그는 그렇게 함으로써 스피노자, 헤겔, 니체의 영향 아래, '이념'을 '실체', '정신', '생명'과의 동의어로서 사용할 때와 마찬가지로 칸트를 뛰어넘고 있다.(PsW 12, 28 참조) 칸트로부터의 아득히 먼 중대한 일탈(逸脫) ― 이러한 일탈에 의해서 야스퍼스는 자기의 실존 개념을 위해 이념을 창조적으로 이용하고 있다 ― 을 우리는 이념의 '실존적 개별화'라고 부를 수 있다. 야스퍼스는 이러한 개념을 모든 개인은 이념이라는 의미에서 해석하고 있다.

"칸트의 이러한 심원한 사상은⋯ 모든 개체가 무한적이라는 것을, 즉 모든 개체가 경험의 대상인 한 이념이라는 것을 가르치고 있다."(PsW 476 참조)

이것은 야스퍼스의 실존 이해로서, 또 이 이해와 결합한 인간상으로서 다음과 같은 것을 의미한다.

(a) 전체로서의 세계가 결코 경험의 대상이 될 수 없는 것과 마찬가지로, 개개의 구체적 인격으로서의 인간도 그 전체성에 대한 경험의 대상이 아니고 또 객관적으로 사유될

수도 없다. 인간은 자신의 이념으로서의 직관적 체험을 "전체 또는 실존으로서 간주되는 그 무엇, 즉 이념, 정신, 생명, 실체와 같은 말로 표현되는 그 무엇, 요컨대 증명되지도 않고 실증되지도 않으며 어떤 공식화도 다시 해소되지 않으면 안 되기 때문에 공식화하기 어려운 그 무엇으로"(PsW 12) 체험한다. 그렇게 함으로 해서 인간은 그가 이념으로서 존재하는바 자기의 무한성과 무제약성을 깨닫는다.

(b) 개인이 이념이라면 개인은 자기의 전체적인 존재 가능성의 실현을 결코 완성하지 못하며, 따라서 이 실현은 부단히 지속적으로 요청된다. "인간은 완성된 실현이 아니고 오히려 자신을 실현해 가고 있는 이념(PsW 236), 즉 결코 실현할 수 없는 초월적 전체성을 향해서 부단히 노력하고 역동적으로 형성해 가고 있다. 이념은 정해진 용기(容器) 속에서 자기실현의 과정을 경직시키지 않는 개인의 내면의 '힘'이나 '충동'으로 해석된다. 더욱이 야스퍼스의 후기 사유 시기에는 이러한 역동적 요인이 이성을 형성하고 있다.

야스퍼스의 실존 개념과 인간상에 끼친 키르케고르의 영향은 칸트가 준 영향에 못지않다. 이러한 사실은 야스퍼스가 키르케고르를 한층 상세하게 인용·보고하고 있는 ≪세계관의 심리학≫에 가장 현저하게 나타나 있다. ≪세계관의 심리학≫에서는 키르케고르를 하나의 예로 끌어들여 인용하면서 '자기생성의 과정', '자기의 열어젖힘', '자기의 선택', '자기생성의 모험의 성격', 동시에 하나의 '의지적 행동' 또는 행위인 '적극적인 자기반성'을 문제 삼고 있다. 또한 순간 속에서 무한성을 체험하는 것에 관한 키르케고르의 사유 동기도 제시되고 있음이 보인다. 이 모든 사유 동기는 야스퍼스의 실존 개념을 규정하는 요인이다. 그가 키르케고르로부터 계승하고 있는 가장 중요한 사상은 물론 하나의 변증법적인 교섭 관계로서의 실존의 해석이다.[80]

이미 키르케고르가 말하는 본래적인 자기존재와 인간 존재의 이념을 설명할 경우에 시사되는 바와 같이, 키르케고르는 자기 자신과의 관계를 사유하는 자아에 대해, 변화하는 자기성찰의 한 과정으로 이해하고 있다. 이러한 과정 속에서 인간은 자기의 객관적 규정성과 미완성에 있어서뿐만 아니라 객관적 현존재의 모든 규정을 초월할 수 있고, 또 그런 한에서 무한한 존재로서의 자기를 경험한다. 인간은 자신의 정반대의 본질 구조 속에서 자신을 의식적으로 선택함으로써 상호 대립하고 있는 자기의 본질 구조의 요인들의 통합을 획득하려고 노력할 수 있다. 요컨대 모든 현존재의

---

80) Kierkegaard, ≪Die Krankheit zum Tode≫, S. 8.

상황 속에서 선택, 주체적 동화 또는 자기 자신의 결단 등의 행위가 새롭게 수행되지 않으면 안 된다.

인간은 주체적 성찰이나 자기선택 과정에서 자신에 대해 태도를 취함으로써 키르케고르에게서 신으로 간주되는 초월자를 인간에게 지시해 주는 (무한성, 영원성, 자유) 인간 자신의 자기의 초월적 본질 규정에 대해서도 태도를 취한다.[81] 신이 인간을 불가해한 복합체로서 이름 지어진 본질 규정에 의해서 조정해 왔다는 이유만으로 인간은 자기 자신에 대한 관계 속에서 자기 자신을 신으로부터 증여된 것으로 체험한다. 인간은 자기의 역설적인 기본 구조 속에서 자기 자신만을 선택할 수 있다. 따라서 이 경우에 인간이 신을 함께 선택할 때조차도, 즉 신과의 인격적인 신앙 관계에 있을 때 인간은 자기의 이질적인 본질 규정을 통합하고자 노력할 수 있다. "신앙이란 자기가 자기 자신이고 또 자기 자신이고자 함으로써 확실히 신에 기초한다."[82]

---

81) 같은 책, S. 25f.
82) 같은 책, S. 81. 키르케고르에게 신앙이란 자기가 자기와 관계하고 그 관계를 통해서 타자(他者), 즉 초월자와 관계하는 데서 신 앞에 홀로 선다. 이때 자기는 본래적 자기로서 실존이 된다. 이때 실존이 초월자로서의 신에 대해서 가지는 확신이 바로 신앙이다.

야스퍼스는 이러한 실존 이해를 계승해서 칸트의 사상과 결합하고 있다. ≪세계관의 심리학≫에서 그는 키르케고르를 본받아, 실존하는 인간에 관해 다음과 같이 말하고 있다.

"인간이 시간적이면서 동시에 시간을 초월한 상태를 지향하고, 유한적이면서 동시에 무한적이고, 일회적이면서 동시에 보편타당하고, 영원한 의미를 현존하게 하는 것 – 이것은 인간이 결코 필연적으로 현존하는 것이 아니고 항상 생성할 뿐인 것이라는 불가피한 결과로 나타난다. 통합은 휴지(休止)의 상태로서 가능하지는 않다."(PsW 380) 키르케고르와 같이 야스퍼스는 인간을 실존 관계 또는 자기 관계로 해석한다. 물론 야스퍼스에 있어서 실존 관계 속에서 체험한 타자는 그리스도교적인 신이 아니고 비대상적인 초월자다.

"실존은 자기가 자기 자신에 대해서 관계하고 이 관계 속에서 초월자에 의해 자기가 증여되고 있음을 알고, 자기가 초월자에 기초하고 있다는 그러한 초월자에 관계하는 바의 자기존재다."(E 17)

이 밖에 키르케고르와의 또 다른 중대한 차이점은 인간 간의 사귐이라는 중심적·위치적 가치다. 키르케고르가 인간을 자기 자신과 신의 관계에 의해 규정되는 것으로 보는데 반해, 야스퍼스는 자기가 자기 자신과 관계하고 이 관계

가운데서 초월자와 관계할 뿐만 아니라 동시에 다른 자기와도 관계하는 경우에만 비로소 본래적 존재가 존재한다고 본다.

"실존은… 다른 실존과 초월자에 관계하는 경우에만 존재한다. 절대적 타자로서의 초월자 앞에서 실존은 자기 자신에 의해서만 존재하는 것이 아님을 의식하게 된다."(II 2)

인간 상호 관계의 차원을 위한 실존 관계의 확대는 야스퍼스의 실존의 실현이라는 초기의 구상, 요컨대 한계상황에서의 실존의 실현이라는 구상이 결합되어 있는 하나의 발전적 걸음이다.

야스퍼스의 실존 개념에서 가장 중요한 규정을 체계적 전망으로 요약한다면 다음과 같은 결론에 도달한다. 실존은 인간이 대체 불가능한 개인적 자기를 실현하는 삶의 수행이라고 말이다. 자기의 객관적인 존재 양태(단순한 현존재, 의식 일반, 정신)와는 대조적으로 인간은 실존을 실현하는 행위에 의해서만 일어나고, 이 행위에는 진지하게 수행하는 자기성찰이나 '내면적 행위'의 과정이 선행된다. 이러한 내면적 행위를 통해 인간은 자기의 역사성과 상황에 구속됨을 반성하고, 존재 의식의 변혁을 통해서 자기를 개현하며, '자기선택', '결의', 혹은 '무제약적 결단'이라는 행위에 대해 준비한다. 이러한 행위를 통해 인간은 자기의 자유와 무제약성 속에서, 즉 모든 유한한 결정 요인을 극복할 수 있는 가능성 속에서 스스로를 실현하고 체험한다. 그러나 동시에 인간은 자신을 초월자에 의존하고 있는 것으로 경험한다. 자신의 자유 존재와 실존은 초월자의 암호가 된다. 실존의 실현은 "시간성과 무시간성의 일치로서의 영원한 현재"(II)가 체험되는 충실한 순간에만 일어난다. 실존의 이러한 규정은 연이은 다음 장들에서 계속 논의되어야 하는 개념들, 즉 한계상황, 사귐, 좌절, 철학적 신앙과 긴밀하게 관계하고 있다.

이제 여기서는 야스퍼스가 구별하고 있는 자기실현과 실존의 실현, 즉 한계상황에서의 자기생성, 그리고 다음 장에서 논의할 사귐에서의 실존의 실현이라는 두 가지 근본적 가능성을 논구하는 것이 중요하다. 한계상황의 구상은 이미 1919년에 ≪세계관의 심리학≫에서 세련된 스타일로 전개되고 있는 반면, 실존적 사귐에 관한 표상은 1932년의 ≪철학≫에서 보다 정확하게 완성되어 있음이 발견된다.

한계상황에서의 자기생성

한계상황에 대한 야스퍼스의 숙고는 여러 상황을 객관적 사실들로 고찰할 것이 아니라, 상황의 주관적 규정성 가운데서 사유하고 행동하는 개인을 통해 들여다보아야 한다는 사실에 기초하고 있다. 이 규정성은 기본적으로 상황 이해에 의해 비롯되지만, 모든 개인의 특수한 역사성(혈통, 교육, 지금까지의 경험 등)은 동일한 상황을 지극히 다양하게 해석하도록 할 수 있다. 사르트르조차도 실존철학에서의 절대적으로 자유로운 자기투기의 구상에서 결정적 역할을 부여하는 상황에의 주관적 규정 요인에 대해 야스퍼스는 다음과 같은 말로 주의를 환기하고 있다.

"상황이 의식되었을 경우 그 상황은 그 상황을 의식하고 있는 사람으로 하여금 어떤 의미 있는 태도를 취하게 한다. 상황은 어떤 불가피적인 것이 자동적으로 생기도록 하는 것이 아니고, 오히려 가능성과 가능성의 한계를 지시해 준다. 상황 속에서 생성되는 것은 상황 속에 있는 사람에 의해 좌우되고 또 그가 상황을 어떻게 인식하는가에 좌우되기도 한다. 상황 파악은 그것이 행위와 자신의 태도에 대한 호소를 가능하게 하는 한 이미 상황을 변경시키는 것과 같다. 어떤 상황을 인정한다는 것은 그 상황의 지배자가 되기 시작하는 것이다. 즉 상황을 주시하는 것은 어떤 존재를 획득하고자 하는 의지다."(GSZ 23)

상황의 주관적 확실성과 나란히 – 사르트르나 야스퍼스에게서도 자유의 문제 지평이 강력히 강조되면서 – 야스퍼스의 상황 개념에서는 인간의 삶이 불가피하게 상황에 구속되어 있다는 가정이 중요하다. 인간은 태어날 때부터 삶의 매순간 하나의 상황 안에 놓여 있음을 발견한다. 인간은 자기의 표상과 계획에 따른 행동을 통해서 상황을 변경시킴으로써 개개의 상황으로부터 빠져나올 수 있지만, 그 때문에 그는 언제나 새로운 상황으로 들어간다. 이제 '우리의 현존재의 근본 상황' 또는 한계상황조차도 삶의 다양한 상황 가운데 존재하고 있다.

"한계상황은 그 자체가 변하는 것이 아니고 그 현상만 변화한다. 한계상황은 우리가 부딪쳐 좌절하는 벽과 같은 것이다. 한계상황은 우리에 의해서 변경되는 것이 아니고, 오히려 이 상황을 다른 것에 근거해 설명하거나 연연해함 없이도 명료화시킬 수 있을 뿐인 것이다."(II 203)

한계상황은 상황의 변화에 대한 일상적이면서 훈련된 모든 행동 방법을 거부하는 인간적 삶의 상황이다. 이러한 상황이 덮칠 때 이 상황을 의식에서 체험하는 인간은 자기 현존재의 원칙적 한계에 부딪치고 자기 삶의 불확실성과 유한성을 의식하게 된다. 야스퍼스는 ≪세계관의 심리학≫에서 투쟁, 죽음, 우연, 죄책(罪責, Schuldfrage)을 특별한 한계상황이라고 하고, 현존재의 이율배반적 근본 구조와 고뇌를 일반적 한계상황이라고 일컫고 있다. ≪철학≫에서는 이와는 다소 다른 구별이 이루어지고 있다. 실존의 역사적 규정성이라는 한계상황, 즉 죽음, 고뇌, 투쟁 등을 일컫는 개별적 한계상황과, 그리고 야스퍼스가 현존재의 이율배반적 구조의 한계상황이라고 부르지 않고 "모든 현존재의 의문성이라는 한계상황과 역사성 일반의 한계상황"이라고 부르는 것(II 249)이 구별되고 있다.

≪세계관의 심리학≫에서 한계상황의 구상은 정신 유형과 세계상에 관한 비판적 논구나 합리주의 비판과 긴밀하게 결합되어 있다. 한계상황을 경험한다는 것은 이 경험과 결부될 수 있는 모든 억압적·부정적 감정에도 불구하고 궁극적으로 적극적인 의미를 가지고 있다. 이 경험은 자기생성을 방해하는 경직된 세계관적·제도적 용기로의 고정화로부터 인간을 해방하고, 인간에게 자기존재의 깊은 차원으로 나아갈 것을 지시한다. 이러한 깊은 차원에서 인간이 자기결단을 감행할 때 보편타당성을 요구하는 객관적 세계관의 체계에 의거해서 결심하는 것이 아니다. 이 깊은 차원으로부터 절대적 책임을 받아들이는 가운데서 자유롭고 무제약적으로 결단할 수 있다. 무한한 것과의 접촉이 객관화될 수 없는 상태에서 체험되는 이러한 차원으로부터 생동적인 '충동'이 나온다. "… 이 생생한 충동은 현존재가 활동하는 도처에서 한계상황을 극복하고 한계상황에 적극적 의식을 생겨나게 하고 의미와 지지와 불가피성의 체험을 주고 그것으로

부터 구체적 삶의 활동을 위한 힘들을 획득한다. 그러나 이 힘들은 다른 사람에게는 객관적 형식으로 신중하고 충분하게 언표될 수 없다."(PsW 241, 274)

야스퍼스에 따르면, 인간은 한계상황을 경험함으로써 한계상황에 의한 충격을 견딜 수 있는, 말하자면 자기의 내면성을 객관화할 수 없는 핵심으로 되던져진다. 인간은 이러한 핵심에서 궁극적·초월적 토대와 '새로운 삶의 입장과 삶의 사유 방식'을 발전시키는 '삶의 힘'을 획득한다.

"그러므로 우리는 한계상황을 극복하기 위해 계획과 계산에 의해 교묘하게 한계상황에 반응하는 것이 아니고 우리 내면에서의 가능적 실존의 생성이라는 완전히 다른 능동성에 의해서 반응한다. 즉 우리는 한계상황 속으로 눈을 뜨고 들어감으로써 자기가 된다. … 한계상황을 경험하는 것과 실존하는 것은 동일하다."(II 204) 한계상황에서의 자기실현이라는 야스퍼스의 생각을 그의 실존철학의 전체적 연관에 기초해서 내재적·발생적 관점으로부터 재구성한다면 다음과 같은 도식적 과정이 분명해진다. 즉 인간은 자기가 직면해 있는 상황에 — 우선 지(知)에 의욕이 있는 사람이나, 세계 내에서 방위를 결정하는 사람과 거리를 두는 분석적 태도로 — 관여한다는 것이 그것이다. 이 경우에 인간은 상황의 가능한 한 객관적으로 증명할 수 있는 모든 결정적 요인을 마음속에 그려 낸다. 그것에 의해서 상황에 기초하고 있는 자기 자신으로부터 나오는 여러 가지 경향이나 규정 요인을 분석함으로써 자신의 상황 존재를 생생하게 그려 낸다. 상황의 성립 조건과 실질적 구조화에 대한 객관적 지는 일종의 배우인 우리가 상황에 영향을 미치기도 하고 특정한 표상에 따라서 상황을 변경시키고자 할 경우에 어떤 종류의 주권을 부여한다. 주권과 행동의 확실성은 상황이 한계상황으로서 체험되자마자 소멸해 버린다. 죽음, 죄책, 고뇌 등에 직면해서 세계 정위의 지(知)나 모든 합리적 문제 해결 방법은 거부된다. 자기의 객관적 지의 도움으로 이러한 상황을 지배하고자 하는 노력을 하지만 우리는 좌절한다. '보편적으로 알고자 하는 자'로서의 인간은 좌절 가운데서 '절대적 고독'(II 204)을 체험하고, 따라서 우리는 심리학적 용어로 말하자면 전체적 무의지(無依支)와 무력(無力)의 감정에 대해 말할 수 있을 것이다. 그러나 알려고 하는 자로서 인간은 좌절을 체험할 경우 다른 존재 의식으로의 '비약'을 감행할 수 있다. 왜냐하면 이 경우 자기실존의 가능성을 지향하도록 지시받기 때문이다. 인간은 자기 자신의 존재 가능성을 확인하면서 비약을 시작한다. 이것을 행하는 자기 성찰의 과정이 자기 자신의 역사성에 대한 비판적 음미로 나타난다. 우리는 생물학적 자아(예컨대 건강 상태), 자기의 사회적 자아(사회적 관계), 자기를 회상하는 자아[기억지(記憶知), 과거의 것에 대한 기분과 감정의 관계] 등을 반성해서 눈앞의 문제인 한계상황에 대한 자기의 다면적 관계를 스스로 이끌어 낸다. 결국 하나의 본질적 요인은 자기의 현존재를 한계상황 속에서 떠맡고, 즉 자기의 개인적 운명을 자기파괴적·합리적 숙고 없이 책임지고 그것을 실존적으로 자기의 것으로 만드는 결단을 의미하는 결의의 행동 또는 선택의 행동이다. 이러한 결의는 실존을 규명하는 성찰에서 자기실현 가능성을 깨닫기 위한 전제를 이루고 있다. 이 같은 전제가 항상 존재함에 틀림없다는 것은 야스퍼스의 경우 존재론적·형이상학적 관점과 마찬가지로 윤리학적·심리학적 관점을 나타내는 여러 전제(존재의 이율배반적 구조, 좌절의 적극성, 철학적 신앙)와 관련하고 있다.

한계상황에서의 자기실현 가능성은 도대체 어디에 존재하는 것인가? ≪철학≫에서는 야스퍼스가 고려하는 일련의 삶의 입장과 도덕적 근본 태도가 열거되고 있다. 이때 그가 실존의 실현을 가능하게 하는 '본래적 태도'를 항상 방해하는 '비본래적 태도' 및 반동 세력과 대조시키는 것은 그의 전형적 서술 방법이다.

죽음이라는 한계상황에 관해서 임박한 자기의 죽음이나 가까운 사람의 죽음이라면 소극적인 반응[허무주의적 절망,

생명에의 갈망, 감정적 동요로 인한 자기폐칩(自己廢蟄)]에 대한 다음과 같은 적극적인 근본 태도가 대비된다. 즉 '죽음의 내적 동화', '종말에의 지(知) 속에서의 태연함',(II 226) '진정할 수 없는 고통을 근저에 둔 심각한 쾌활' 등이 그것이다. "용기는 한계상황에서 자기존재의 무규정적 가능성으로서의 죽음에 대한 태도다."(II 225) 이는 본래적 용기의 전제로 간주된다.

고뇌라는 한계상황에 관해서 야스퍼스는 고뇌를 배제하기도 하고, '불명료한 무이해에 대한 무력한 분노'에 의해서 생기는 행동 양식과는 대조적으로 힘에 의거해 고뇌와 싸우며, 이것이 가능하지 않을 때는 고뇌를 내적으로 동화하는 데 용기를 가지고 인내해야 한다는 적극적인 근본 태도를 가진다. 또한 고뇌에도 불구하고 행복을 위해 모험을 하는 것은 중요하다.(II 231)

투쟁의 한계상황에 관해서 (자신과 타자에 대한) 개현(開顯)을 지향하는 사랑의 투쟁이, 현존재의 이해를 위한 폭력적 투쟁과의 적극적 대비로 거론된다.

죄책의 한계상황에 관해서 야스퍼스는 표면적 자기정당화와 타인에게 죄를 덮어씌우는 것과는 대조적으로 자기의 행위나 무위(無爲)에 의해서 불가피하게 짊어지는 죄에 대해서 일체의 책임을 의식적으로 떠맡아야 한다고 요구한다.

실존의 역사적 규정성이라는 한계상황에서는 야스퍼스는 체험된 제약성과 운명적 타격을 비합리적 우연이나 무겁게 덮어 누르는 제한으로서 허무적으로 해석하는 것이 아니고, 그것들 속에서 자기의 대체 불가능한 역사성을 자유로이 선택하기 위한 기회를 엿보는 가능성을 강조한다. 완전한 개인적 운명으로써 이러한 역사성을 책임지는 것은 야스퍼스의 자유주의적 인간상에서는 인간의 존엄에 속하는 삶의 성실에 필연적으로 근거한다. "운명의 의식으로서의 역사적 의식은 구체적 현존재의 성실한 수용이다."(II 219)

'현존재의 의문성과 현실적인 것 일반의 역사성'이라는 한계상황은 배척에 의해서 (예컨대 조화로운 세계상들에서와 같이) 대처해서는 안 되고 '현존재의 이율배반'을 의식적으로 받아들이고, 그것을 자기실현 가능성의 조건으로서 적극적인 빛 가운데서 보는 하나의 근본적인 입장에 의거해서 대처해야 한다. 이때 현존재의 갈라진 상태, 분열성, 모순성이 "다른 것이 되는 것을 향한 종식되지 않는 요구"(II 253)와 세계 내에서의 모든 저항에 항거해서 실존하는 행위의 고조된 순간에, 자유와 본래적 자기존재를 실현하고자 하는 부단한 자극이 된다.

위에서 기술한 자기생성의 여러 가능성을 고려할 때 우리는 한계상황 속에서 실존하는 행위의 표상이 궁극적으로는 인간의 재능, 입장, 삶의 태도를 비교적 자주적으로 발전시키는 인간상을 향하고 있다는 인상을 받는다. 인간은 죽음에 직면해서 침착하고 용기 있게 행동하는 도덕적 입장이나 행동 양식에 근거한 실현을 통해서 투쟁 속에서 사랑하면서 마음을 열고, 고뇌 속에서 참을성 있게, 그리고 죄책 속에서 책임을 의식함으로써 한계상황 속에서 '그 자신'이 된다.

다음 장에서 다루는 몇 가지 사상을 미리 제시하는 문제가 여기서 제기된다. 한계상황 속에서의 자기실현에 대한 구상이 야스퍼스의 사유에서 중심적 위치를 가지고 있으며, 인간의 자기존재를 실존적 사귐에서만 실현할 수 있다는 확신에 존재하는 다른 구상과 어떻게 관련하고 있는가? 이 두 가지 표상은 우리가 실존의 실현이라는 유일한 구상과 관련되어 있는 것, 또는 두 가지의 다른 성향이 중요하다는 것과 서로 일치할 수 있는 것일까?

이러한 다른 두 가지 구상의 통일성을 주장하기 위한 가장 명백한 논증이란 한계상황의 체험을 실존적 사귐에서 필연적 전 단계로 해석하는 것이다. 이러한 시각으로 본다면 한계상황을 경험한다는 것은 인간을 동요시키고 인간 상호 간의 사귐 속에서 자기실현에 대해 주의를 촉구하는 자기성찰을 필연적으로 유발할 것이다. 한계상황을 경험한다는 것은 인간을 가능적 실존으로 비약하게 하는 동시에 실존적 사귐 속에서 자기실현을 가능하게 만들 것이다. 이러한 명백한 해석은 물론 이 장의 서두에서 인용한 야스퍼스의 확증, 즉 한계상황을 경험하는 것과 실존하는 것은 동일하다는 확증에 대립하고 있다. 야스퍼스에게는 한계상황을 경험하는 것이 실존을 실현하는 것과 일치하지만, 실존의 가능성을 의식하는 것과는 일치하지 않는다는 것이 여기서 분명해진다. 그러나 이때 한계상황은 실존적 사귐에서의 자기실현 전 단계로 간주되어서는 안 된다.

한계상황 속에서의 자기실현을 사귐에서의 자기실현과 동일한 것으로 간주하는 가설적 해석을 우리는 마찬가지로 명백하게 주장할 수는 없다.

더욱이 모든 실존적 사귐은 그것이 투쟁의 성격(사랑하는 투쟁)[83]을 가지고 있고, 또 실존적 사귐 속에서 현존재의

---

[83] 나와 너 간의 상호 개현(相互開顯)으로, 나와 네가 서로를 향해서 활짝 열어젖힌 마음속으로 들어가서 문제점을 샅샅이 찾아내어 지적하고 비판함으로써 깊은 자기반성 및 자기음미를 실현한다. 이 경우에 내가 너보다 많이 마음속에서 문제점을 들추어내고자 한다. 서로 경쟁하다시피 상대방의 마음속에서 더욱 많이 지적하고 비판한다. 이것은 진정한 의미에서 서로를 깊이 사랑하는 의지를 함축하고 있음을 시사(示唆)한다. 이 점에서 나와 너 간의 경쟁적 문제 제기야말로 사랑하는 투

이율배반적 구조(예컨대 사귐과 고독이라는 대극성)가 체험되기 때문에 항상 하나의 한계상황이다. 그러나 모든 한계상황에 대해서 실존적 사귐의 특수성을 가지는 인간관계가 불가피하게 한계상황과 결부된다고 주장할 수는 없다. 야스퍼스가 보여 주는 각각의 한계상황에 대한 기술에서, 확실히 한계상황의 체험이라는 광범위한 맥락에 인간관계가 배제되어 있지 않으며, 따라서 이러한 관계는 실존적 사귐의 성격을 가지고 있는 것이다. 그러나 그는 이 점에 대해서는 한마디도 하지 않고 있다.

이러한 사정을 고려한다면 우리는 한계상황의 구상과 실존적 사귐의 구상에 의해서 어쨌든 인간의 자기실현의 두 가지 상이한 표상이 생각되고 있다는 결론에 이른다. 이 점에 대해서는 라첼이 다음과 같은 언급을 통해서 주의를 환기하고 있는 이른바 야스퍼스의 사유의 발전 단계가 증명해 보이고 있다. 즉 한계상황의 개념은 말하자면 나중에 사귐의 철학에 의해 '침해'되어 버린, 젊은 야스퍼스의 '근원적 의도'였다는 것이다.[84] 한계상황에서의 자기실현에 관한 사상

쟁, 즉 사랑을 행위의 저면(底面)에 깔고 실행하는 비판이고 경고이고 이론(異論)의 제시다.

84) Latzel, S. 173.

이 키르케고르의 단독자 이념을 전경에 설정하는 하나의 인간상으로 좀 더 강하게 방향 지우는 데 반해서, 실존적 사귐에서의 자기실현의 사상은 개인적 자기실현을 위해 인간 간의 관계의 차원에 본질적 역할을 주는 인간상과 일치하고 있다. 이러한 실존적 사귐에 의해서 야스퍼스는 키르케고르와 손을 끊고, 부버나 마르셀 등이 주장해 왔던 대화의 철학에 가까이 가고 있다.

야스퍼스가 일생 동안 전념해 온 인간의 자기실현에 대한 두 가지 중심적 생각을 서로 긴밀하게 결부시키지도 확실하게 경계를 짓지도 않았다는 것에는 여러 이유가 있을지도 모른다. 야스퍼스는 ≪철학적 자전≫ 속에서 자신의 철학의 두 가지 주요 관심사는 경험이나 해명에 의존하는 방법에 의해서는 어떤 결론에도 이르지 못할 것이라고 생각했다.(Aut 124) 그러나 야스퍼스는 여기서 이미 논구된 철학 이해를 배경으로 삶의 복잡성 속에서 인간 실존의 실현이라는 두 가지 원칙적 가능성이 여러 가지 방식으로 서로 관계되어 왔다는 것을 간접적으로 지시하기 위해 이 문제를 의식적으로 공공연히 제시하고자 했다. 그러니까 예컨대 현존재에서 한 사람의 동일한 인간의 경우에도 어떤 때에는 한계상황의 체험 속에서 또 다른 어떤 때에는 실존적 사귐 속에서 실존의 실현이라는 충실한 순간으로의 비약이 일어날 때, 한계상황 속에서의 자기실현의 경우에 인간 간의 사귐 속에서의 자기실현의 가능성을 지시하는 고독을 감지할 때, 인간 간의 사귐 속에서 자기실현의 가능성을 지시하는 고독을 감지할 때, 인간 간의 사귐 속에서 실존의 실현의 경우에 때로는 자기 자신과 사귐의 상대자에 대한 불만이, 즉 한계상황 속에서의 고독한 자기설정과 자기보호의 가능성을 지시하는 불만이 체험될 때 이러한 두 가지 원칙적 가능성은 서로 관계하고 있는 것이다.

사귐의 철학

인간 간의 사귐의 문제는 야스퍼스의 가장 중요한 관심사기 때문에 이 문제에 대한 그의 깊은 고찰을 독립된 장에서 다루는 것은 정당하다고 생각한다. "실존이 사귐에서만 실현되기"(II 242) 때문에 우리는 사귐의 사상을 통해서 실존의 개념을 보다 상세하게 규정할 수 있다. 이와 동시에 이 사귐의 사상에 의해서 야스퍼스의 후기 정치적 표상에서 본질적인 인간상의 확고하고 가치 있는 구성 요소들 또한 이해할 수 있다.

사귐의 객관적 여러 양태

야스퍼스는 앞 장에서 언급했던 인간의 존재 양태에 상응해 이러한 존재 양태에 특징적인 아주 명확한 사귐의 여러 형식을 구별하고 있다. 제1의 존재 양태, 즉 '단순한 현존재'는 '원초적 공동성'이라는 사귐의 형식을 매개한다.(II 54)

'원초적 공동성에서의 사귐'. 인간은 삶의 보존과 증대하는 목적을 달성하기 위한 '자기중심주의적 관심(egozentrischer Interessiertheit)'(II 53)으로부터 이러한 사귐의 형식으로 들어간다. 야스퍼스는 첫째로 '감각, 부, 권력

분야'(VE 64)에서의 여러 목적을 이러한 사귐의 형식에서 이해한다. 이러한 목적들과 관련해 관심의 일치가 지배할 경우 인간들은 목적과 관심의 공동체를 형성한다.

"현존재로서 자기를 위해 합목적적으로 무제한 관심을 기울이는 생명이 발언을 한다. 그런데 이 생명은 만사를 자신의 현존재를 촉진시키기 위해 제약하고, 오직 이러한 뜻에서만 공감 내지 반감을 느끼며 이러한 관심 속에서 공동체와 인연을 맺는다. 여기서 고지(告知)는 관심 일치의 표현이거나 투쟁이거나 그 어느 한쪽이다."(E 32) 이러한 사귐에서 모든 개인에게는 자신의 관심과 욕구의 충족만이 중요할 뿐이다. 자기보존의 충동, 성에의 충동, 권력에의 의지 등이 충족되자마자 사귐은 끝난다. 이러한 사귐에서의 투쟁의 형식에 대해서 야스퍼스는 다음과 같이 말하고 있다.

"현존재의 투쟁에서… 모든 전달은 투쟁의 수단으로 간주된다. 즉 침묵, 교활, 애매함, 거짓, 기만은 자기의 현존재의 보존에 도움이 되는 한 중요하다."(W 548)

생적(生的) 현존재[85]의 차원(die Vitale Daseinsdimen-

---

85) 생적이라는 말 자체가 근대적 이성, 즉 합리주의적 이성과 대조되는 개념이다. 야스퍼스에게 삶은 근본적으로 합리주의적 이성에 의해서 창출(創出)되는 것이 아니고 비이성적 이해와 체험, 즉 실존적 이성

sion)에서는 목적 달성에 필요한 수단이 도덕적 척도에 상응하는지 여부는 토의되지 않고, 오히려 이 수단이 어떤 성과와 어느 정도의 유용성을 지니느냐 하는 관점이 지배적이다. 사귐의 여러 관계는 자기의 생적 관심을 충족시키기 위해 다른 인간들을 도구화하는 수단과 목적의 관계다. 이러한 관계에서 사귐의 상대는 임의로 교체될 수 있다. 왜냐하면 단순히 기도(企圖)하고 삶을 유지하고 촉진하는 목적을 달성하는 것만이 중요하기 때문이다. 이 목적에 상응하는 성과를 보증할 수 있는 사람은 누구든 사귐의 상대로 수용된다.

'즉물적(卽物的) 목적성과 합리성에서의 사귐'. 제2의 존재 양태인 의식 일반은 사귐의 형식으로서 "즉물적 목적성과 합리성"(II 54)이라는 관계에 상응한다. 오성의 차원에서는 보편타당한 규칙과 사유의 범주에 근거해서 어떤 사태를 놓고 다른 인간들과의 일치에 도달하는 것이 가능하다. 이것은 여러 명제의 형식적 정당성 및 거짓을 넘어선 일치, 또

에 의한 자기초월에서 형성된다. 생적이란 이처럼 비이성적 이해, 즉 실존적 이성의 본래적 삶에의 지향이라는 의미를 내포하고 있다. 그러므로 생적 현존재니 생적 관심이니 하는 말은 비이성적 감성적인 측면에서 이해되지 않으면 안 된다.

는 사실의 주장들의 경험적 진리 및 거짓을 넘어선 일치다. 사귐의 이러한 방법은, 예컨대 논의 상대가 어떤 사정에 대해 판단하는 것과 관련해 주장하는 논증적 이유들과 그 주장을 반대하는 이유들을 드러낸다. 이러한 이유들과 반대 이유들은 논리학적 근본 명제(모순율, 동일률) 및 동일한 감각적 경험에 기초해서 음미되고, 그리하여 공동으로 수용되거나 거부된다. 이 경우에 오직 문제로서 제기되는 사정에 대한 진술의 참 또는 거짓만이 문제가 된다. 논의는 "자기존재의 투입 없이 순전히 객관적으로"(II 100) 진행된다. 이 경우에 사귐의 상대는 동일한 규칙들, 사유의 범주들, 방법적 표준들(예컨대 진리의 기준들)에 따라 판단하는 임의의 다른 상대로 대체된다.

"이 공동체는 비인격적이며, 공동체 가운데서 모든 자아는 원칙적으로 대체 가능하고 모든 자아의 점86)도 교환 가능하다."(II 52) 인간은 단지 의식 일반으로서의 대리 가능한 형식적 자아에 불과하고, 이러한 의식 일반으로서의 자아는 단순한 현존재의 수단과 목적의 공동체에서와 똑같은

---

86) 자아의 점(點)(Ichpunkte) : 개체로서의 자기존재, 또는 단독자(單獨者)로서의 자아를 가리킨다.

'그 자신'은 아니다. 의식 일반에서의 사귐에는 인간으로 하여금 자기의 대리 불가능한 인격적 내용을 사귐의 관계 속으로 가지고 오는 그러한 최종적인 투입은 없다. 야스퍼스는 단순히 합리적인 사귐으로부터는 결국 '불충분' 또는 '무한하면서 그 자체에 있어서 비본질적인 것에서 오는 정당한 것의 황량함'(E 33)이 자라날 뿐이라고 생각하고 있다.

"이념적으로 규정된 내용의 정신성에서의 사귐." 인간이 객관적으로 지시할 수 있는 다른 인간과의 사귐의 관계로 나아가는 제3의 영역은 정신의 차원이다. 야스퍼스는 '이념적으로 규정된 내용의 정신성'에서의 여러 관계에 대해서 말하고 있다.(II 54) 사귀면서 가지는 접촉의 이러한 제3의 양태는 지금까지 논의해 온 두 가지 양태와는 구별되는 것으로서 실질적인 사귐이다.

"전체의 이념에서의 공동체 ― 이 국가, 이 사회, 이 가족, 이 대학, 이 직업이라는 공동체 ― 는 나를 처음으로 실질적인 사귐 속으로 끌어넣는다."(II 53) '실질적'이란 말은 여기서는 상호 이해가 의미 연관에의 공동적 관여에 의거한다는 것을 의미한다. 야스퍼스는 이러한 사귐의 양태에 대해서도 불충분하다고 말하고 있다. 왜냐하면 이러한 사귐의 양태에서 사귐을 가지는 인간은 사귐을 가지는 관계 속에서 자기를 대체 불가능하게 하는 본래적 자기존재를 실현하지 못하기 때문이다.

"이념과 실존에 의한 이념의 실현에서의 사귐은 오성, 목적, 원초적 공동체 그 이상으로 인간을 타자와 지극히 친근하게 만들지만, 나 자신과 다른 자기와의 절대적 친근함 – 이 절대적 친근에서는 대체 가능성이란 전혀 불가능하고, 이 절대적 친근은 이념의 입장에 의해 사적인 친근으로 경시될 수 있다 – 은 불가능해진다."(Ⅱ53f)

객관적으로 증명 가능한 세 가지 사귐의 형식은 야스퍼스의 사귐의 구상에서는 이상적인 실존의 실현 방식으로 떠오르는 이른바 객관적으로 확인할 수 있는 사귐의 형식의 매체를 형성하고 있다. 사귐의 이러한 세 가지 형식은 모든 경험적·합리적 증명을 거부하는 실존적 사귐에서는 불가결한 전제다. 우리는 이러한 전제를 자기의 생활 속에서 실천할 때 비로소 직관적으로 경험할 수 있고, 또 단순히 규명될 뿐인 철학적 사유의 수행에 의해서만 이 전제의 주위를 '선회'할 수 있을 뿐이다.

실존적 사귐을 위한 행동에의 호소

야스퍼스는 ≪철학≫ 제2권에서 실존적 사귐에 관한 많은 언명을 제시했다. 이러한 언명들을 직접적으로 성실하게 받아들인다면, 우리는 그의 철학 전체에 내재하는 본질적

인간의 가치 기준을 형성하는 일련의 규범적 규정과 도덕적 가치의 입장을 이러한 언명들에 의거해서 재현할 수 있다.

여기서 이러한 개개의 규정들이 명백히 밝혀지기 전에 이러한 규정들의 상태가 다양하게 해석될 수 있다는 것이 간략하게나마 지적되어야 할 것 같다. 이러한 규정들은 실존적 사귐 속에서 자기의 실존을 실현하는 그러한 인간을 강조하고 있음에 틀림없는 철학적 인간학의 특징으로[87] 이해될 수 있다. 이러한 해석은 사귐의 구상의 규범적 또는 '경고적' 강조를 지극히 정당하게 평가하는 것을 뜻한다. 전통적인 철학적·인간학적 구상에서 인간의 '본질' 또는 '참된 인간 존재'가 문제일 때, 이러한 개념들은 이중의 기술적(記述的)·규범적 의미를 가진다. 이 개념들은 인간이 어떻게 자기본질에 따라서 존재하거나 자기의 가능성에 따라 존재할 수 있는가에 대해 가르쳐 줄 뿐만 아니라 인간이 특정의

---

[87] 야스퍼스의 철학적·인간학적 해석의 가능성에 대해서 U. Richli, ≪Tran szendentale Reflexion und sittliche Entscheidung. Zum Problem der Selbst lrkenntnis der Metaphysik bei Kant und Jaspers≫ (Bonn 1967, Kant-Studien-Ergänzungsheft 92), S. 174, W. Earle, 같은 책, S. 515ff 참조. 이러한 규정의 윤리적 해석에 대해서는 E. Hybasék, <Das Menschenbild bei Karl Jaspers>(박사 학위논문, Graz 1984) S. 144ff, 206ff 참조.

(도덕적 · 정치적) 목표 개념에 따라서 어떻게 존재해야만 하는가에 대해서도 가르쳐 주어야만 한다. 이러한 의미에서 다음과 같은 실존적 사귐의 규정들도 이중의 기술적 · 규범적 의미를 가지고 있다.

다른 하나의 해석 가능성은 윤리학적 의미에서 앞에서 기술한 여러 규정에 대한 해석이다. 이러한 해석 가능성을 도덕적 규칙과 행동 요청으로서 해석한다면 구상 전체의 규범적 강조가 한층 더 확실하게 시계(視界)에 들어온다. 우리는 다음과 같은 진술에서 한편으로는 기성 윤리학에 대한 야스퍼스의 혐오를 고려하고, 다른 한편으로는 이 규정의 규범적 성격을 충분히 강조하기 위해 도덕적 행동으로의 호소에 대해서 말해 보기로 하자. 이 경우에 앞서 서술한 것과 같은 입장으로부터 다음에 강조되는 도덕적 행동에의 호소가 실존적 사귐 속에서의 자기실현의 불가결한 전제로서 나타난다.

"고독한 자각과 자주적 자기성찰이라는 모험에의 호소." 고독한 자각이라는 행동에의 호소는 다음과 같은 문구에서 간파될 수 있다.

"사귐은 그때마다 두 사람 사이에 성립한다. 두 사람은 서로 결합되어 있지만, 그들은 어디까지나 두 사람으로 머물러 있어야만 한다. 두 사람은 서로 고독으로부터 나와서

만나고, 그들이 사귐 가운데 있다는 바로 그 이유 때문에 고독을 안다. 나는 사귐으로 들어감이 없이는 자기 자신이 될 수 없고, 고독하지 않고는 사귐으로 들어갈 수 없다. … 만일 내가 자신의 근원으로부터 자기 자신으로 존재하고, 따라서 가장 깊은 사귐에 들어가고자 한다면 나는 고독을 원해야만 한다."(II 61)

실존철학의 문헌들과 새로운 문화와 사회에 대한 비판적 문헌들 가운데서 때때로 발견되는 사유의 동기가 이 인용문에서는 고독의 욕구에 대한 호소로 표현되고 있다. 특히 키르케고르, 부버, 마르쿠제도 이와 유사하게 표현하고 있다. 마르쿠제는 ≪일차원적 인간≫에서 행정과 관료화의 압박, 대중매체와 대량생산이라는 조종하는 강제적 구상화(其象化)의 경향이 이미 '사적 영역의 내적 공간'에 침입해 있고 "홀로 자기에게 되던져진 개인이 사유하고 묻고 그 무엇을 찾아낼 수 있는 그러한 고독의 가능성을 배제"하는 것을 한탄하고 있다. "개인이 자기의 사회에 저항하고, 그 사회의 세력을 극복해 획득하는 고독, 즉 고독의 조건이 기술적으로 불가능해져 버렸다."[88]

---

88) H. Marcuse, ≪Der eindimensionale Mensch≫, S. 91 u. 255.

야스퍼스의 유고에 기초해 최근에야 출간된 1915년에서 1916년까지의 강연 원고가 보여 주는 것처럼,[89] 야스퍼스는 이미 일찍이 고독의 현상에 대한 치밀하면서 심리학적으로 깊은 고찰을 시도하고 있었다. 의식적인 개성에 의해서 고독으로 체험된 주위의 세계로부터 거리를 둔다는 것은 그에게는 자아의 구조 및 개성화(個性化)와 필연적으로 결합되어 있는 것이다. 이 고독은, 말하자면 개성화를 위해 치른 대가며, 인간이 자신을 자의식적이면서 대체 불가능한 개인으로서 포기하고자 할 경우에는 완전히 지양될 수는 없는 것이다. 만일 우리가 자아 구조의 형상을 인식하고, 외적 요인이나 다른 인간들에 의해서 한계 지어지고 간격을 두게 된다면 고독은 언제나 새로이 나타난다. 야스퍼스는 고독과 관련한 그릇된 행동을 다양한 측면에서 다음과 같이 분석하고 있다.

1) 미화된 영웅주의와 엘리트 특유의 고집에 사로잡혀 자기 스스로 우쭐하는 이기주의적인 자아도취와 같은 그릇된 행동.

---

[89] Jaspers, ≪Einsamkeit≫(H. Saner 편집). In : ≪Revue International de Philosophie≫ 147, 1983, S. 390~409 참조.

2) 확고한 조직체, 교회와 같은 공동체에 무조건 봉사하면서 헌신하고 개성을 포기하면서 권위에 순순히 복종함으로써 고독을 지양하는 것과 같은 그릇된 행동.

3) 우리가 다른 사람을 복종시킴으로써 권력 본능을 구현하고, 그리고 그러한 행동을 통해서 고독을 보상받고자 하는 것과 같은 그릇된 행동.

4) 처음부터 자기기만과 다른 사람의 착각에 근거를 둔 (자신을 외관상 그럴싸하게 꾸민) 거짓된 관계를 가짐으로써 고독으로부터 도피하는 것과 같은 그릇된 행동.

5) 다른 사람들 앞에서 자기의 감정을 표시하고 시위하는 것, 자기 자신의 가치 의식을 고양시키기 위해 다른 사람을 도구화하는 것, 동정을 얻기 위해 자기 자신의 고뇌에 찬 경험이나 자기중심적 간청으로 품위 없이 환심을 사고자 하는 것 등을 통해서 고독으로부터 탈출하는 그릇된 행동.

야스퍼스는 이러한 잘못된 태도에 대해서 자기생성 및 실존적 사귐의 불가결한 조건으로서 고독을 받아들이는 하나의 입장을 대항시킨다. 야스퍼스는 이러한 잘못된 태도를 철저한 자각, 비판적 자기음미, 그리고 성공적인 인간 상호간의 사귐이 가져오는 자주적인 자아의 구조 등의 계기로 해석하며, 이 잘못된 태도에 적극적인 의미를 부여하고 있다.

키르케고르, 부버,[90] 마르쿠제처럼 야스퍼스는 자기실현을 위해서는 내면성, 창조적 집중과 성찰, 고독하면서 자율적인 자각의 계기가 필요하고 또 이러한 계기는 대중화, 평등화, 탈인간화(脫人間化)의 경향에 의해 특징지어진 시대에는, 그가 '시대의 정신적 상황(Die geistige Situation der Zeit)'에서 서술한 것처럼, 극도로 위험해진다는 견해를 가지고 있다. 이 경우에 우리는 문제가 되는 내면성의 현상, 요컨대 야스퍼스의 '단순한 사회학적 고립'과 혼동하지 않고는 알기 어려운 내면성의 현상을 명상적·창조적 고독 및 자주적 자각에 대한 용기라고 부를 수 있다. 적극적으로 이해된 고독에 대한 (앞에서 말한) 용기는 고독에 대한 모든 잘못된 태도에 대항해 다시 활력적이 되지 않으면 안 된다.

1) 무조건적 상호 개현(相互開顯)에의 호소

야스퍼스는 '개현성' 또는 '개현됨'(II 64)을 실존적 사귐에 대한 광의의 규정이라고 부르고 있다. 야스퍼스는 이러한 카테고리들을 철학사에서 풍부한 전통을 가진 관념과 관

---

90) M. Buber, ≪Ich und Du≫ In : 같은 저자, ≪Werke≫ 제1권, S. 148f 참조.

련짓고 있다. 이 관념은 사변적인 관계의 틀로, 특히 헤겔의 소외 또는 대상화라는 구상의 기초가 되고 있다.

헤겔은 인간에 대해, 자기를 외화(外化)하는 본질, 즉 자기의 계획에 따라 자연물을 창조적이고 정신적인 (이성의) 본질로서 인식하고 확인하기 위해 자연을 창조적으로 가공함으로써 스스로 대상화되지 않으면 안 되는 본질로 규정한다. 인간이란 자기 자신을 획득하기 위해 세계나 다른 인간에게 열려 있어야 하는 존재라는 생각은, 철학적·인간학적인 논의에서 과르디니[91]나 리트[92]와 같은 저자들에게서도 보인다.

야스퍼스는 본래적인 자기생성이 자기 자신 및 다른 사람에 대한 개현과 불가피하게 결부되어 있다고 보고 있다.

"사귐 속에서 나는 타자와 함께 나 자신에게 개현된다. 그러나 동시에 이 개현됨은 자아가 자기로서 비로소 현실화됨이다."(II 64) 개현에의 의지에 대해서 야스퍼스는 다음과 같이 말하고 있다.

---

91) R. Guardini, ≪Die Begegnung≫ In : R. Guardini/O. F. Bollnow 편집, ≪Begegnung und Bildung≫, Würzburg 1960, S. 20 참조.
92) Th. Litt, ≪Mensch und Welt. Grundlinien einer Philosophie des Geistes≫, München/Heidelberg 1961, S. 96 참조.

"개현성에의 이 의지는 자기를 실현할 수 있는 사귐 속에서만 철저하게 감행된다. 이 의지는 모든 현존재를 포기한다. 왜냐하면 의지는 그렇게 함으로써 자기의 실존을 비로소 자기에게 오는 것으로서 알기 때문이다."(II 64)

다소 다른 술어로 말하자면 개현에 대한 의지는 자기의 견해, 확신, 가치 표상 등을 다른 인간에게 무조건 전달하고 또 다른 인간에 의해 의문시되도록 하는 각오라고 할 수 있다. 다시 말해서 개현에 대한 의지는 자기를 감추어서 지키는 술책, 책략, 위장 수법 없이 이러한 것들을 비판에 내맡기는 각오라고 할 수 있다. 자기를 의문시되도록 하는 것은 ─ 타자가 단순히 이기주의적 목적에서 상대를 도구화하고, 자기를 감추고, 진솔하지 못함에도 자기를 의문시하도록 타자에게 개현한다면 ─ 사귐의 상대인 타자가 자신에게 파괴적인 결과를 가져다줄 수도 있다. 이러한 위험을 제거하기 위해서는, 야스퍼스의 구상에 따르면 사귐을 가지는 두 사람이 무엇보다도 상호성과 도덕적 함의(숨意)의 요청을 서로 배려해야 하고 '성실성'의 표명에 주의를 기울여야 한다.

"사귐에서 개현됨의 과정은 투쟁이면서 동시에 사랑으로 실현되는 그런 유일무이의 투쟁이다. … 사랑으로서 이 사귐은 어떠한 대상에 대해서도 상관하지 않고 지향하는 맹목적인 사랑이 아니고, 그 대상을 명철하게 통찰하는 투쟁하는 사랑이다. 이러한 투쟁하는 사랑은 가능적 실존으로부터 타자의 가능적 실존을 문제시하고 곤란으로 끌어들이고 요구하고 파악한다. … 이 같은 투쟁에서 양자는 솔직하게 자기를 나타내고 의문시하도록 한다. 실존이 가능하다면 실존은 투쟁하는 자기헌신을 통해서 (결코 객관적이 되지 못하는) 이러한 자기획득으로 나타난다."(II 65)

2) 타자에 대한 비이기적인 관여에의 호소

우리는 야스퍼스가 정직하지 못한 이기주의적인 현존재의 투쟁과 대조해 아주 분명하게 드러내고 있는 실존적 영역에서 "사랑하면서 연대하는 투쟁"을, 사귐을 가지는 두 사람의 내면에 내재하는 "폐쇄성"과 사귐을 저해하는 장애의 형식에 맞서 싸우는 두 사람의 비이기주의적(非利己主義的) 상호 노력으로 이해할 수 있다. 야스퍼스는 이와 같은 장애들로 "계산된 겸양, 가면, 안전의 구축"을 제시하고 있다. 그는 이러한 장애들이 "사귐의 조건들"로 내세워지고, 그 경우에 이 장애들이 "나와 사귐의 파트너를 갈라놓는 장벽(Bauer)이 된다"라고 주장하고 있다.(III 64, 77) 이 경우 야스퍼스는 사귐의 상대를 이해하면서 가까워지는 것을 방해하는 모든 종류의 선입관과 조건, 교육에 의해 제약되는 예법(禮法), 습관 등을 지적하고 있다. 이러한 맥락에서 공식화된 치밀한 심리학적 통찰은 특히 야스퍼스가 정신병리학자로서 축적한 경험들에서 유래한다. 칸트의 정언 명령에 따르면, 실존적 사귐에서 다른 인간은 항상 자기목적(Selbstzweck)이다. 타자가 자기생성을 위해 노력할 때, 서로의 사귐은 자기의 실존을 실현한다. 본질적으로 말해서 실존적 사귐에서는 사귀는 각자가 가지고 있는 문제에 대한 상호적인 관여가 있지 않으면 안 된다. 이러한 상호적 관여는 이기적인 것이 아니고, 이 관여의 파트너는 어떤 목적이나 이기주의적 관심을 위해 도구화되지 않는다.

3) 타자의 원칙적인 동등성에 대한 승인에의 호소

실존적 사귐의 또 다른 규정은 그 사귐이 동등한 수준에서만 이루어질 수 있다는 지적으로부터 분명해진다. 이 경우에 사회적 지위, 교육 정도, 특정 분야에서의 능력 등과 관련한 동등성처럼 경험적으로 증명 가능한 동등성이 '수준의 동등성'으로 생각될 수는 없다. 이러한 종류의 동등성은 언제나 경험적으로 확인 가능한 사실과의 비교에 의존하고 있다. 야스퍼스에 의하면 이러한 동등성은 경험적 자아의 관점만을 고려한 데서 이해된 것이지만 이 동등성도 실존 실현의 실질적인 전제로서만 중요한 것일지도 모른다.

야스퍼스가 실존적인 영역에서 '수준의 동등성'으로 보

고 있는 현상을, 볼노는 스승과 제자의 만남과 관계하는 한 실례로서 일찍이 "모든 연령과 지위의 차이를 넘어선 그들의 인간적인 관계의 완전한 동등 권리"[93]라고 부르고 있다. 카를 뢰비트가 단순한 '더불어 있음'과 '서로 관계하고 있음' 간의 차이를 강조하면서, 후자에 대해 말할 때 그것을 "동등한 균일적 상호성"[94]이라고 규정한다면, 그는 이와 같은 의미를 수준의 동등성으로 생각하고 있는 것이다. 이것에 대해서는 야스퍼스의 다음과 같은 확인이 발견된다.

"내가 본질적으로 나를 다른 사람과 비교하지 않고 오히려 타자와 동등하게 타자와 더불어 존재한다는 것, 즉 내가 모든 타자와의 사귐을 추구하는 한 ― 비교 가능한 일에서 타자가 나의 상위에 있건 나의 하위에 있건 간에 ― 모든 타자와 동등한 수준에서 만난다는 것은 오히려 실존 의식의 표현이다. 왜냐하면 나의 내면과 마찬가지로 모든 사람의 내면에서도 나는 근원과 자아 존재를 전제로 하기 때문이다."(II 85) 본질적으로 내가 나의 내면과 마찬가지로 타자

---

93) O. F. Bollnow, ≪Existenzphilosophie und Pädagogik≫, Stuttgart 1959, S. 130.
94) K. Löwith, ≪Das Individuum in der Rolle des Mitmenschen≫, Darmstadt 1969, S. 56.

의 내면에서도 근원과 자아 존재를 전제로 한다는 바로 이 이유 때문에 타자와 동등한 수준에서 만난다는 진술이 이 인용문에 나타나 있다. 야스퍼스는 사귐을 가지는 자들끼리의 '실존적인 결속'에 대해서도 말하고 있다. 이러한 실존적 결속은 실존을 실현할 수 있는 가능성 속에서 타자를 동등한 상대로 인정하는 데 있다. 실존적 사귐에서 사귐의 상대들은 경험적으로 비교할 수 있는 관심사가 서로 다르다는 점에서 상호 존중한다. 그들은 자기를 상대와 균등하게 비교하지 않고 각자의 개인적 특수성을 서로 존중해야 한다.

"내가 어떤 사람을 전체로서 평가하고 총결산하고 정산하는 한 나에게 실존은 이제 존재하지 않고, 오히려 하나의 심리학적 대상 또는 정신적인 대상만이 존재할 뿐이다."(II 95)

여기서 생각되는 것 가운데 하나의 중요한 관점을, 우리는 심리학적 해석의 전망으로부터 — 사귐의 행위라는 사랑하는 투쟁에서 사귐의 상대가 자신의 지나친 배려, 즉 그릇되게 이해된 기사도 등에 의해서 자기방위와 자기확인이라는 가능성을 차단당하는 한 — 타자를 지원할 수 없다는 사실에서 찾아볼 수 있다. 이것은 예를 들면 파악하기 어려운 타자의 모든 결의 또는 모든 곤란한 결단을 가능한 한 자신이 떠맡아 책임지기도 하고, 처음부터 타자를 약한 자로 간주해 모든 곤란과 방위에서의 시련을 덮어 주고자 부단히 노력하는 경우일 것이다. 이렇게 생각함으로써 타자는 열등함과 의존의 상태에 고정되어 버린다. 사귐의 상대의 고유한 인격을 무조건 긍정하는 것은 "… 가장 경미한 폭력 행사에서, 예컨대 지적인 우월, 또는 암시적인 작용에서조차도…"(II 243) 마찬가지로 중단된다.

야스퍼스는 실존의 실현은 다음과 같은 태도 및 입장의 구성 요소와 불가피하게 결합되어야 한다고 요약하고 있다.

(1) 명상적 · 창조적 고독과 외부로부터 조종되지 않는 자주적 자각에의 용기.

(2) 자기의 견해와 확신에서 자기를 감추는 일 없이 다른 인간에 의해 문제시되도록 하는 각오로서의 개현성에의 의지.

(3) 다른 인간에게 비이기주의적인 관여가 가능하도록 하려는 준비.

(4) 비교할 수 있는 외적인 관심사(사회적 입장 등)의 차이에도 불구하고 자신의 자기실현의 가능성에서 원칙적으로 다른 인간을 동등한 것으로 인정할 용의.

실존적 사귐과 대화

야스퍼스의 사상은 실존적 사귐에서의 자기실현의 구상에 근거해서 부버, 마르셀, 에브너, 로젠츠바이크가 대표하는 대화의 철학에 편입되기도 하고, 하만, 야코비, 훔볼트의 언어철학적 경향이나 피히테와 셸링의 의식 철학 내지 포이어바흐의 철학적 인간학으로 거슬러 올라가는 사유의 흐름에 편입되기도 한다. 발타자르는 부버와 함께 야스퍼스를 "현대의 두 사람의 위대한 대화주의자"[95]로 보고 있고, 슈라이는 대화 철학[96]에 대한 새로운 저술에서 발타자르의 판단에 찬성하고 있다. 이와 반대로 토이니센[97]과 랑게마이어[98] 같은 저자들은 야스퍼스가 확실히 대화적 사유에 가깝지만, 근본 사상에서는 이러한 대화적 사유의 대표자들과는 구별되기 때문에 이 같은 경향에 포함될 수 없다고

---

[95] H. U. V. Balthasar, ≪Einsame Zwiesprache. Martin Buber und das Christentum≫, Köln 1958, S. 15.
[96] H. H. Schrey, ≪Dialogisches Denken≫, Darmstadt 1970, S. 35.
[97] M. Theunissen, ≪Der Andere. Studien zur Sozialontologie der Gegenwart≫, Berlin 1981, S. 476.
[98] Buber, ≪Ich und Du≫ In : 같은 저자, ≪Werke≫ 제1권, S. 84. 야스퍼스와 부버의 대비에 대해서는 나의 논문, <Karl Jaspers e lafilosofia del dialogo> In : ≪Penzo≫, S. 99~107 참조.

생각한다.

 부버가 전개했던 바와 같이 실존적 사귐의 구상을 대화적인 나와 너의 관계의 구상과 비교한다면 명백히 유사한 점이 눈에 띈다. 야스퍼스도 부버도 전체적 개현성이라는 모험을 실존적 자기실현을 위해서는 불가결한 것으로서 간주한다. 야스퍼스와 마찬가지로 부버의 대화의 구상에서도 두 대화자 가운데 어느 한쪽의 무조건적 개현성이 이기주의적 목적을 위해서 남용되고 다른 한쪽이 도구화되는 것을, 상호성과 사랑의 계기가 저지할 것이다.[99] 마찬가지로 양자에 공통된 계기는 개인의 배타성 또는 대체 불가능성에 있다. 왜냐하면 야스퍼스에게 실존적 사귐이 "대체 불가능한 단독자 사이의 관계"고, 부버도 대화적 관계가 '배타적'[100] 임을 강조하고 있기 때문이다. 이보다 한 걸음 더 나아간 (양자 간의) 일치는 실존적 관계가 계획적일 수 없다는 견해에 있다. 야스퍼스나 부버에게도, 이러한 일치를 뛰어넘어

---

99) Buber, 같은 책, S. 145f ; 같은 저자 <Zwiesprache> In : 같은 책, S. 180 ; 같은 저자, ≪Diefrage an den Einzelnen≫ In : 같은 책, S. 229 ; 같은 저자, ≪Elemente des Zwischenmenschlichen≫ In : 같은 책, S. 281ff.

100) Buber, ≪Ich und Du≫ In : 같은 책, S. 130.

실존적 관계를 구성하는 데는 자기 스스로 선택한 고독에 대한 자각과 집중이라는 요인이 결정적 역할을 수행한다.

이러한 일치에도 불구하고 우리는 인간의 자기실현에 대한 두 사람의 구상 사이의 차이를 간과해서는 안 된다. 이러한 차이들 가운데 하나는 양자의 구상이 미치는 범위가 다르다는 데 있다. 부버의 대화의 구상은 사귐의 구상보다 더 광범위하다. 대화의 구상에서는 인간과 인간 사이의 대화적인 나-너의 관계 이외에 인간과 자연 및 인간과 정신적 실체 사이의 관계가 상정(想定)되기 때문이다. 한 그루의 나무나 일몰(日沒) 같은 자연물이나 자연현상이나 문학적·조형적 예술 작품 같은 정신적 산물조차도 어떤 인간에게는 '너'가 될 수 있다. 이와 대조적으로 야스퍼스에게 실존적 사귐은 인간 간의 관계에 제한되어 있다. 물론 야스퍼스는 자연과의 관계를 얘기할 때 우리가 자연현상과 감정적으로 강하게 결합되어 있음을 부정하지 않는다. 그러나 이 같은 결합은 그것이 인간 간의 사귐을 촉진할 경우에 비로소 특별한 가치(Stellenwert)를 가진다.

정신적 실체, 즉 예술·문학 등에서 인간 정신의 표출에 관계하는 것은 야스퍼스의 경우에 "역사적 전승에서 만나고 있는 인간과의 사귐", 그리고 위대한 철학자의 작품과의 사귐에 관한 문제다.(II 182ff, 393 ; W 744, 1011 참조) 그러나 결국 그의 입장은 카우프만[101]의 연구에 대한 태도 표명에서 확실하게 나타나고 있다. 카우프만은 그의 연구에서 사귐의 개념을 넓은 의미로 이해했다. 그러나 그는 사물들 간의 비인격적 사귐, 인간들 간의 인격적 사귐 내지 초인격적 사귐, 즉 인간과 초월자 간의 사귐을 구별했다. 야스퍼스는 자신의 사귐의 구상을 확대하는 카우프만의 이 같은 제안을 명백히 거절한다.

"상호성 속에서만, 인간의 인간에 대한 현실적 사귐이 있다. 인간들 사이에만 자기가 다른 자기와 사귐으로써 비로소 본래적으로 자기가 되는 과정이 있다. 타자의 실제적인 응답이 없다면, 사귐은 일면적인 것일 뿐이다. 자기로부터 자기에 이르는 생동적인 사귐은 아니다."(Ant 783)

야스퍼스는 자기의 사귐의 개념이 적용될 수 있는 범위를 명백하게 설명하면서, 인간들 간의 진정한 실질적 사귐을 피하기 위해, 자연과 시와 예술의 언어를 남용하는 것을 경고하고 있다. 더욱이 초월자에의 사변적 몰입을 "가상적(假象的) 사귐(Scheinkommunikation)"으로 간주하는 것을 경고하고 있다. 예컨대 '과거의 위대한 사상가들'처럼 사귐

---

[101] Kaufmann, S. 193ff.

을 비유적으로만 표현하는 모든 관계는 실존적 사귐의 의미에서의 사귐이 아니다. 이러한 관계는 '본래적인 자기존재'를 구성하지 않으며, 그 때문에 기껏해야 실존적 사귐에 대한 실질적인 전제를 형성할 수 있을 뿐이다.

이러한 기술에 의해서 야스퍼스와 대화 철학 간의 주목할 만한 또 다른 차이가 인식 가능해진다. 야스퍼스는 신이 말하고 말 걸어 옴을 받는 '너'가 되는 그러한 신앙 관계와 기도 관계에서의 신과의 관계를 실존적 사귐으로 받아들이는 것을 거부하고 있다. 이 때문에 그는 부버로부터 격렬한 비판을 받기도 했다.[102] 부버, 에브너, 그리고 다른 대화의 철학자들과는 대조적으로 야스퍼스는 신이 직접적인 '너'가 되는 신앙 관계가 인간들 간의 관계를 너무나 쉽사리 부차적인 것으로 격하시킨다는 견해를 피력하고 있다.(II 272 참조)

야스퍼스와 부버 간의 더욱 중요한 차이는 실존적 관계의 직접성 또는 세계 매개성에 대한 물음 가운데 나타난다. 야스퍼스에게 세계의 내용은 사귐의 전 과정을 통해 항상

---

102) Buber, ≪Zur Geschichte des dialogischen Prinzips≫ In : 같은 책, S. 302.

결정적으로 매개하는 요인이다.

"세계의 내용 없는 실존적 사귐은 그 현상의 매체를 가질 수 없고 사귐 없는 세계의 내용은 무의미하고 공허해진다."(II 69)

이와는 반대로 부버의 경우 우리는 마치 '나와 너'가 세계의 모든 내용으로부터 완전히 독립해 대화 상대의 경험적 자아로부터 분리되는, 질적으로 새로운 ('사이의') 존재 수준에서 신비적 통일로 융합하는 듯한 인상을 가끔 준다. 실존적 관계 속에서의 자기실현 이전의 자아 구조 정도와 관련해 여기서 마지막으로 거론되어야 하는 차이는 위에서 논의한 것과 긴밀한 관련을 가지고 있다. 야스퍼스의 시각에서 본다면 실존적 관계 속으로 가져와야만 할 '자기생성' 또는 인격 도야에서의 높은 척도가 필요하며, 그리하여 거기에서는 다른 인간과 더불어 실존이 될 수 있다. 이와 반대로 부버는 사귐을 가지고 인간의 자아가 대화적 관계 속에서, 즉 나와 너의 '사이'로부터 대부분 완전히 구성된다는 인상을 종종 준다.[103] 야스퍼스는 여기서 정신과 의사 및 심리학

---

103) 부버에 대해서는 '사이(Zwischen)'의 존재론 참조. Theunissen, 같은 책, S. 243ff ; Wien 1965, S. 53f ; B. Casper, ≪Das dialogische Denken. Eine Untersuchung der religionsphilosophischen

자로서의 자기의 경험에 근거해 유대적 신비주의로부터 강력한 영향을 받은 부버에 비해 명백히 현실주의적인 입장을 주장하고 있다.

야스퍼스의 자기실현의 구상이 얼마나 현실적인 것인가 하는 문제는 많은 논의의 여지를 남겨 놓고 있다. 그의 실존철학과 인간 간의 사귐의 철학은 비록 그것이 정신적인 내면성의 현상에 대해서 부분적으로 치밀한 통찰을 포함하고 있고, 또 수용할 수 있는 도덕적 행동에의 호소를 제공하고 있음에도 경험적 현존재의 전 영역이 충분히 분석되지 못한 채로 있기 때문에 현실과는 무관한 비의적(祕義的)인 것이 아닐까? 특히 이 같은 비판을 제기하는 사람은 야스퍼스를 극단적 주관주의 및 현실과는 무관한 엘리트적 부르주아적 관념론의 대표자로서 취급하는 루카치다.[104] 이와는 반대로 우리는 야스퍼스에게서 실존의 실현은 항상 불가피하게 세계와 관계 지어지고 있다는 것, 즉 구체적 실존의 성취는 세계 내에서의 행위에서만 일어날 수 있다는 것을 루카치류

Bedeutungfranz Rosenzweigs, Ferdinand Ebners und Martin Bubers》, Freiburg 1967, S. 285ff.

104) G. Lukács, 《Die Zerstörung der Vernunft. Der Weg des Irrationalismus von Schelling zu Hitler》, Berlin 1955, S. 412ff 참조.

의 비판이 전혀 고려하지 않았다고 이론(異論)을 제기할 수 있다. 이 점에 대해서는 이미 벨테가 주의를 환기시키고 있다.105) 그러나 여러 번 강조한 바와 같이 실존이 세계에 관계되어 있음에도 불구하고 우리는 야스퍼스에 대한 다음과 같은 비판을 막을 수는 없다. 즉 그의 실존 개념은 한편으로는 깊은 내면성의 현상을 지향하고 있고, 이러한 현상을 결정할 가능성을 가진 외적인 요인에 대해서는 거의 고려하지 않고 있다는 것이다. 비마르크스주의적 입장에서 보더라도 본래적 인간 존재라는 야스퍼스의 구상들에서 한계상황이나 인간 간의 사귐에서의 인간 행동을 가끔 심각하게 상호 결정하는 사회적·경제적·정치적 요인들이 완전히 무시되고 있다면 그것은 결점이라 할 수 있다. 물론 야스퍼스는 자신의 철학이 주관주의로 기우는 것을 후기 철학에서는 뚜렷하게 수정하기도 했다. 후기 철학에서 야스퍼스는 자신의 철학이 실존철학으로보다는 이성의 철학 및 정치적 사유로서 이해되기를 바라기도 했다.

---

105) Weltc, S. 55 참조.

포괄자론(包括者論)과 이성의 철학

야스퍼스는 포괄자의 이설, 즉 그가 모든 존재론과 구별해서 부르는 것처럼 '포괄자 존재론(Periechontologie)'을 ≪진리론≫에서 가장 상세하게 설명하고 있지만, 이 포괄자 존재론의 주요 내용은 이미 ≪이성과 실존≫과 강의 모음집인 ≪실존철학≫에 전개되어 있다. ≪철학≫에서는 포괄자 사상이 어떤 체계적인 역할도 보여주지 않지만, 크나우스가 제시한 것처럼[106] 이 사상의 단초는 이미 ≪세계관의 심리학≫의 마지막 장에서 기술된 칸트의 이념론과의 대결에서 감지된다.

우리가 포괄자에 대한 다양한 이설의 개개의 국면을 다루기 전에 야스퍼스가 이 이설을 (미완으로 남아 있던) 철학적 논리학의 일부로서 구성하고 있었다는 사실을 상기하기로 하자. 그는 논리학을 단순히 사유, 판단, 추론의 형식적 구조의 합법칙성과 규칙에 관한 학설로 이해하는 것이 아니라, 지극히 넓은 의미에서의 그리스어의 로고스와 관련해

---

106) Knauss, S. 132f 참조.

파악하면서 논리학에 여러 가지 과제를 할당하고 있다. 그러므로 이 경우에 중요한 것은 "모든 한정된 지와는 비교할 수 없는 존재 의식의 명백화"(W 41), "자기생성의 자유를 가능하게 하는 것"(W 8), "사유의 윤리학"(W 8) 내지 "이성의 자기규명"(W 11) 등이다. 마지막에 거론된 과제가 사귐의 사상과 얼마나 긴밀하게 결합되어 있는가 하는 것은 이성 개념을 분석할 때 분명히 드러날 것이다.

본래적 존재로서의 포괄자

포괄자 개념이 존재에 관한 야스퍼스의 이해와 직접적으로 관계 있다는 것은, 그가 이 개념을 가끔 비대상적·본래적 존재를 언표할 때 사용한다는 점에서 명백해진다. 말하자면 이러한 비대상적·본래적 존재는 '존재 자체', '본래적 현실', '존재의 전체', '존재의 통일', "우리가 그것의 것이고 그것 자체로서 존재하는 바의 일체의 근거"(W 122), '근원' 또는 초월자 등으로 불린다. "… 존재는 간접적으로나마 과학적 탐구의 경험에는 나타나지 않는 초월자다. 초월자는 단지 포괄하는 것으로서 가차 없이 '현존하는' 것, 그것은 보지도 못하고 알지도 못하는 그러한 것이다."(VE 43)

야스퍼스는 칸트의 선험철학에서 모든 의식의 대상은 물자체가 아니고 항상 인식하는 주관에 대한 대상, 즉 의식에서의 물자체의 현상이라는 이해를 계승하고 있다. 그러나 칸트에게 물자체 개념은 무엇보다 인식론적 한계 개념인 데 반해서, 야스퍼스는 이 물자체 개념을 존재론화 하는 형이상학적 의미에서 해석하고 있다. 야스퍼스가 포괄자로서의 존재에 관해 말할 때 그에게 특히 문제가 되는 것은, 그것이 주관-객관 관계에서 직관 형식과 카테고리들로부터 독립하는, 즉 주관에 의해서 선구성(先構成)되지 않는 어떤 경험도 가능하지 않기 때문에 적절히 경험되지 않는 그러한 존재라는 것이다. "주관만도 아니고 객관만도 아니고, 오히려 주관-객관 분열 가운데서 그 양쪽에 나타나는 존재를 우리는 포괄자라고 부른다. 비록 이 포괄자가 적절히 대상이 될 수 없다고 하더라도 우리는 이 대상에 대해서 말하기도 하고, 또 '철학함' 가운데 이 대상에게 말을 걸기도 한다."(GI 15)

≪진리론≫에서 야스퍼스는 포괄자의 사상을 일찍이 다음과 같이 특징짓고 있다.

"딛고 넘어갈 수 없는 것, 그 자체를 직접 파악할 수 없는 것, 우리가 거기에서 존재하고 그것 때문에 우리가 결코 개관할 수 없는 것, 우리가 인식 가능한 대상을 규정하고자 할 때 항상 포괄해 버리는 그러한 것을 우리는 포괄자라고 부른다."(W 26)

포괄자 개념이 형이상학적 존재 사유의 전통으로부터 얼

마나 강력한 영향을 받았는가에 대해서는, 포괄자에 대한 야스퍼스의 상세한 설명의 맥락에서 반복적으로 등장하는 하나의 표상이 잘 나타내고 있다. 이 표상은 태초의 상태, 또는 야스퍼스가 자주 말하는 바와 같이 인간이 다른 인간이나 세계와 함께 하나의 '통일'을 형성하고 있는 '근원'에 대한 생각이다. 이 표상은 신화, 종교, 철학적 존재 사유 속에서 만나는 이념, 즉 자아와 세계 간의 분열이 일어나지 않는 인간 존재의 선재적(先在的)·전논리적(前論理的) 조기(早期) 단계[107]에 관한 이념과 많은 공통점을 가지고 있다. 그런 까닭에 자아는 이러한 조기 단계에서는 원근거(原根據, Urgrund)의 일체를 포괄하는 통일로부터 아직 해방되어 있지 못하다. 왜냐하면 의식은 주관-객관 분열을 반드시 일으킬 수 있기 위해 처음에는 맹아적(萌芽的)으로 존재하고 아직은 너무나 약하기 때문이다. 이 같은 통일의 조기 단계에 대한 애매하면서 어중간한 의식의 상기는 실낙원의 신화나 플라톤의 상기(想起)의 신화[108], 즉 현세적 삶 이전에 보았

---

107) 자아와 세계 간의 분열이 일어나기 이전의 단계, 즉 자아와 세계가 하나로 통일되어 있는 단계를 의미한다. 이 단계에서 자아는 일체의 존재를 포괄하는 통일로부터 해방되어 있지 못하다.
108) 플라톤의 상기설(想起說)을 의미한다. 그의 상기설에 의하면 인

던 이데아에 대한 영혼의 상기 가운데서 표현되고 있다. 가장 통일적인 원상태(原狀態)를 불명료하게 상기함으로써 안전하게 보호된다는 무반성적 확신이 언제나 함께 주어진다. 이러한 확신은 인간이 갈등 없는 근원적 통일을 동경하고 있다는 결론으로 이끈다. 야스퍼스는 이러한 표상에 의해서 인간의 모든 인식 노력이 결국 "나와 대상들은 아직 완전히 분리되지 않았고 그 때문에 불명료함이 지배하고 있어서 아직 어떤 의미도 의식되어 있지 않다"(W 606, 265, 358 참조)라는 통일의 재획득(특히 '사유와 존재', '능동성과 수동성'의 통일의 재획득)을 목표로 한다는 견해를 주장하고 있다.

이러한 재획득에 인간이 쓸데없이 힘을 들이는 (인간은 이 노력에서 언제나 '좌절'한다) 원상태에의 상기를 야스퍼

간의 영혼은 본래 이데아 세계(초현상적·초감각적 존재 자체의 세계)에 있었는데, 영혼이 이 지상 세계에 떨어지면서 이데아적인 요소를 모두 잃어버리고 감각화되어 버렸다는 것이다. 그러나 영혼이 이데아 세계에 있었을 때 가지고 있었던 이성만은 이 지상 세계, 즉 감각 세계에 떨어졌어도 그대로 영혼에 남아 있다는 것이다. 이성은 마치 우리가 도시에 살고 있으면서도 항상 고향을 그리워하듯 이데아 세계를 그리워〔念願〕한다. 그래서 이성은 이 감각 세계의 어떤 존재자나, 사태에 직면했을 때 그것을 계기(Motiv)로 해 이데아 세계에서 경험했던 것을 상기한다.

스는 셸링109)을 따라 "창조를 향한 은밀한 관지(關知)(Verdunkelte Mitwissenschaft Mit der Schöpfung)"110)(W 104)라고 부르고 있다. 이러한 창조는 '삶의 최고 순간'에만 일어나고 인간의 내면에 '잃었던 통일'에의 이념을 환기시키고 동시에 '… 모든 사물의 근원에서' 자기의 '근거를 관계시켜야만' 하는 확신을 환기시킨다. 이것은 인간에게 "… 자기 세계의 좁음 속에서는 은폐되고 잊히고 있음에"(W 175f, E 24 참조) 지나지 않는다. 인간은 그리하여 객관적 존재 가운데서 "지금은 잃어버리고 만 그러한 근원적 존재의 반사"(W 647)를 본다.

이와 같은 신비적·사변적 언표에 근거해서 본다면 전체

---

109) F. W. J. Schelling, ≪Die Weltalter≫ In : 같은 저자, ≪Sämtliche Werke 8≫ 제1권, Stuttgart/Augsburg 1861, S. 200. 야스퍼스는 셸링에게서 주관과 객관의 분열을 넘어서 포괄적 존재로 나아가려고 항상 시도하는 한 사람의 철학자를 발견하고 있다. Jaspers, ≪Schelling≫, S. 206ff.

110) 관지(關知)란 국어사전에 의하면 어떤 일에 관계해 아는 것을 뜻한다. 여기서 창조를 향한 관지란 세계 창조를 향한 관지를 의미한다. 야스퍼스는 포괄자(Umgreifende)로서의 우리 자신 가운데 근거(der Grund)가 현재(現在)한다고 주장하고 있다. 이 근거가 바로 우리의 실존적 생성의 근원(Ursprung)이고, 이러한 근원에의 실존적 관여가 곧 세계 창조를 향한 관지다.

나 일자(一者)로서의 본래적 존재의 규정에 관해서 논의하고 있는 플라톤의 이데아론이나 플로티노스의 영향111)은 분명히 이해된다. 그러나 야스퍼스에게 생물학적·심리학적 관점이 근원적 포괄적 존재에 대한 우회적 표현 속에 혼재(混在)해 있다는 진술 또한 엿보인다. 이러한 진술은 이 근원적·포괄적 존재를 생물학적·생적 현존재로부터 구분하는 것을 어렵게 만들고 있다. 왜냐하면 이러한 존재 양태는, 특히 ≪철학≫(전 3권)에서는 생물학적·심리학적 관점에 의해서 강력하게 규정되고 있기 때문이다. 우리는 이러한 두 가지 표상들을 구별 지우는 중요한 기준을 특정한 목적들을 지향하는 의도적인 의식이 인간을 생물학적 생적 현존재로서 특징짓고 있다는 데서 인식할 수 있다. 이와는 반대로 근원적·포괄적 존재의 원상태에서는 의식과 대상들이 아직 서로 분리되어 있지 않다. 그러므로 아직도 "그 무엇에 대한 인식도 가능하지 않고, 야스퍼스가 생각하는 바와 같이 관상적 '전체의 각지(Innewerden des Ganzen)'112)

---

111) '플로티노스의 영향' 참조. I. M. Bochenski, ≪Europäische Philosophie der Gegenwart≫ 제2판, München 1951, S. 202.
112) 전체의 각지(覺知) : 관상(觀想)을 통해서 포괄자라는 전체자를 이해한다는 것이다. 달리 말하면 각지란 포괄자로서 전체자에 대한 깨달

만이 가능할 뿐이다."

여기서는 예컨대 하르트만이 일반적 수준에서 논하는 바와 같은 존재의 통일이라는 사상의 문제성을 상세하게 취급하지 않는다. 하르트만은 존재론이나 형이상학에서 가끔 통일의 성격을 부여하고 있지만 다종다양성(多種多樣性)의 성격은 부여하지 않는 그런 존재가 어떤 근거에서 모든 객관적 존재자에 대해서 우위를 가져야 하는가라고 묻고 있다.[113]

야스퍼스에 대해서는 포괄자를 규명하고 확인하기 위해서 "철학적 근본 조작(Philosophische Grundoperation)"[114]이 요청된다. 이 철학적 근본 조작에 의해 사유가 주관·객관 분열(die Subjekt-Objekt Spaltung)로부터, 그리고 이 주관·객관 분열 가운데서 현상으로 나타나는 대상성으로부

음을 뜻하기도 한다.

113) N. Hartman, ≪Zur Grundlegung der Ontologie≫, Berlin/Leipzig 1935, S. 59 참조.

114) 일상적 사고를 넘은 포괄자를 확인하기 위한 사유의 절차를 뜻하는 말이다. 구체적으로 말해서 일반적 존재자에 대한 우리의 일상적 존재의식에서 철학이 추구하는 본래적 존재, 또는 존재 그 자체의 의식에도 우리의 사유를 비약시키기 위한 조작을 철학적 근본 조작이라고 부른다.

터, 말하자면 "이리저리 흔들리(herausschwingen)"는 동시에 포괄자를 지향하지 않으면 안 된다.(W 37ff 참조) 이 때문에 여기서 또다시 포괄자에 대한 언명이 어떤 의의를 가지는가라는 방법적인 문제가 제기된다. 이러한 언명은 그 보고 내용에 의해서 성실하게 받아들여질 수 있는 것인가? 아니면 이 언명은 단순히 상술된 간접적·지침적 기능만을 가지기 때문에 그 보고 내용에 의해서 전달되는 것을 근거 없는 것으로 생각해야 하는 것일까?

이러한 물음은 포괄자론의 맥락에서, 야스퍼스가 후기 저작인 ≪계시에 직면한 철학적 신앙≫의 포괄자에 관한 장에서 강력하게 강조하는 '포괄자 존재론' 또는 '철학적 근본지'라는 개념을 고려하면서 다시 중요한 문제가 된다. 포괄자론을 전달해야 하는 근본지는 이 장에서는 고정되지 않고 오히려 '우리 자신을 발견하는' 장소에 관한 '계속 움직이는 종결 불가능한 확인'이 되는 열린 '방향 설정의 지'로서 특징 지어지고 있다.(GIO 306)

야스퍼스는 그의 실존철학이 규정하고 있는 바로서 대상적 지와 초월하는 철학함의 첨예한 대립을 근본지(根本知)의 개념으로 지양(止揚)했는가? 얼핏 보면 그렇지 않은 것같이 보인다. 그러나 냉철하게 음미할 경우 사정은 달라진다. 포괄자론에서는 객관적으로 제시할 수 있는 존재 구조 또는 사유 구조에 관한 기술이나 재구성 또는 새로운 지의 형식에 관해 합리적으로 검토할 수 있는 가설의 입안이 문제되는 것이 아니다. 왜냐하면 철학적 근본 조작이라는 초월하는 사유의 수행에서도 역시 포괄자의 모든 대상화는 — 그것이 그 사유와 언어 속에서 필연적으로 일어나는 것처럼 — 다시 본래 상태로 돌아가기 때문이다.(GIO 133 참조)

지금까지는 포괄자 개념이라는 신비적인 존재의 사변적 차원에 관해서만 논했다. 이제 중요한 것은 초월론적·철학적 의의의 차원으로 돌진하는 일이다. 이러한 차원은 포괄자의 다양한 양태의 구분에서나 다음과 같은 확인에서도 분명히 드러난다.

"포괄자는 자기 자신이 직접 우리 자신에게 나타나는 것이 아니라 오히려 그것 속에서 모든 다른 것이 우리 앞에 나타나는 것이다."(Einf 30, E 14 참조)

"이와는 반대로 포괄자를 철학적으로 생각해 내는 것은 근원적인 것이 우리를 맞이하는 여러 공간의 개명이다. 그 공간은 그 안에서만 아는 것이 가능하지만 그 스스로는 알려지지 않는 그러한 공간이다."(W 158)

야스퍼스는 칸트의 선험적인 문제 제기를 인증으로 내세우면서 포괄자에 의해서 모든 대상성, 모든 자기실현, 모든 초월을 경험할 수 있는 가능성의 조건을 형성하는 이른바 아프리오리한 '공간'을 개명하고 싶어 했다. 포괄자의 여러 양태에 의해서 모든 존재자가 대상적으로 나타나고, 거기에서는 비대상적·본래적 존재의 비합리적인 각지가 일어나는바 아프리오리한 '여러 공간', '여러 근원', '여러 지평' 또는 '여러 가능성'이 눈앞에 나타난다.

포괄자의 여러 양태와 다원성의 이상

≪진리론≫에서 우리는 다음과 같이 배열된 도식을 찾아볼 수 있다.(W 50)

	우리인 포괄자 ↓	존재 자체인 포괄자 ↓
내재 →	현존재 의식 일반 정신	세계
초월 →	실존	초월자
	이성	

↑
우리의 내면에서의 포괄자의 모든 양태의 유대

포괄자를 철학적으로 개명하려고 시도하자마자 일체를 포괄하는 비대상적인 하나의 존재가 일곱 가지의 포괄자의 양태로 쪼개진다. '우리'인 포괄자는 현존재, 의식 일반, 정신, 실존이라는 네 가지의 인간 실현의 차원을 포함하고 있다. '존재 자체'인 포괄자는 세계와 초월자라는 두 가지의 보다 넓은 양태를 포함하고 있다. 마지막으로 "포괄자의 모든 양태의 유대로서의 이성이 포괄자의 고유의 양태를 형성하고 있다. 다른 하나의 구분에서는 포괄자의 네 가지 양태(현존재, 의식 일반, 정신, 세계)를 가진 내재적 존재에 '초월자의 비약'을 통해서만 도달할 수 있고 또 포괄자의 두 가지의 양태(실존과 초월자)로 구분되는 존재가 대립되고 있다. 이러한 시각에서 볼 경우에도 이성은 역시 포괄하는 유대다."

야스퍼스가 전개하는 포괄자의 여러 양태 상호 간의 제약이라는 세련된 체계에 대해서는, 마치 ≪철학≫과 ≪진리론≫에서 인간의 존재 양태를 서술하는 가운데 나타나는 차이를 상세하게 논평하는 것이 불가능한 것처럼, 여기서는 간략하게 언급할 수 있을 뿐이다. 이성이 중요해지는 것과 나란히 가장 중요한 차이는 ≪진리론≫에서는 포괄자에 관한 이설에서 언급된 초월론적·철학적 전망이 전경에 있는 데 반해서 ≪철학≫에서는 인간 존재가 존재 양태 단계에서 한 단계에 연이어 다음 단계로 나아가는 단계적 순위보다 더욱 강하게 보이고 있다는 점이다. 이러한 전망으로부터 인간 존재의 양태는 존재의 단계로서는 거의 나타나지 않고, 오히려 초월적 공간이나 내용적으로 불확실한 형식적인 제약들로서 그리고 존재가 다종다양한 현상 형식으로 분명해지는 가능성으로서 나타난다.

야스퍼스의 자유로운 근본 태도가 나타내는 포괄자에 대한 이설(理說)이라는 근본 사상은, 열리고 역동적이며 균형 잡힌 다원성의 이상이다. 이 이상은 포괄자의 어느 양태에서나 모든 양태가 협조하는 상태에 의해서 가장 효과적으로 발휘되는 고유한 '근원' 내지 '내용'이 나타난다는 표상 가운데 명시되고 있다. 그러므로 현존재(단순한 현존재)의 포괄자는 현존재 가운데서 실현되는 생적 충동에 근거해서 의식 일반의 포괄자와 정신의 포괄자의 불가결한 조건과 보충을 이루고 있다. 의식 일반의 포괄자는 그 포괄자 편에서 보면 현존재와 다른 모든 양태의 포괄자를 사유하면서 확인하는 것을 가능하게 한다. 그러나 의식 일반의 포괄자는 자신에게 그 자신의 반성적 행위에서의 필요 불가결한 내용을 제공하는 현존재와 정신의 포괄자에 의존하고 있다.

"현존재, 의식 일반, 정신이 서로의 속으로 들어간다는 것은 서로 보충하고 있다는 것이다. 그 각각은 자기의 근거에 이르기 위해 다른 것을 필요로 한다. 자기 속에 갇힌다면 각각의 양태는 위축된다. 즉 현존재는 맹목적으로 거칠어지고, 의식 일반은 공허하고 무의미해지며 정신은 환상적이고 무작용적으로 된다."(W 131)

실존의 포괄자는 현존재, 의식 일반, 정신, 세계의 포괄자를 실존 현상의 매체로서 필요로 하고, 이 실존의 포괄자는 이제까지 열거된 포괄자의 여러 양태의 내용을 규범적으로 과대 형성하는 이성의 포괄자에 대해 대극적(對極的)인 상반 관계에 선다. 실존이 초월자로부터 끊임없이 새로운 자기확신과 자기실현에의 추진력을 얻기 때문에 실존이 초월자에 의존하고 있다는 것은 이미 언급되었다. 야스퍼스의 형이상학에서 초월자는 포괄자의 여러 양태를 포괄하는 비대상적인 것이기 때문에 포괄자의 다른 모든 양태 역시 초월자에 관계되고 있다.

"우리는 순전한 포괄자, 즉 모든 포괄자의 포괄자를 본래적 의미에서 초월자라고 부른다. 초월자는 근원적으로 유일한 내실(內實) 그 자체다. 초월자는 포괄자의 모든 양태에 귀속하는 일반적 초월자와는 대조적으로 초월자의 초월자다."(W 109)

이러한 사상에서는 포괄자의 이설에 관한 신비적·존재사변적 측면이 특별히 명료해진다.

앞에서 언급한 다원성의 이상의 본질적 국면은, 야스퍼

스가 부르짖고 있는 인간상을 고려한다면, 상호 제약하고 있는 포괄자의 모든 양태의 다원성에서만 본래적 인간 존재의 실현이 가능하다는 사실에 있다.

"포괄자의 여러 양태는 그것들 간의 근본적 관계에서 실현되고, 그것들 모두는 인간 존재의 현실화이기도 하다."(W 140)

이러한 다원성은 ─ 포괄자의 여러 양태에서의 존재의 가능성을 도그마적으로 배제한다는 것은 있을 수 없고, 오히려 존재의 여러 현상이 가능한 한 넓게 숙고되고 확인되어야 하는 한 ─ 열린 다원성으로 간주될 수 있다. 역동적 다원성에 대해서 말할 수 있는 이유는, 마치 인간의 자기실현 과정이 포괄자의 여러 양태의 '다원적 통일'의 순간에는 결코 하나의 종국에 이르지 못하는 것과 마찬가지로, 존재 가능성을 규명하고 확인하는 과정이 포괄자 개개의 양태 속에 갇힐 수 없기 때문이다. 왜냐하면 존재(자기존재)의 확인과 실현이라는 역동적 과정은 항상 일체를 포함하는 초월적인 하나의 존재에로 방향 지어지고 있기 때문이다. 그런데 이러한 자기존재의 최종적인 확인과 실현에서 인간은 자기의 유한성 때문에 끊임없이 좌절하지 않을 수 없다. 이러한 과정이 역동적인 힘 가운데서 경직되어서는 안 된다는 것─야스퍼스의 경우 이러한 경직화가 일어날 경우에는 본래적 인간 존재가 폐기되어 버리기 때문에 - 은 객관적인 세계상의 용기에 고정되어 버리는 것에 대한 그의 비판에서 이미 명료화되었다.

포괄자의 모든 다원적인 양태가 조화를 이룸에서 그 모든 양태의 상호 협력이 저지되고, 그 모든 양태 가운데 하나의 양태가 과대하게 강조되고 절대화되는 것은 있을 수 없다. 그러므로 현존재의 포괄자에게서 실현되는 충동적인 생명력은 의식 일반의 합리성에 의해 한정되거나 극단적으로 특징지어지는 것으로부터 보호되고 있다. 즉 의식 일반의 합리성은 정신의 포괄자에 기초한 여러 이념에 의해서 무의미하고 공허한 주지주의로 타락하지 않게 된다. 마지막으로 이러한 세 가지 양태는 실존과 이성의 포괄자의 양태에 의한 규범적인 과대 형성을 경험한다. 이 과대 형성은 - 더한층 분명하게 나타나겠지만 - 우리가 한계상황과 사귐 속에서 실존을 실현한다는 구상에 의해서 명백히 밝혔던 가치 수준의 의미에서 생겨난다.

다원성의 철학이 야스퍼스의 포괄자의 철학에서 중심적인 가치를 지닌다는 것은 진리의 문제에서도 엿보인다. 야스퍼스의 진리 개념에 관한 다종다양한 형이상학적·실존적 의의의 강조를 고려하지 않은 채[115] 여기서는 단지 그가 포괄자의 여러 양태에 상응해 진리의 몇 가지 양태 및 '형태'

를 구별하고 있음을 단언하고자 한다. 그는 포괄자의 여러 양태에서 실현되는 "진실 존재의 의미와 양태"(W 454)에 대해서 말하고 있다. 현존재의 포괄자에서 진리는 삶에 유익하고 삶을 촉진하는 그러한 전망에서 '참된 것'으로 간주하는 실용주의적인 진리 개념116)의 형태로 나타난다. 의식 일반의 포괄자에서는 형식논리학적 진리 개념이 특징적이고, 이러한 진리 개념에 따르면 진리는 "소여(所與)의 직관과 논리적 명증성에 의해서 기초 지어진다"(W 605)는 진술의 이론적 타당성 및 정확성과 관련해서만 받아들여진다. 정신의 포괄자에게 진리는, 의미 내용과 이념(여기서 이념은 오히려 헤겔의 의미로 사용되고 칸트의 의미로는 사용되지 않는다)117)에 대한 관여를 통해서 구성되는 확신의 형태로 명시

---

115) Schmidhäuser, S. 1ff Mader 1952, S. 117ff Ehrlich 1983, S. 423ff 참조.
116) 실용주의적인 진리 개념이란 프래그머티즘에서 말하는 "진리의 현금 가치"를 의미한다. 예컨대 머릿속의 100만 원은 손바닥에 얹혀 있는 100원과 비교할 경우 무가치하고 무익하다. 이처럼 진리는 현실 생활에서 유익하고 유용할 경우에만 진리로서의 의미를 가진다.
117) 헤겔의 이념(Idee)은 자기 속에 닫히고 완결되어 있는 정신의 이념(Idee des Geistes)이고, 칸트의 이념은 끝없이 열려 있는 인간에게 부단히 과제로 남는 이성의 이념(Vernunftidee)이다.

된다. 실존의 포괄자에게 진리는 인간의 자기존재 및 실존적 자유가 고조된 순간에 실현되고, 이와 동시에 거기에서 현실화되는 초월자에의 신앙에서 실현되는 대체할 수 없는 개인의 '참 존재'에 현존한다.(W 640 참조)

포괄자의 다른 양태(세계, 초월자)의 경우 진리의 다른 형태들을 도외시하고 여기서 두드러진 다원성의 사상[118]에 주의를 집중한다면 다음의 것이 중요하다. 즉 위에서 기술했던 진리의 여러 양태는 야스퍼스의 자유로운 다원성의 이상의 의미에서도 역시 서로 자극하고, 보완하고, 과대하게 형성해야만 한다는 것 말이다. 다양한 진리의 여러 양태는 언제나 열려 있고, 또 보완을 필요로 한다. 왜냐하면 하나의 절대적 진리는 어떠한 진리의 요구에 의해서도 도달이 불가능하기 때문이다. 이 절대적 진리는 진리의 의미의 모든 양태에서는 인간이 부단히 획득하고자 노력하지만 언제나 그 실현이 좌절되곤 하는 단순한 이념이나 근사치적 이상으로만 계속 존재할 뿐이다. 인간은 포괄자의 모든 양태 속에서

---

[118] Den Pluralitätsgedanken hebt im Zusammenhang mit Jaspers' Wahrheitsbegriff auch besonders hervor : A. Schwan, ≪Pluralismus und Wahrheit≫ In : ≪Christlicher Glaube in moderner Gesellschaft≫ (≪Teilband≫ 19, F. Böckle 편집, Freiburg 1981), S. 186ff.

진리를 탐구하는 역동적인 과정에서만 본래적인 자기존재의 고조된 순간 언젠가에 최종적으로 진리를 아는 것도 없이 또 진리를 소유하는 것도 없이 '하나인 진리'를 일시적으로 깨달을 수 있다. 진리의 개개의 양태는 그것이 그때마다의 추세에 따라서 전체성과 절대화에 관계되는 한 서로 제한한다. 진리의 요구에 의해 열리는 역동적인 다원성의 맥락에서 절대화는 현존재의 유용성이라는 실용주의적 진리에 의해 방해되고, 또 올바른 것의 논리학적인 보편타당한 진리, 의미를 일으키는 이념의 진리, 실존의 비대상적·주관적 진리 등에 의해서도 방해된다. 야스퍼스의 시각에서 볼 때 인간 존재에게는 진리의 모든 형태가 꼭 필요하므로 그 특수한 활동 범위 내에서 철학에 의해 항상 새롭게 개명되어야 한다. "진리의 의미의 모든 양태가 우리 인간 존재의 현실성 가운데 모인다는 것, 그러므로 인간이란 모든 양태의 모든 근원에서 존재한다는 것, 이것은 포괄자의 어떠한 양태도 상실되지 않는 진리로 우리를 몰아세운다."(W 656)

역동적인 보편 원리로서의 이성

이성 개념은 포괄자 개념처럼 ≪철학≫에서는 아직 어떠한 체계적 의의도 가지지 못한다. 이성 개념은 야스퍼스의 후기 사유에서 비로소 의미심장해지고 있다. 야스퍼스는

1950년부터 자신의 철학이 더 이상 실존철학으로서가 아니라 이성의 철학119)으로서 이해되기를 바랐다. 이제 이성은 야스퍼스가 자신의 철학의 시작부터 인간의 자기실현에 대한 장애로 간주했던 도그마화의 경향에 저항하는 원리로서 나타나고 있다.

이성의 중요한 사명은 촉진하는 기능(dynamisierender Funktion)이다. 이 사명은 영구적인 '원동력', '추진력', 그리고 인간에게 원칙적으로 완결되지 않는 존재 탐구와 자기실현을 향해 언제나 열려 있는 "무한한 운동(die unendliche Bewegung)"에 있다.

"이성은 현재적(gegenwärtig)이며, 현존재, 의식 일반, 정신에 한없이 활기를 불어넣는다."(VE 88)

이성은 단순한 삶의 충동이나 생적인 현존재의 관심에 의해서 고정되는 것을 저지하기도 하고 또 의식 일반으로서 오성이 매개하는 강제적 지에 의한 고정화를 저지하기도 한다. 더욱이 이성은 인간에게 닫힌 의미의 구상을 제공해 주는 정신의 전체인 이념이 형성한 것에 의해서 도그마적으로

---

119) Jaspers, ≪Vernunft und Widervernunft in unserer Zeit≫, S. 50 참조.

고정되어 버리는 것을 저지한다. 야스퍼스가 이성의 역동적 기능을 강조한 것이 헤겔의 이성 철학의 전통에서가 아니라 칸트의 이성 개념의 전통 속에서 이해된다는 점은, 칸트의 순수 이성 이념의 개념에 관한 야스퍼스의 다음과 같은 논평에서 확인할 수 있다.

"헤겔에게 자기 속에 닫히고 완결되어 있는 정신의 이념(Idee des Geistes)이고 칸트에게는 무한히 열려 있는 인간의 끊임없는 과제로 남는 이성 이념(Vernunftidee)이다."(W 121)

만일 이성이 포괄자론의 맥락에서 포괄자의 모든 양태를 결합하는 '유대'가 된다면, 또 만일 이성이 포괄자의 양태를 조명하는 과정 속에서 그 양태의 "고립화를 저지해 포괄자의 모든 양태가 하나가 되도록 촉진하는"(W 49) 것이 된다면, 이성에게는 종합화 기능(synthetisierende Funktion)이 할당되는 것이다. 이성은 고립화 경향에 대항해서 현존재, 의식 일반, 정신의 영역에서 실로 부분적으로 도달 가능한 전체성을 초월해서 더욱더 일체를 포괄하는 일자(一者) 및 전체를 목표로 하는 결합 원리로서 나타난다. 야스퍼스는 심리주의적인 전문용어로 이성을 "일체를 포괄하는 통일 의지(allumfassenden Einheitswilllen)"(W 118), "극복과 결합의 열망(Drang des Überwindens und Verbindens)"(E 52)

이라고 일컫고 있다. 이성의 근본 특징은 "통일에의 의지다."(E 47) 포괄자론의 맥락에서 이성은 포괄자의 여러 양태들의 상호 보완하는 다양한 협력을 촉진하고 그와 동시에 포괄자적 개별적인 양태를 절대화하는 것을 저지하는 법정(Instanz)으로서 나타난다. 진리의 다원성과 관련해서 이성은 동일한 역할을 연출한다. 이성은 진리의 한 가지 형식이 절대화 되는 것을 저지하고, 동시에 그 촉진하는 기능에 의해서 진리의 모든 양태가 효력을 가지도록 해야 한다.

"이성은 진리의 의미의 모든 양태를 유효하도록 함으로써 서로 관련을 가지도록 한다. 이성은 하나의 진리가 자기 속에 갇히는 것을 저지한다."(GI 38)

여기서 야스퍼스가 진리를 불가피하게 사귐과 결부해서 보고 있음을 언급하지 않고 지나칠 수는 없다. 그는 포괄자의 개개의 양태 속에서 구성되는 진리의 어떤 형식도 전달 가능해야 함을 전제로 하고 있다. 실존적 진리의 전달 가능성에 관해서 중대한 문제가 야기된다는 것은 이미 제2장에서 논구되었다. 진리가 사귐의 성격을 가진다는 생각은 야스퍼스의 경우 진리의 요구와 결합한 모든 독단화의 경향에 반대하고자 했던 반독단주의적 근본 의도의 표현이다. 진리가 가지는 사귐의 성격에 관한 야스퍼스의 명제는 예를 들면 하버마스의 명제[120]와 같이 진리의 주장이 진리의 요구와 그 이론적 타당성에서 반드시 다른 인간들로부터 공공연하게 동의를 얻는 것을 목표로 삼지 않는다. 야스퍼스는 모든 진리의 요구 또는 포괄자의 개개의 양태에서 진리의 모든 형식이 비판적인 문제 제기에 의해서 다른 인간과 사귐을 가지면서 협동하는 가운데 다시 상대화될 필요가 있다는 것, 그리고 그렇게 함으로써 유일한 진리 요구의 절대화가 저지된다는 것을 의식시키려 하고 있다.

촉진하고 통합하는 기능 이외에 야스퍼스의 이성 개념에서 고려할 만한 다른 구성 요소는 보편화의 기능(universalisierende Funktion)이다. 이성은 일체를 포괄하는 전체 및 일자 개념에 정위되기 때문에 보편적인 것으로의 성향을 가지고 있다. 이것은 "사유의 가능성을 포괄적으로 체계화한다"는 의미에서 보편적인 논리학이어야만 하고 동시에 '이성의 오르가논'으로서 이해되는 '철학적 논리학'의 프로그램으로 나타난다. 이성의 보편적 성격은 야스퍼스가 그의 인생의 마지막 30년을 걸어가는 도상에서 준비하고자 했던 세계 철학의 프로그램에서도 마찬가지로 인식될 수

---

120) Habermas, Wahrheitstheorien, in : H. Fahrenbach 편집, ≪Wiklichkeit und Reflexion≫, Pfullingen 1973, S. 211~265.

있다. 자너는 세계 철학에 대해 다음과 같이 쓰고 있다.

"세계 철학은 야스퍼스에게는 세계의 타당성을 요구했던 사유가 아니고 오히려 사유되고 또 사유할 수 있는 일체의 세계적 이해를 가능케 하려던 헌신적 사유다."[121]

"그러나 야스퍼스에 따르면 세계적 상호 이해는 우리가 공통적인 세계 유토피아(Weltutopie), 즉 공통 목표를 가지고 있다는 사실에 의해서 가능해지지는 않는다. 오히려 그것은 세계 이해 능력을 전제로 하고 있다. 철학은 이 능력을 두 가지 방법으로 획득한다. 즉 세계 철학사에서는 지금까지 철학적으로 사유된 것을, 사귐을 촉진 또는 방해하는 정도에 기초해서 새로 문제를 제기해야 한다. 그리고 보편적 논리학에서는 철학은 자기 스스로 보편적 넓이를 획득하기 위해 사유의 모든 근원을 열지 않으면 안 된다. 이 양자를 시도하는 데 야스퍼스는 10년 이상이나 전념해 왔지만, 미완성으로 남아 있다."[122]

다음 장에서 명백히 밝히겠지만, 세계 철학의 프로그램에 대해 야스퍼스는 세계 정치와 세계 평화에 관해 주목할

---

[121] Saner(1983), S. 52.
[122] 같은 책, S. 57.

만한 가치가 있는 사상을 창출했다. 세계 정치와 세계 평화에서는 이성의 보편적 성격에의 신뢰가 중심 역할을 수행하고 있다.

지금까지의 상술(詳述)에 직면해 이제 어떤 규범적인 내실이 이성 개념과 결합하고 있는가라는 문제가 제기될 수 있다. 이성이 보편성을 가져야 하고 자신의 철학에서 '보편적·이성적인 것'을 촉진함을 야스퍼스가 문제로 삼는다면(VE 132) 우리는 "이성적인 것(Vernünftigkeit)"을 정확히 무엇으로 이해해야 하는가를 물어야 한다. 이성 개념에 포함된 규범적 의미는, 확실히 야스퍼스에 의해 지적된 이 개념과 실존 및 사귐의 개념 간의 관련을 — 지금까지의 야스퍼스의 논의에서는 충분히 고려되지 못했거니와 — 계속해서 해석할 경우, 비로소 완전히 명료해진다. 이 경우에 실존철학, 사귐의 철학, 이성의 철학 사이에 하나의 결합을 이루고[123] 근원적·실존철학적 사유의 성향이라는 주관주의적 경사(傾斜)를 결정적으로 수정하는 다음과 같은 설명이 가능해진다. 즉 이성은 단독자로서 개인이 한계상황이나 사귐

---

123) 이성과 실존의 긴밀한 관계에 대해서는 J. "Hersch, Untrennbarkeit von Vernunft und Existenz" In : R. Lengert 편집, 같은 책, S. 93ff 참조.

속에서 본래적으로 '그 자신(er selbst)'이 되기 위해서 실현해야만 하는 규범적·실존적인 내실 및 도덕적인 가치 태도의 보편화에 영속적으로 전념해야 하는 사명을 가지고 있다. 우리는 또한 이성이 사적 영역과 공적 영역 사이의 연쇄(Bindeglied)라고 말할 수도 있다. 슈테른베르거가 공식화하는 것처럼[124] 초기의 실존철학적 경향의 맥락에서 사귐과 사상과 '친밀성의 윤리학(Ethik der Intimität)'이 결합하는 데 반해서 이성 개념의 맥락에서는 사귐의 사상과 개현적(開顯的) 태도의 윤리학(Ethik des öffentlichen Verhaltens)이 결합하고 있다. 이성을 매개로 전달함으로써 개인적인 여러 가치와 가치 태도(성실, 정직, 개인적인 책임의식, 고독한 자성에의 개인적 용기, 사귐의 상대에 대한 무조건적 개현성에의 결의, 타자에 대한 비이기적 관여, 사귐의 상대에 대한 원칙적인 동등성의 인정 등과 같은 태도)는 전 인류에 관련된 여러 문제의 해결을 중시하는, 공공연하면서 가능한 한 보편적인 사귐의 규범적인 전제가 되어야 한다.

---

124) Sternberger(1963), S. 134.

정치적 사유

야스퍼스의 논의에서 그가 1945년 이후에 발간한 저서들로 말미암아 정치적 사상가가 되었는지 또는 실존철학적 저서들 속에서 정치적 문제들이 다소나마 확실히 취급되었는지 여부의 문제는 논의의 여지가 있다.[125] 여하튼 분명해 보이는 것은 국가사회주의의 공포 정치를 체험함으로써 야스퍼스는 처음으로 정치적 현실 문제에 대해서 공식적 입장을 취하게 되었고, 또 그것에 관해 책을 써야 되겠다는 마음을 먹게 되었다는 점이다. 당시 정치에 대한 그의 깊은 고찰은 초기의 철학적 사유의 모범에 의해 강하게 각인된 것으로 판명 나 있고, 특히 정치적 사건들에 대한 판단은 도덕적 관점으로부터 생기고 있었다.

야스퍼스는 도덕적 관점에서 현대 정치의 객관적 소여성(所與性)을 소홀히 여기는, 즉 민주주의의 제도들, 정당들의 불가결성과 기능을 과소평가하고 마찬가지로 정치적 과정

---

[125] H. Pieper, S. 1ff ; Hager-Schneider, S. 2ff ; Gerlach, S. 158ff ; Wisser, S. 79ff 참조.

에서의 복잡한 결정 기구들을 충분히 고려하지 않는, 현실과는 동떨어진 도덕가이면서 정치적인 신낭만주의자라고 여러 번 비난받아 왔다.126) 그럼에도 그의 비판자들은 적나라한 개현성, 비판에의 결의, 정직, 책임 의식, 영속적인 대화의 노력, 정치에서의 상호 신뢰를 옹호하는 도덕적 에토스를 높이 평가하고 있다. 야스퍼스가 신뢰를 요청하고 있는 사실에 대해서 다렌도르프는 다음과 같이 생각하고 있다.

"신뢰 속에서의 결합을 자기에게 가치 있는 것으로서 간주하지 않더라도 그것은 이미 삶의 기회를 형성하고 그렇게 함으로써 자유의 전제이기도 한 것의 구성 요소다."127)

도덕적 · 정치적 전향의 요청

야스퍼스의 깊이 있는 정치적 고찰에서 가장 중요한 사유의 동기는 철저한 도덕적 · 정치적 전향이 반드시 필요하

---

126) Sontheimer, S. 434ff ; Rudzio, S. 71ff ; E. Eppler, ≪Wohin tribt Karl Jaspers?≫ In : 같은 저자, ≪Spannungsfelder. Beiträge zur Politik unserer Zeit≫, Stuttgart 1968, S. 130ff.

127) R. Dahrendorf, ≪Kulturpessimismus vs. Fortschrittshoffnung≫ In : Stichworte zur ≪Geistigen Situation der Zeit≫ 제1권, J. Habermas 편집, Frankfurt 1979, S. 222.

다는 사상이다. 우리는 슈나이더스의 다음과 같은 견해를 공유할 수 있다. 즉 야스퍼스의 정치철학이란 "정치적 위기 속에서의 실존적 전향을 통해서 정치적 재생을 목표로 하는 철학"128)에서 절정에 이르고 있다는 것이다. 이러한 전향의 사상은 야스퍼스가 제2차 세계대전 직후 보여 주었던 나치 지배 당시 독일 민족이 저질렀던 죄책 문제에 대한 비판적 반성의 중심 사상으로 이미 존재하고 있다. 1946년에 출판된 ≪죄책론≫129)에서 야스퍼스는 전후 세계가 나치 정권의 범죄에 대해 독일 국민 모두의 공동 책임이라고 비판함으로써 당시 아주 자주적인 독일 국민까지도 싸잡아서 비난한 데 대해 이분화(二分化)된 시각을 가지고 반론을 제기하고 있다. 그의 입장에 따르면 나치 정권이 저지른 범죄에 대해서 무조건 독일 국민 전체가 형사상의 죄책을 가질 수는 없다는 것이다. 이 나치 정권의 범죄에 대한 형사적 책임은

---

128) Schneiders, 1967, S. 126.

129) ≪죄책론(Die Schuldfrage)≫ : 카를 야스퍼스가 1945년 종전 직후 하이델베르크대학에서 겨울 학기 동안 '독일의 정신적 상황(die Geistige Situation in Dentschland)'에 관해 강의했던 것을 기록한 것이다. 이 강의록은 바로 그해 피퍼(piper)출판사에서 단행본으로 출판되었다.

전승국의 재판에 의해서, 그리고 새로이 설치된 독일 법정에 의해서 최종 판결을 받는 그런 독일인들에게만 해당된다는 것이다. 그러나 나치 정권 아래서 살았던 모든 독일 국민은, 정도의 차이는 있다고 하더라도 여하튼 당시 독일 땅에서 나치 국가가 건설되고 그 국가 기능이 발휘될 수 있었다는 데에 대한 정치적 죄의 일정한 몫을 나누어 가지고 있었다는 비판만은 피할 길 없다. 더욱이 이러한 정치적 죄는 나치 국가에 의해서 야기된 손상과 그 물리적 복구에 대한 공동 책임까지도 포함하고 있다. 형사적 죄와 정치적 죄가 범죄자의 처벌에 의해서, 그리고 히틀러의 독일로부터 공격받은 여러 국가와의 배상 계약과 평화 조약에 의해서 속죄될 수 있는 데 반해서, 도덕적·형이상학적 죄[130]는 처벌과 보상에 의해서는 지워질 수 없고, 전승국에게 아첨하거나 품위 없이 비굴하게 죄를 인정해도 지워질 수 없다. 이러한 두 가지 형식에 의해서 죄를 극복한다는 것은 도덕적·정치적 사고방식의 '내적 변화'와 철저한 '전향'의 과정 속에서 한 사람 한 사람의 독일 사람과 독일 민족에 의해서만 온전히 수

---

130) 이러한 두 가지 죄의 개념은 그 도덕적 내용 속에 감추어져 있으므로 그러한 죄의 개념들의 구별은 문제적으로 나타난다.

행될 수 있다.

 죄책 문제에 대한 야스퍼스의 이러한 상반된 주장이 당시에 왜 약간의 동의밖에 얻지 못했는가에 대해서 코젤레크는 최근에 다음과 같이 말했다.

 "그가 1945년에 죄책 문제로서 - 집단의 죄라는 논제에 대해서 - 공식화했던 것은 당시 부담을 더는 것과 부담을 안는 것 사이를 냉정히 고려하는 가운데 받아들여지지는 않았다. 형사적 죄와 도덕적 죄, 정치적 책임과 형이상학적 책임 간의 구별 - 이러한 구별은 독일의 애처로운 자기변명과 자기고발이라는 짙은 안개 속에서는 파악될 수 없는 것 같이 보이지만 - 은 사법적 행위 규범의 명료한 틀을 제공할 수 있었다."[131]

 죄책 문제에 대한 야스퍼스의 논술에서는 우리가 한계상황에서 자기생성의 이념과의 관련에서 비로소 알게 되었던 여러 가지의 표상이 반영되고 있다. 야스퍼스는 나치 시대에서 일종의 정치적·도덕적 한계상황을 보고 있다. 이 한계상황은 배제 전략에 의해서 극복될 수 있는 것이 아니고,

---

131) R. Koselleck, ≪Jaspers, die Geschichte und das überpolitische≫, Vortragsmanuskript (Masch.), S. 3f.

오히려 나치 정권에의 발전이라는 사회적·경제적·정신적인 여러 전제가 '내적 행위' 속에서 마무리되어야 한다는 성실한 자기반성 과정에 의해서 극복될 수 있다. 모든 개인이 자기의 개인적 죄책 분담을 음미해야만 하는 이러한 반성 과정은 국가 사회주의의 파멸 이후의 도덕적·정치적 전향의 불가결한 조건으로 간주된다.

야스퍼스가 전향의 이념과 결부하는 목표들 가운데 하나는 나치 시대의 모든 유산을 가능한 한 철저하게 청산하는 것이다. 야스퍼스가 생각했던 만큼의 청산은 결코 이루어지지 않았다는 예리한 비판이 ≪독일연방공화국은 어디로 가고 있는가≫라는 그의 저서에 분명히 나타나 있다. 그는 이 책에서 독일연방공화국이 나치 범죄 국가가 남긴 유산을 철저하게 청산하지 못했다고 탄핵하고 있다. 그 이유는 독일연방공화국의 사법기관이 나치의 사법기관에 관여했던 사람들이 여전히 공적 직무를 수행하도록 허용했다는 데 있다.

그는 이 책에서 비(非)나치화(化) 정책을 수미일관(首尾一貫)하게 수행하지 못한 아데나워를 책망하고 있다. 그는 또한 여기서 키징거와 브란트의 기민당(CDU)-기사당(SPD) 연립내각에서 한때 '독일국가사회주의노동당(National Sozialistische Deutsche Arbeit-Partei, NSDAP)', 이른바 나치당(Nazi黨)의 당원이었던 키징거가 서독 수상으로 선출되었던 정세를 예리하게 비판하고 있다. 야스퍼스는 1965년 3월 10일과 25일 독일연방공화국의 의회에서 있었던 나치의 범죄의 시효에 관한 논의에서 통과되었던 시효 결의에 대해 단호하게 반대 의견을 천명하고 있다.

야스퍼스의 관점에서 본다면 나치 시대의 한계상황 속에서 독일 민족이 실행해야만 했던 도덕적·정치적 전향에는 권력 국가적 사유의 포기도 포함된다. 그는 1945년 자유민주주의의 기초 위에 새로운 독일 국가를 세우는 과정에서 헌법에 관한 어떤 광범위한 공개적 논의도 행하지 않았고, 이와 동시에 계몽과 자기교육의 과정이 민족 속에서 일어나지 않았다는 것을 태만으로 간주하고 있다. 새로운 국가 형태 또한 위로부터만 제정되었을 뿐이고 그것이 민족 속에서 비판적으로 동화되는 과정은 일어나지 않았다. 모든 권력 국가적 국민의 기질을 거부하면서 야스퍼스는 1965년에도 계속해서 다음과 같이 요망하고 있다.

"새로운 국가를 위해서는 사고방식의 전향이 불가결하다. 가장 커다란 위험들 가운데 하나는 국가가 경제적 발전을 이루고 있고 국민들이 국가로부터 복지 혜택을 받는 가운데 국민들이 생활에 만족하고 현실에 안주하는 태도다. 국민들은 정치 행보에 대해서 공동 책임을 느끼지 않고 오히려 순종하고 있다. 그들은 우선 자기들이 그곳으로부터 벗어날 수 있는 길이라곤 전혀 찾아낼 수 없는 교도소에서, 마침내 자기를 재발견할 때까지 알아차릴 수 없는 족쇄를 견디어 내고 있다."(BR 191)

여기서 거론한 바로 이 책은 연방공화국의 권위주의적 국가로의 발전에 대한 성실한 경고를 담고 있다. 그러므로 야스퍼스는 근본 토대에서 평화에의 노력과 갈망을 저버리고 모든 자유민주주의적 국가의 이해에 역행하는 군부 엘리트들에게 권력을 주기 위한 수단을 가능한 한 비상사태법 가운데서 보고 있다. 정당 국가에 대한 그의 논박은 정당 국가에서 당 간부가 통치하는 과두정치에 대한 미헬스의 비판과 많은 점에서 유사하다.[132] 민족을 정치 과정에서 배제해 버리는 당파적 과두정치가 생기는 징후라고 지적할 수 있는 것으로는 다음과 같다. 즉 대정당들의 연립의 형성, 국가적 정당의 자금 조달, 5%의 약관, 구조적 불신임 투표, 국정을 위탁할 경우의 당파적인 보호무역주의, 당파의 수상 후보자 선발, 정치적 스캔들에 대해 의회의 통제가 결여하고 있는

---

132) R. Michels, ≪Zur Soziologie des Parteiwesens in der modernen Demokratie≫, Leipzig 1925 참조.

능률, 선거할 때 국민을 바보로 만드는 선전 광고, 유세 등이다.(BR 130 참조)

야스퍼스는 자기비판의 테두리 내에서 당에 구속받지 않는 민족 속에서의 자발적 의지의 형성을 여러 번 변호하고 있고, 그렇게 함으로써 그는 수년 후에 연방공화국에서 의회 바깥의 신좌파(新左派) 재야 세력이 주장한 기본적인 민주주의의 많은 논거를 미리 제시하고 있다. 비록 야스퍼스가 신좌파에 직접 영향을 전혀 미치지 않았다 하더라도, 공공연하게 표명된 정당 민주주의에 대한 그의 불쾌에 의해 적지 않게 훗날 좌파에 대한 비판을 위한 정신적 공명판(共鳴板)이 마련되었다.

야스퍼스의 비판은 여러 가지 관점에서 철저하게 감행된 것 같다. 예컨대 오스트리아에서 수년 동안 적극적으로 실현되어 왔던 대연정(大聯政)을 거부한 데서 그의 비판적인 태도가 엿보인다. 그리고 야스퍼스는 정당 민주주의에서 이해 조정(利害調整)을 위한 제도와 수단이란 자발적인 정치 과정들을 제한하기도 하지만, 그러나 사실은 그렇게 함으로써 무책임한 정치적 모험과 그것으로 말미암아 야기되는 독재정치의 전개를 저지하는 데 도움이 된다는 사실에 대해 충분히 이해하지 못한 것 같다. 야스퍼스가 이처럼 생각하고 있는 데는 여러 가지 원인들이 있다. 이러한 원인들 가운데 하나는, 바이마르 시대의 의회 정당들을 마음대로 이용할 수 있는 일체의 자유를 보장하는 정치적 전횡에도 불구하고 정당들을 조례(條例)로 결정한 제도들이 히틀러의 독재를 저지하지 못했다는 사실에 대한 야스퍼스 자신의 심각한 좌절에 있다.

다른 또 하나의 원인은 그의 철학함의 시초부터 입증되고 있는 근본적 자유주의적, 그리고 궁극적으로 반제도적 사유 동기, 즉 제도들이란 우리가 부단히 비판적으로 문제를 제기해 파헤쳐야만 하는 경직화 경향을 가진 합리적 용기(容器)의 구성 요소라는 확신에 있다. 왜 제도에 대해 문제를 제기하고 그것을 파헤쳐야 하느냐 하면, 제도라는 구성 요소야말로 자발성과 창조적 능력을 위축시키고 참된 인간 존재와 본래적 자유의 실현을 방해하기 때문이다.

전향의 또 하나의 먼 목표는 민족국가적인 사유의 포기다. 야스퍼스는 이미 이 모든 생각을 구현할 만한 시의적절한 기회를 얻지 못했던 시대에 '오데르나이세 강(江)'의 국경의 승인 및 한 핏줄인 독일 국가로서 동독의 승인을 위해 진력하고 있었다. 독일 민족의 재통일과 영토적 통일을 고집스럽게 요구한다는 것이 야스퍼스에게는 제2차 세계대전 이후에 생긴 국제정치적 역학 관계에서는 비현실적일 뿐만 아니라 정치적으로 위험하고 평화를 위협하는 것으로 생각되었던 것 같다. 참된 사귐이 타자에게도 존중되는 동등한 상대들 사이에서만 가능하다는 배경에 기초한 실존철학의 이념을, 그는 독립 국가로서의 인정, 경제 원조의 승인, 그리고 ─ 이러한 것들을 독립 국가라는 자기의식 속에서 강화시킴으로써 ─ 동독에 대한 우호 관계 신청을 통해서 구현하고자 했다. 이 같은 정치를 통해서 그는 동·서독 국가의 독일인들 간의 상호 접촉 개선을 기대하기도 하고 또 동구 블록 내에서 동독 시민의 자결 가능성과 자유를 간접적으로 촉진하는 것을 기대하기도 했다. 당시 동독의 국가 평의회 의장이면서 독일 사회주의통일당(SED) 총재인 ─ 아무튼 '독일 사회주의통일당(SED)'과 독일 사회민주당(SPD) 사이에 실패했던 의견 교환을 곧바로 시작하고자 했던 ─ 울브리히트에게 야스퍼스는 친서를 써서 보냈는데, 그 친서 속에서 야스퍼스는 울브리히트가 동서독 국가 간 대화를 제의한 것을 높이 평가하고 있다. 그러면서도 야스퍼스는 이 '위선적인 친구'를 멀리했으며 다른 한편으로는 이 같은 대화를 요청하는 그의 태도를 올바르다고 생각했다.(ABR 151ff 참조)

야스퍼스는 신문에서 일부 감정적으로 논의된 동구 정책의 전향에 대해, 공개적으로 진술한 그의 사상을 통해서 대외 정책의 방침을 변경할 것을 제안하기도 했다. 대외 정책은 훗날 사회적·자유주의적 연립에 의해 실현되었고 오늘날에는 연방공화국의 양대 정당 간에는 대외정책에 어떤 대립도 나타나지 않고 있다.

≪독일연방공화국은 어디로 가고 있는가라는 나의 저서에 가한 비판에 대한 대답≫이라는 책 가운데 드러나고 있는, 연방공화국에서 자신의 정치적 사상이 가끔 엄격히 거절되고, 더욱이 자신의 정치사상에 대해 공명조차 얻지 못하고 있다는 사실에 대한 깊은 실망은 이해되지 않는다. 요컨대 야스퍼스에게 국가사회주의의 한계상황 속에서 체험했던 도덕적·정치적 좌절 이후에 나타난 연방공화국이라는 새로운 자유민주주의적 국가에서의 독일 민족이야말로, 실로 전 인류가 살아남는 데 중요한 의의를 갖는 윤리적·정치적 전향과 갱신의 모범을 보여 주었다.(HS 114 참조)

야스퍼스는 한계상황과 불가결한 전향에 관한 사유의 동기를 독일 민족에 적용할 뿐만 아니라 그의 정치철학을 가장 간결하게 표현한 ≪원자폭탄과 인류의 미래≫라는 저서에서 "전 인류는 한계상황 가운데 있다"라는 하나의 명제를 주장하고 있다. 이러한 현대의 전 세계적 한계상황은 이제까지 인류 역사에서 한 번도 존재하지 않았던 다음과 같은 두 가지 위험에서 생기고 있다.

(a) 핵전쟁에 의해서 인류 전체가 파멸할 가능성.

(b) 본래적 인간 존재가 의미하는 것으로서의 일체의 것(자유, 인간의 존엄, 사랑의 사귐 등등)이 무로 돌아가 버리는, 이른바 세계적인 전체주의적 지배 체제가 수립될 가능성.

과학 기술 발달의 결과로 생긴 이 두 위험을 극복하기 위해서는 가능한 한 많은 인간들에 의한 세계적인 한계상황의 실존적 의식과 동화(同化)가 필요하다.

"저 파국이 부단히 가능성으로서, 그러니까 개연성으로서 눈앞에 있다는 것은 오늘날 자기성찰 일반에의 강력한 찬스면서 동시에 정치적으로 갱신하고 이 갱신에 의해서 파국을 방지하는 유일한 찬스다."(A 24)

야스퍼스는 세계적인 한계상황의 극복에 도움을 제공하는 데 근본 의도가 있는 역사철학 또한 전개했다. 가장 유명한 명제는, 인간이 오늘날까지 그 가운데서 살아오고 있는 사유의 근본 범주와 세계 종교의 단서가 거기에서 거의 동시적으로 발생했던바 이제까지 인류 역사에서 경험적으로 경계를 정할 수 있는 시기를 채용하는 데 있다. 야스퍼스는 기원전 약 800년으로부터 기원전 200년까지의 시기를 "세계사의 추축 시대(樞軸時代)"라고 부르고 있다.

"이 추축 시대에는 비상한 것들이 응축되어 나타났다. 중국에서는 공자와 노자가 살았고, 여러 방향의 중국 철학이 나타났고 묵자, 장자, 열자 그리고 수많은 다른 사람들이 철학적으로 사유했다. 그런가 하면, 인도에서는 ≪우파니샤드≫가 이루어졌고 불타가 살았고, 중국에서와 같이 회의론, 유물론, 궤변론, 허무주의에 이르기까지 모든 철학적 가능성들이 전개되었다. 이란에서는 조로아스터가 선악의 투쟁이라는 도전적인 세계상을 가르쳤는가 하면 팔레스타인에서는 엘리야로부터 이사야와 예레미야를 거쳐 제2의 이사야에 이르기까지의 많은 예언자들이 나타났다. 그리스에서는 호머가 나타났고, 철학자들로서 파르메니데스, 헤라클레이토스, 플라톤이 나타났고, 비극 작가들 그리고 투키디데스와 아르키메데스 등이 나타났다. 이 같은 이름들에 의해서 암시되는 일체의 것이 이 몇 세기 동안 서로 전혀 알지 못한 채 중국, 인도, 서양에서 거의 동시적으로 일어났던 것이다."(UZG 20)

추축 시대에 관한 명제에 대해서 역사학의 관점에서 볼 때 어떤 이의가 제기될 수 있는가에 대해서는 야스퍼스의 역사 이해에 대한 다른 견해와 마찬가지로 여기에서는 고려되지 않은 채로 남겨 둘 수밖에 없다.[133] 여기서는 세계사의

---

133) Rigali, S. 51ff, 149ff 참조.

추축 시대를 의식하도록 함으로써 지극히 다른 문화적 전통을 가진 여러 민족에서의 역사적 자기이해에 공통하는 하나의 틀을 만들기 위해 야스퍼스의 도덕적·정치적 의도만이 중요하다. 세계사에 일정한 구조와 통일을 부여하는 추축 시대의 의식으로부터(UZG 324 참조) 현대에의 정치적·세계관적·문화적·국가적 입장이라는 소견 좁은 연방분립주의와 독점 요구를 극복해서 다른 '세계'와 문화 간의 전 세계적 사귐을 촉진하는 충동이 나와야 할 것이다. 야스퍼스가 보는 바로는 모든 특수한 세계의 경계를 초월한 사귐과 역사적으로 기초 지어진 민족들 간의 상호 이해 노력이 절대적으로 필요하고, 그렇게 함으로써 인류는 전 세계적인 한계상황과 위기 상황으로부터 구제될 수 있다.

전 세계적인 인류의 위기에 관한 명제와 그것과 결합한 불가피한 전향의 이념이 결부된 여러 전망과 목표를 논구할 경우에 일반적으로 야스퍼스의 논의가 우리가 구별해야 하는 두 가지 수준을 통과하고 있다는 사실에 주의하는 것이 중요하다. 그럴 때 우리는 그의 정치적 표명의 많은 부분을 오해하지 않게 될 것이다. 여기서 말하는 두 가지 수준은 다음과 같다.

(a) 현재의 정치적 정세를 그것이 함축하고 있는 의미와 최악의 결과로부터 숙고하는 현실정치적인 논의 수준.

(b) 도덕적 전망과 정치적 목표의 표상을 현실로 이끌어 오고, 그것을 현실 정치로 가지고 오기 위해 변명하는 그러한 도덕적·정치적 호소의 수준.

세계적인 한계 상황이라는 현실 정치적인 상황 분석의 틀 내에서 야스퍼스는 핵전쟁의 위험을 감내할 각오를 하고 있지만, 그때의 자유와 인간의 존엄이 완전히 결여되어 있다고 말하더라도 서양의 의회 민주주의에서 어느 정도 보증해 두었던 것처럼 이 위험을 세계적인 전체주의로부터 지키는 것이 중요하다. 야스퍼스는 서구의 저지 전략론(Abschreckungsstrategie)의 변호자인데, 이 전략론은 ― 그가 이 전략론을 지극히 강력하게 주장했던 1958년에 비교한다면 ― 물론 이것에 대한 오늘날의 옹호자들에 의해 많은 점에서 이미 수정되어 왔다. 루치오(Wolfgang Rudzio)는 야스퍼스의 철학 사상을 논의하면서 이 문제를, 야스퍼스의 정치적 사유에 관해서 비판적으로 검토하고 있는 그의 훌륭한 논문에서 지적한 바 있다.[134] 야스퍼스가 공언하고 있는 핵 저지 전략론이 비록 많은 점에서 서방의 방위 원칙을 넘어서 있기는 하지만, 그가 어떤 희생을 치르더라도 핵

---

[134] Rudzio, S. 68.

전쟁의 위험을 피할 용의가 없다는, 특히 세계적인 전체주의의 지배 체제 속에서 자유민주주의의 모든 기본 권리를 상실하는 그런 희생을 치르지는 않겠다는 그러한 원칙적 입장을 변경하는 것이 아니다.

현실 정치의 추세로 보이는 '핵전쟁이냐, 전체주의냐'라는 양자택일에서는 야스퍼스에게는 미래의 인류의 발전 가능성이 전혀 보이지 않는다는 것은 두 번째 논의에서 명백해진다. 여기서 그는 모든 국가에 대해 다음과 같은 것을 요구함으로써 미래의 세계 질서와 세계 평화의 상태의 일반 원칙들을 획득하려고 노력하고 있다.

(a) 폭력과 자의(恣意)에 반대해 합법성을 원칙적으로 승인할 것.

(b) 법적 수단에 의한 동등권의 원리와 부당성을 수정하는 수속 절차를 승인할 것.

(c) 동의에 의해서 제정된 국제적 위원회들의 결정에 반대하는 절대적 통치권이나 거부권을 포기할 것.

(d) 자유로운 비밀 선거의 결과를 존중할 것.

(e) 모든 검열을 폐지하고, 따라서 보도의 세계적 공표를 가능하게 할 것.

(f) 공공연한 정치적 행사에 가능한 한 많은 인간이 참가해 공동 책임을 질 것.

야스퍼스는 미래의 세계 질서에 대한 자신의 경고적인 고찰에서 칸트가 ≪영원한 평화를 위해≫라는 저서에서 고려했던 바와 같이 세계 공화국 및 모든 국가의 연합이라는 이념을 하나의 모범으로 인용하고 있다. 칸트와 마찬가지로 야스퍼스는 군대가 중심이 되어 통치하는 세계 국가의 이념을 거부하고 있다. 왜냐하면 이러한 세계 국가의 이념에는 자유에 대해 적대적이면서 전체주의적인 의미가 포함되어 있기 때문이다. "세계 국가(그것은 세계 제국일 것이다) 그 자체가 성과가 아니고, 법적으로 한정된 영역을 관리·교섭·결의하는 가운데 끊임없이 새롭게 수립되어 가는 국가들의 질서가 성과일 것이다. 즉 포괄적인 연방주의가 그 성과일 것이다."(UZG 247)

우리가 미래의 평화적 세계 질서라는 제도적 관심사에 대해서 이처럼 불충분하고 비교적 일반적인 논평으로부터 눈을 돌린다면 야스퍼스가 전향에의 요구와 결합시키고 있는 여러 가지 전망과 목표들은 본래부터 개인적·공적·정치적인 도덕의 영역에 있다. 그러므로 그는 막스 베버의 현실주의적 정치 개념[135]을 모방해서 첫째로 권력 정치로 이

---

135) M. Weber, ≪Politik als Beruf≫, Berlin 1968, S. 8f 참조.

해되는 '옛 정치'로부터의 전향을 요구한다. 지금까지 실천되어 왔던 모든 정치가 이해와 권력의 요구를 관철하기 위한 투쟁이었다면 세계 평화의 상태를 목표로 하는 '새로운 정치'는 모든 특수한 집단의 이해와 권력의 야망을 뛰어넘는 '초정치적인 것(überpolitischen)'에 의해서 규정되어야만 한다. 이러한 초정치적인 것이라는 개념과 관련해서 에토스, 도덕적 이념, 희생적 용기, 이성 등등이 논의될 경우, 야스퍼스는 그러한 것에서는 전망을 결여하고 있는 실용주의적인 현실 정치가 영구적으로 과대 형성되지 않을 수 없는 실존적·도덕적 차원을 지시하고자 한다.

비록 야스퍼스가 정치에서 철저한 전향의 불가결성에 대해서 자주 말하고 있더라도, 예를 들면 마르쿠제가 주장한 바와 같이136) 현대의 전 세계적 위기 상황이 유일한 혁명적 비약에 의해서 극복될 수 있다는 그러한 사상은 결코 품지

---

136) H. Marcuse, <Befreiung von der überflussgesellschaft> In : ≪Kursbuch≫ 16, 1969, S. 193. ≪Zur Kritik an Marcuses revolutionärer Sprungmetaphysik≫ 참조. H. H. Holz, ≪Utopie und Anarchismus. Zur Kritik der kritischen Theorie Herbert Marcuses≫, Köln 1968, W. F. Haug ; <Das Ganze und das ganz Andere. Zur Kritik der reinen revolutionären Transzendenz> In : ≪Antworten auf Herbert Marcuse≫, J. Habermas 편집, Frankfurt 1968, S. 61ff.

않았다. 이러한 혁명의 구상은 결국 근대 공업 사회에서는 광범위한 사회적 변화가 이미 수미일관된 연속적 혁신을 뛰어넘어서는 가능하지 않고 전체적 사회 실험, 또는 카를 포퍼가 역사주의 비판 속에서 공식화하고 있는 것처럼 유기체론적인 사회 실험[137)]을 뛰어넘어서만 가능하다는 표상이다.

비록 야스퍼스가 위기와 전향이라는 명제에서 가끔 첨예한 이분법적 범주들(옛 정치 − 새로운 정치, 단순한 정치가 − 이성적인 정치가, 전체주의적 세계 − 자유세계, 권력 정치 − 초정치적인 것, 세계 제국(Weltimperium) − 세계 연합(Weltförderation), 전체주의적 지배 − 자유, 대중 − 자기존재, 이데올로기 − 에토스)에 의해서 마르쿠제의 사회 비판적 논증의 구조적 특징이라는 것을 논증하고 있다고 하더라도, 그가 마르쿠제와는 대조적으로 사회 변화의 점진주의적 구상을 대표하는 사람인 것만은 분명히 판명되고 있다. 이와 동시에 그는 개인주의나 전체주의의 방법론적인 사회 변혁에 반대하는 포퍼가 현대의 철학적인 사회

---

137) K. Popper, ≪Das Elend des Historizismus≫, Tübingen 1965, S. 66ff.

이론138)에서 주장하는 '점진적 공학(Peacemeal social egineering)'이라는 구상에 매우 가까이 서 있다. 이것은 예를 들면 다음과 같은 요구를 분명하게 나타내고 있다.

"새로운 정치는 우선 아직까지는 존재하지만, 그러나 극복해야만 하는 옛 정치의 궤도 위를 달리고 있음에 틀림없다. 한 사람 한 사람의 인간의 전향을 가능하게 하는 것이 곧 모든 인간 사회에서 전향을 가능하게 할 수 있는 것은 아니다. 그것은 새로운 것을 한 번에 수립하는 것이 아니다. 그것은 전체적인 무정부 상태와 전제(專制)에 의해서만 성급하게 행해질 수밖에 없을 것이다. 정치적인 전향은 옛 정치의 틀 내에서 새로운 정치를 성장하게 하고, 새로운 것에 의해서 옛것을 버리고 갈 수 있을 때까지 옛 궤도를 새로운 감각으로 만족시켜야 한다. 이러한 과정은 단독자의 결단에 기초해서 공동적으로 생성된다."(A 480)

그 전망대로 바람직한 새로운 정치를 촉진시킬 수 있는 미래의 제도들, 법적·경제적 조직 형태, 국제법 조약 등등에 관련하는 구체적 제안들을 야스퍼스로부터 기대한다면

---

138) 같은 책, S. 51ff 참조 ; K. Popper, ≪Die offene Gesellschaft und ihrefeinede≫ 제1권, Bern 1957, S. 214f.

실망하게 될 것이다. 그러나 국제법적·헌법적, 또는 조직 사회학적 문제에 관해서 — 가령 의심스러운 정신적·사회적·정치적 발전을 공공연하게 의식하게 하고, 사변적으로 비도그마적인 방식에서 일면적으로 고정된 사고방식과 행동 방식에 대해서 양자택일적 태도의 가능성과 도덕적 관점을 눈앞에 이끌어 내려고 할 경우에 — 깊은 숙고를 감행하는 것은 아마 철학자의 과제가 아닐 것이다.

전체주의 비판

방사능에 의한 집단적 죽음과 더불어 인류를 위협하고 있고 마찬가지로 인류에게 철저하게 마주 서 있는 중대한 제2의 위험은 전체주의(Totalitarismus)다. 야스퍼스에게 전체주의 내지 전체주의적 지배 원리는 말하자면 정치적 자유와 본래적 인간 존재의 원리에 대립하는 반대 원리를 의미하고 있다. 이 점에서 그는 전체주의에 의해서 '인간의 본질' 또한 위험에 빠져 있다[139]고 보는 그의 제자인 해나 아렌트와 동일한 입장을 주장하고 있다. 야스퍼스가 그의 정치적

---

139) H. Arendt, ≪Elemente und Ursprünge totalitärer Herrschaft≫, Frankfurt 1955, S. 721.

판단에서 – 그는 해나 아렌트의 저서인 ≪전체주의 지배의 여러 요소와 기원≫의 독일어판(1955년 간행) 출판 때 그 서문을 썼다 – 해나 아렌트에게 얼마나 강력한 영향을 주었는가는 두 사람 간에 주고받은 방대한 서신을 고려할 경우 확실하게 해명될 수 있다.[140] 야스퍼스가 전체주의의 전개를 경고할 때 기초하고 있는 이상적·전형적 전체주의의 구상은 전체주의적 지배 체제에 관한 논의에서 반복해서 강조하는 것과 같이 지배 기술적인 관점의 전 계열을 고려하고 있다. 노동자, 농민 또는 전 국민과 하나가 되어 존재한다고 사칭(詐稱)하는 엘리트당(黨), 자기들에 대해 반대하는 모든 운동을 노동자, 농민, 또는 민족에 대해 반대하는 운동으로 분류하는 엘리트당(黨), 합법적인 야당을 배제하고 위험한 라이벌로부터 지나칠 정도의 찬양을 받아 내고, 테러를 정당화하고 고수(固守)하는 행위, 집권 정당의 지배하에 국가와 사회를 통일하고, 집권 정당을 위해 삼권분립을 폐지하는 정치 행태 등은 전체주의적 통치의 유형에 속한다. 그뿐만 아니라 모든 사람의 노동과 생산 수단을 국가가 마음대

---

[140] 이러한 서신 교환은 금년에 피퍼(piper)출판사에서 두 권의 책으로 나온다.

로 처분할 수 있는, 요컨대 국가가 소수 지배 계층 − 이러한 소수 지배계층에 속하는 사람들은 그들 이외의 모든 주민들에 대해 새로운 착취자들 및 특권층의 사람들이 된다 − 의 형태로 마음대로 처분할 수 있는 독점권, 지배 엘리트들과 그 지도자의 전횡에 의한 법질서의 상대화와 법의 기능화, 한편으로는 지배 엘리트들이 당 노선 이탈자와 수정주의자들의 비판에 대해 지속적으로 변호하고, 다른 한편으로는 필요에 따라서 새롭게 해석하는 '참된 학설'을 하나의 실례로 인증(引證)하는 태도, 교육과 선전의 독점 내지 모든 정신적 행위에 대한 검열을 정당화하는 데 이용되는 그런 독점이 진리에 기초하고 있다는 주장, 경찰권 및 군 지휘권과 같은 절대적 통치권의 장악, 이 모든 것들도 전체주의적 통치의 유형에 속한다.

더욱이 현대 기술의 발달로 말미암아 비로소 가능하게 된 현상으로서 개인의 사적 영역에까지 선전이 개입하고 군중까지도 집단 테러로 위협하는 정치적 책략, 테러의 '기술적 장치'와 관료주의의 '익명의 기구'를 통해서 모든 생활 영역을 점진적으로 지배하는 행태, 선전에서 거짓을 계획적으로 이용하는 행위, 지배 엘리트의 세계를 지배하고자 하는 도덕적 이데올로기적 성향, 경제계획과 경제조직의 중앙집권화, 모든 사회적 · 경제적 · 역사적 과정에 대한 전체지(全

體知)가 존재할 수 있다는 확신으로부터 일체의 생활 영역을 전체적으로 계획하고 합리적으로 꿰뚫고 들어가려는 경향(A 156ff 참조),[141] 이 모든 것들도 역시 전체주의적 통치의 유형에 속한다. 실로 최후에 거론된 전체주의적 사유의 '총괄적 관점'에 대한 비판에서 야스퍼스의 논증은 비판적 합리주의의 옹호자와, 이러한 경향에 가까운 사상가들이 새로운 이데올로기 비판 및 정치철학에서 실행했던 전체논리주의적·역사주의적 방식에 대한 비판과 많은 유사점을 나타내고 있다.[142]

전형적인 전체주의 개념의 현실 정치적 세계관적 기준점(基準點)에 관해서 말한다면 야스퍼스는 국가사회주의와 스탈린주의가 지금까지 이 개념과 가장 포괄적으로 일치하고

---

141) 야스퍼스의 전체주의 비판 참조. auch seinen Aufsatz : <Im Kampf mit dem Totalitarismus>(1954) In : Jaspers, ≪Philosophische Aufsätze≫, München 1967, S. 29ff.

142) H. Albert, ≪Plädoyerfür kritischen Rationalismus≫, München 1975, S. 45ff 참조 ; E. Topitsch, ≪Erkenntnis und Illusion≫, Hamburg 1979, G. Radnitzky, <Die Sein-Sollen-Unterscheidung als Voraussetzung der liberalen Demokratie> In : K. Salamun 편집, ≪Sozialphilosophie als Aufklärung. Festschriftfür E. Topitsch≫, Tübingen 1979, S. 459ff ; W. Becker, <Diefreiheit, die wir meinen. Entscheidungfür die liberale Demakratie>, München 1982.

있다는 것을 확신하고 있다. 이러한 기준점은 이들 이데올로기의 내용에서의 모든 대립과 차이에도 불구하고 전체주의 이론가들의 특수한 구조, 방법, 지배의 기술 가운데서 탐구되는 그러한 새로운 지배 유형의 – 지금까지 없었던 – 가장 적당한 실현이었다.143) 야스퍼스는 국가사회주의의 지배 체제와 스탈린주의의 지배 체제 이외에 이탈리아의 무솔리니의 파시즘 정체(政體), 마오쩌둥의 중국, 그리고 그가 1950년대와 1960년대에 체험했던 후기 스탈린주의 시기의 소련을 전체주의적인 것으로 분류하고 있다. 때에 따라서는 전 동구 블록은 확대된 전체주의의 개념에 포함되기도 하지만, ≪독일연방공화국은 어디로 가고 있는가≫와 ≪대답≫이라는 저서에서 야스퍼스는 개개의 동구 블록 국가들을 구별하고 있다.(BR 241 참조) 후자의 정치적인 저서에서 야스퍼스는 "가능적인 경제 형태로서의 공산주의"(BR 152)를 전

---

143) H. Arendt, 같은 책 : C. J. Friedrich, ≪Totalitarianism≫(Cambridge /Mass, 1954) 참조. J. L. Ralmon, ≪Die Ursprünge der totalitären Demokratie≫, Köln/Opladen 1961. L. Schapiro, ≪Totalitarianism≫London 1972, B. Seidel/S. Jenker 편집, ≪Wegeder Totalitarismusforschung≫, Darmstadt 1968. K. D. Bracher, ≪Zeit der Ideologien. Eine Geschichte politischen Denkens im 20. jh≫, Stuttgart 1982, S. 121ff.

적으로 시인할 용의가 있지만, 그러나 전체주의적 구성을 가진 정치 체제로서는 시인할 용의가 없다는 것도 또한 분명하게 드러내고 있다.

이 저서에는 전체주의 이론의 과학적인 유용성, 해명력, 그리고 적합성에 관한 논의가 전혀 없다. 이러한 논의는 과거 수년 동안 정치학계와 역사학계에서 이러한 연구의 경향을 옹호하는 사람들과 반대하는 사람들 간에 있었던 것 같다. 마르크스·레닌주의의 이론가들이 이러한 논의에서 주장했던 나치 정체(政體)와 소련의 독재체제 간의 구조적 유사성에 근거한 전체주의의 구상을 부정하고자 했다는 것은 여러 가지 정치적 이유를 고려할 때 이해될 수 있을 것 같다. 이러한 이유에서 전체주의의 구상은 소련의 대외 신용 실추를 가능하게 할 의사과학적(擬似科學的) 수단으로서, 그리고 호전적 반공산주의의 소산(所産)으로서 평가된다. 이러한 평가는 가끔 거짓된 것이기도 하며, 따라서 이것은 소련에 대한 이데올로기적 투쟁의 수단으로서 냉전 시대에 야기된 것이기도 하다.

일반적 파시즘 이론(놀테, 몸젠, 시더)을 따르는 역사학이나 또는 비교 체제 이론(바이메)에 따르는 사회과학 및 정치학에서 제시된 현실적 직접적 비판에서는 전체주의의 구상에 대해서 다음과 같이 이론(異論)이 제기되고 있다.

(a) 전체주의의 구상은 스탈린 사후 소련에서 한층 진전될 전개를 정당하게 평가받기에는 너무나 정태적이었던 것 같다.

(b) 전체주의 이론을 암시하는 전체주의적 지배는 전체주의적이라고 일컬어진 세 가지 국가 체제(파시즘의 이탈리아, 국가사회주의의 독일, 스탈린주의의 소련) 가운데 그 어떤 국가에서도 실제로는 존재하지 않았다.

(c) 놀테가 처음으로 분명히 제시한 바와 같이[144] 파시즘을 정체(政體)의 기조로 삼고 있는 여러 국가들 간에 전체주의의 구상을 공통성으로 가지고 있다는 사실에 대한 연구는 아직 미약하다.

만일 이러한 이론(異論)이 부분적으로 그 논거가 분명하고 파시즘 이론과 비교 연구하는 것을 정당하다고 평가한다면 브라허가 분명히 말했던 바와 같이,[145] 전체주의는 결코 시대착오적이 아니며 또한 파시즘으로 대체될 수도 없다.

---

[144] E. Nolte, ≪Derfaschismus in seiner Epoche≫, München 1979 참조.
[145] K. D. Bracher, ≪Zeitgeschichtliche Kontroversen. Umfaschismus, Totalitarismus, Demokratie≫, München 1980, S. 13ff, 33ff 참조.

파시즘 이론이 여러 국가의 파시스트들에게 그 이론의 많은 근원들과 공통성들을 아주 선명하게 볼 수 있도록 했다고 하더라도 파시즘 이론은 좌·우익 독재를 비교할 수 있는 가능성에 대한 중요한 물음을 경시하기도 하고, 또한 국가사회주의를 단지 독일의 특수 형태의 파시즘으로서만 나타나게 하는 경향을 보이기도 했다. 다시 말해서 파시즘 이론은 이 파시즘의 지배 체제가 가지고 있는 특별한 억압 및 테러의 성격을 흐릿하게 해 버리는 경향을 보여 주기도 했다. 전체주의에 대한 야스퍼스의 깊은 고찰이 보여 준 이러한 관점을 고려할 경우 우리는 지극히 단순화하고 있는 이분법화(二分法化)를 도외시하고 있는 것 같다. 더욱이 우리는 이러한 체제들이 그 이데올로기적인 내용에서 좌·우익의 경향을 드러내고 있고, 그것을 파시즘과 국가사회주의로 선언하건 또는 공산주의로 선언하건 간에 그런 것에 상관하지 않고 독재 체제들의 이데올로기적 실천, 사유 구조, 지배 전략에 대해 아직도 충분한 가치를 지닌 통찰조차 도외시하고 있는 것 같다.

이성과 민주주의와 정치적 에토스

야스퍼스에게 민주주의는 전체주의에 대한 이념적·제도적 대극을 형성한다. 그는 민주주의를 개인적·정치적 자유와 최종적으로는 세계 평화를 가능한 한 잘 실현하기 위한 유일한 기회라고 생각하고 있다. 민주주의에 대한 그의 깊은 고찰은 다른 한편으로는 그것이 민주주의의 이론적 단서에서 찾아지는 것과 같이 어떤 제도적 문제와도 관계하지 않으며 그 정치적 활동의 구조, 방법, 조직 구성에 의해서 국민투표, 대의제, 또는 대통령제라는 민주주의의 형식을 검토하고 있다. 민주주의 제도들에 관해서 그는 '칸트의 공화제적 통치 방법'에 찬성하는 언급으로 만족하고 있다. 이 때문에 그는 한층 철저하게 민주주의 이념을 형성하는 '민주주의의 에토스'에 몰두하고 있다. 민주주의의 '이념'이란 칸트의 이념이라는 개념의 의미에서 규정의 원리와 대상화할 수 없는 접근의 이상으로 이해되고 있다. 이러한 이념의 실현은 끊임없이 포기되어 왔지만, 그러나 그것은 항상 점진적으로만 실현될 수 있었고, 그러면서도 결코 완전히 실현될 수 있었던 것은 아니다.

"민주주의는 하나의 이념이다. 그것은 민주주의란 어디에서도 완결될 수 없고, 더욱이 이상으로서는 직관적 표상에 의해서 이해되지 않는다는 것을 의미한다. … 민주주의 이념은 인간이 민주주의를 완성한다는 것이 불가능하다는 의식에 상응한다."(A 425)

야스퍼스의 민주주의 이념은 그의 이성 개념과 가장 긴

밀하게 관련되어 있다.

"이성은 지속적인 효과를 위해 민족들 속으로 스며들어야 한다. 그러므로 '민주주의'는 반드시 필요하다. 민주주의의 의미는 어떤 한 민족과 다른 민족들 상호 간의 공통된 사유와 행위에 관한 이성의 달성이다. 만일 이성이 세계 평화에 의해 원자폭탄을 효력 없는 것으로 만든다면 그것은 정치적 삶의 형태로서의 민주주의에 의해서만 가능할 것이다."(A 419)

민주주의에서 이성의 실현과 결부된 목표들과 요청들 가운데 가장 중요한 것으로는 다음과 같은 것을 들 수 있을 것이다. 전 민족을 자주적으로 더불어 사유하고 판단하며, 정치적 과정에 참가하도록 교육시키는 것, 정치적인 논의·제안·계획 등의 공표(公表)와 (비밀 정치의 모든 형식 및 검열 실시의 반대로서의) 보도에 의한 무제한적인 확장, 민주주의적인 제도와 태도를 계속적으로 개선하기 위해 이러한 제도와 태도에 대해서 영구적으로 비판하는 것.

"민주주의는 자기비판을 요구한다. 민주주의는 민주주의의 현상을 개선함으로써만 자기를 유지한다."(A 421)

그 밖에도 개인의 소질과 능력을 최고로 발전시키기 위해 모든 인간의 동등성을 권리와 기회의 균등으로서 실현하는 것, 그와 동시에 어떤 사람도 자기의 개인적인 생활 설계에서(만일 이러한 개인적인 생활 설계가 다른 사람의 자유에 손상을 주지 않는다면) 침해를 받거나 또는 평균화되지 않는다는 것, 법치국가에서 민주주의적인 사회질서를 제거하고자 하는 국가의 폭력을 억제하기 위해 모든 권능의 대표단을 설치하는 것, 불공정과 부정을 반대하는 감수성, 그리고 "다수자 쪽의 편협한 폭력에 대해서 단독자와 소수자들을 보호하기 위해 인권을 공식화하는 것, 정치적 권력을 장악한 자와 통치자를 효과적으로 관리하는 것, 민주주의적 국가 질서와 함께 형성하는 단독자의 공동 책임과 각오."(A 421ff 참조)

그러나 민주주의에서 "일체의 규정적 법칙과 제도에 선행하는"(A 422) 이성은, 이러한 목표와 요구에 의해서만 특징지어지는 것은 아니다. 야스퍼스의 정치적 사유에서 이성이 가진 중심적인 위치 가치는 앞 장에서 토의된 이성의 사명을 한 번 더 생생하게 그려 낼 경우 비로소 명백해진다. 그 촉진하는 기능에 기초해서 이성은 이미 현존하는 민주주의의 현상 형식이 경직되고 고정되는 것을 방지해야만 하고 확립된 민주주의적 제도, 사고방식, 정치적 과정, 행동 형식을 영구히 변화시키고 개선하기 위해 개현성을 보증해야 한다. 이성은 동시에 이 같은 기능에서 부단히 자기비판하는 동인 및 민주주의 이념에 위배되는 반자유 경향을 비판하는 동인으로 나타난다. 이성은 그 보편화하는 기능을 통해서 사적 실존(private Existenz)이라는 본래적 인간 존재를 규정하는 도덕적 가치 태도를 공공연한 것과 정치의 영역에 맡겨 버린다. 이러한 것으로부터 민주주의의 이념에 일치하는, 이성에 의해서 인도되는 정치에서는 다음과 같은 결과가 명백해진다. 즉 이성은 쾌활한 냉정, 현실을 정직하고 냉철하게 평가하는 용기, 자주적·창조적으로 자성하고자 하는 인간적 고귀함의 척도다. 이러한 도덕적 태도와 덕목들이 실존적·사적 생활 영역에서 개인이 한계상황을 극복할 수 있도록 돕는다면 이 도덕적 태도와 덕목들은 공적 영역에서 정치적으로 행위하는 사람들이 위기 상황에서 정신을 잃고 맹목적·감정적으로 행위하고 그로 인한 결과들을 확실하게 인식하지도 않으면서 위기로부터 도피하는 길을 기회주의적으로 포착하지 못하도록 막아야 한다.

이러한 도덕적 기본 태도는 야스퍼스의 위대한 모범인 막스 베버가 ≪직업으로서의 정치≫라는 그의 유명한 저서에서 정치가의 결정적 자질로서 간주하는 특성과 상당히 일치하고 있다. 베버의 생각에 의하면 정치가는 "눈대중(Augenmass), 즉 내면적 집중력(innere Sammlung)과 고요에의 침잠에 의해서 현실을 뜻깊게 받아들이는 능력, 즉 사물과 인간에 대한 거리…"[146]를 필요로 한다. 베버 역시 이러한 자질을 특히 도덕적 능력(지적 성실, 정직)으로서, 즉 환상적 소망(所望)의 표상, 자기기만, 허영심에 대해서 거리를 취하는 능력으로서 그리고 "개인적 자기도취(personlicher Selbstberauschung)"[147]라는 목적에의 힘을 얻고자 노력하는 능력을 갖춰야 한다는 것이다.

    우리가 야스퍼스의 초기의 실존철학과 사귐의 철학 가운데 포함되어 있는 도덕적 표상을 후기의 정치철학에 통합해 해석할 경우, 우리는 이성으로써 공공연한 정치적 도덕으로 수용할 만한 가치가 있는 그런 고상한 태도와 행동을 다음과 같이 열거할 수 있을 것이다. 즉 자기 스스로 책임을 떠맡겠다는 근본적인 각오, 죄책이라는 한계상황에서 개인의 자기생성을 가능케 하는 태도, 정치적 경단과 공공연한 행위에서 책임 윤리적인 기본 태도(verantwortungsethische Grundhaltung)로 중심적 역할을 하는 그런 고귀한 태도, 그리고 도덕적 태도로서 삶의 진실과 인내. 이러한 도덕적인 태도는 고뇌라는 한계상황에 직면한 개인에게는 이 상황을 정신적으로 극복할 뿐만 아니라 정치적으로 행동하는 사람

---

146) M. Weber, 위의 책, S. 51.
147) 같은 책, S. 52.

들로 하여금 두각을 나타내도록 하기 위해서 본질적이다. 이렇게 함으로써 정치적으로 행동하는 사람들은 불쾌한 기분, 체념, 인간에 대한 실망과 좌절의 체험을 극복할 수 있다. 막스 베버는 여기서 말하고 있는 도덕적 기본 태도를 정치에의 소명(召命)에 대한 깊은 숙고에서 천명하고 있다.

"가령 자기의 입장으로부터 이 세계를 바라볼 때 자기가 세계에 바치려는 것이 너무나 어리석고 비열하다고 확신하는 경우에도 좌절하지 않고 모든 것에 대해서 '그러하더라도'라고 말할 수 있는 사람만이 정치를 직업으로 가진다."[148]

야스퍼스의 실존철학 및 사귐의 철학에서는, 개현됨과 사랑하는 투쟁에의 호소로부터 정치의 도덕적 개혁에 대한 상호 이해를 위해 성실히 노력함으로써 정치적 사유와 행위 속에서 다른 인간, 집단, 민족들에 대처하려는 호소가 도출된다. 따라서 세계적 규모에서 공적 관심사와 정치적 문제들을 공통으로 해결하는 데 꼭 필요한 신뢰의 기반이 창조된다. 야스퍼스의 사귐의 이상을 해석해 나가는 도상에서 우리가 자기 자신, 자기 집단, 자기 민족을 근거로 해서 정치적 기만과 은폐의 책략, 좁은 집단적 이기주의의 관점, 이데

---

148) 같은 책, S. 67.

올로기적 절대성의 요구, 적개심, 분극화(分極化)하는 해석의 도식 등에 저항하는 것은 영구적으로 가치 있는 일이다. 이러한 저항은 신뢰를 입증해 보임으로써 기꺼이 타협할 용의가 있는 정적들과 경쟁 집단을 간접적으로 지원하고 동시에 앞에서 이미 말한 바 있는 사귐을 방해하는 요인들을 제거하는 것과 마찬가지로 가치 있는 일이다.

야스퍼스가 사귐의 상대자들 간의 '수준의 동등성(Niveaugleichheit)'과 '실존적 연대성(existentieller Solidarität)'을 실존적·사적 삶의 차원으로 이해하는 것을, 우리는 — 공적인 정치적 태도의 영역으로 끌어들여지는 — 정치적으로 행위하는 사람들에 대한 다음과 같은 호소로 공식화할 수 있을 것이다. 즉 다른 인간들의 특성, 특질, 특수한 삶의 형식을 편견 없이 성실하게 받아들이고 존중하는 것, 그 인종적·언어적·문화적 이종을 무조건적으로 존중하는 것, 특히 자기 국가 권역(圈域)의 소수파에게도 적용되는 것을 존중하는 것, 자기 집단과 비교해서 그 발전 가능성 면에서 낯선 집단에도 원칙적 동등성을 무조건 시인하는 것(민족주의적 입장과 편견의 철폐), 다른 인간 집단과 민족들의 발전 기회를 개선하기 위해 사욕 없이 종사하는 것, 즉 경제적 미개발 집단과 민족들을 원조할 경우에 불손한 자선적 태도와 낮추어 보는 후견인의 태도를 취하지 않는 것, 낯선 집단의 문화적 특성을 평균화하는 문화제국주의적 경향(kulturimperialistische Tendenz)에 마주 서는 것.

이러한 도덕적 중심 사상을 고려할 경우, 그것으로 말미암아 지나치게 높은 수준의 요구가 유발되지 않을까 하는 물음이 생길 수 있을 것이다. 이처럼 도덕적으로 높여진 민주주의의 이해는 민주주의의 완전주의적 이상상(理想像)이 아닐까? 이러한 이상상은 확고한 의회 민주주의 체계에서 현실의 정치적 과정과 행위를 아주 부패하고 도덕적으로 비난받아 마땅한 정치 행태로 나타나도록 한다. 따라서 정치적 극단주의냐 아니면 [마르쿠제의 <위대한 거절(Grosser Weigerung)>의 형식에서] 전체주의적 체념이냐 하는 것만이 유일하고도 적절한 행위의 양자택일로서 남는다. 야스퍼스가 이러한 위험으로부터 벗어나려고 얼마나 많이 노력했는가는 이미 여러 번 강조했던 바와 같이, 그의 사유의 반독단적 근본 의도를 민주주의를 규제적인 중심 이념으로 이해해야만 하는 견해, 다시 말해 민주주의를 독단적으로 고정시킨 완전주의적인 이상상(理想像)으로서가 아니라 언제라도 수정이 가능하고 항상 점진적 접근만이 있을 수 있는 그러한 방위 결정의 이상으로서 이해해야만 하는 견해로 나타난다. 인간이 개인적인 자기실현만으로는 결코 완전해지지 못하는 것과 꼭 마찬가지로 인간은 사적으로나 공적으로 행위하는 도덕적 존재로서 또는 사회적·정치적 제도들을 계획하고 설정하는 지적·정치적으로 사유하는 존재로서도 결코 완전할 수 없다. 인간 본질의 원칙적 불완전성과 오류 가능성을 시인하는 것은 야스퍼스의 자유주의적 세계관 내에서 다음과 같은 결론으로 이어진다.

(a) 대체로 정치적 과격주의(politische Extremismus)로 특징지어지는 완전주의적인 이상상으로의 독단적 고정화는, 비현실적이면서도 결국은 '비인간적(unmenschlich)'으로 나타난다.

(b) 패배주의적·소극적 정치적 신조의 태도와는 대조적으로, 보다 많은 자유, 다원성, 개현성, 민주주의를 적극적으로 철저하게 지지하는 불가결성이 시사된다.

야스퍼스가 주장하는 자유주의적 세계관의 본질적인 특징들을 다렌도르프는 다음과 같이 요약·서술하고 있다.

"자유주의에서는 개인이 중요하다는, 즉 개인의 안전을 지키고 개인의 가능성들을 계발시키고 그 삶의 기회가 중요함을 확신하는 것이 도덕적이다. 집단, 조직, 제도는 자기목적이 아니고 개인의 발전이라는 목적을 위한 수단이다. 그러나 그때마다의 회답이 올바르고 또 언제나 올바른지 어떤지 하는 것에 대해서 적어도 약간의 확실성도 존재하지 않는다는 인식론적 가정의 맥락에서 비로소 자유주의자의 개인주의는 그 의미를 획득한다. 우리는 원칙적인 불확실성의 지평 가운데 살고 있다. 절대적인 것에 대한 이 같은 회의는 모든 시점에서 다른 해답과 시간을 초월해 언제나 새로운 해답을 주는 것을 허용하는 상황들에 응하는 요구, 즉 열린 사회(offene Gesellschaft)에의 요구로 이끌어 간다. 자유주의자가 가지는 언론의 자유에 대한 관심, 그러나 변화를 원리까지 끌어올리는 정치적 제도들에 대한 관심, 이러한 의미에서 민주주의에 대한 자유주의자의 관심은 여기에 그 근거를 가지고 있다."149)

야스퍼스의 자유민주주의적 세계관에서는 그가 사유해 가는 과정에서 현저하게 변화해 버린 하나의 표상이 언급되어야만 한다. 그것은 정치적 지도자의 이념이고 또 민족이라는 대중에 대한 모범적 인격으로서 신뢰에 의해 받아들여진 권위면서 중요한 교육 기능을 실행해야 하는 합리적 개인의 이념이다. 1931년에 나온 ≪시대의 정신적 상황≫이라는 저서에서 지도자의 사상은 '기술적인 대중의 질서(technische Massenordnung)'와 '장치(裝置)의 지배

---

149) R. Dahrendorf, ≪Lebenschancen. Anläufe zur sozialen und politischen Theorie≫, Frankfurt 1979, S. 134f.

(Herschaft des Apparats)'에 대한 비판과의 긴밀한 결합 가운데 존재하고 있다. 이 지도자의 사상은 기술화된 대중사회에서의 익명화와 수평화의 추세(Anonymisierung und Nivellierungstndenz)에 대립하는 원리로서 그 기능을 발휘한다. 이러한 지도자의 사상은 '예외자(Ausnahme)'의 인격 및 막스 베버의 카리스마적 지도자(charismatischen Führertum)의 이념에 대한 낭만적 표상을 좇아서 위험한 정치적 결정의 횡포와 국가사회주의 말기의 지도자 신화에 기여하는 데 지극히 유용했던 방법으로 주장되고 있다.150) 그래서 "새로운 창조냐, 그렇지 않으면 몰락이냐가 문제되는 현존재 질서의 전환점에 직면해 자기의 근원으로부터 대중과 이반(離反)하는 한이 있더라도 관건을 움켜잡을 수 있는 인간이 결정적이다"(GSZ 51)라는 것이 문제다. 나치 독재와 나치 지도자의 이데올로기에서 책임 의식적·카리스마적 지도자 이념의 남용에 의한 경험에 따르면 이러한 지도자 사상은, 야스퍼스에게서 변화된 형식으로 도덕적 모범 및 민족의 교육자로서 민주주의 가운데서 작용해야 하는 '이성

---

150) ≪Zur Kritik an dieser Idee bei Jaspers≫, Schneiders 1967, S. 135 ; H. Poepe, S. 16f ; Hager-Schneider, S. 220f 참조.

적 정치가(vernüftiger Staatsmann)'라는 이념 속에서 다시 나타나고 있다.

"민주주의적 타입의 정치적 지도자의 인격성은 독재자가 아니다. 민주주의적 지도자는 오히려 언제라도 시민으로서 만족할 뿐이고 설득적이지만 명령적이지 않고 그렇다고 해서 카리스마적 위상은 더더욱 아닌 국가의 제일인자다."(ABR 190)

이성적 정치가는 단순한 권력정치가나 이해(利害)를 추구하는 정치가와는 달리 도덕적 정치적 전향을 위해 중요한 선구자 역할을 수행하는 '이성적인 사람들의 공동체(Gemeinschaft der Vernünftigen)'의 엘리트 대표로서 나타난다. 야스퍼스는 초기의 지도자 사상과 비교해서 이성적 정치가의 구상에서는 결정주의적 요인을 현저하게 제한하고 있다. 그는 이 같은 인격성에 의한 사유와 행위를 이성 개념 및 정치적 도덕에 결부시킬 뿐만 아니라 더 나아가서는 모든 정치적 행위가 공개적으로 밝혀지고 지속적으로 통제되면서 비판적으로 논의되어야 한다고 강조하고 있다.

철학과 과학

 야스퍼스의 과학 이해는, 야스퍼스가 철학자로 활동하기 이전에 과학자였기 때문에 여기서 논구되는 것은 아니다. 야스퍼스의 과학 이해가 철학을 이해하는 데 필요한 체계적 입장을 제공할 만한 가치가 있고 또 그가 거의 모든 저서에서 철학과 과학 사이의 경계 문제에 전념하고 있기 때문에 여기서 논구되고 있다. 야스퍼스가 볼 때 과학은 인간의 경험적 현존재가 속하는 인식 가능한 것의 세계를 탐구하는 사명을 가지고 있다. 과학은 자연 내의 여러 가지 현상과 작용 연관, 그리고 인간의 여러 가지 행위, 언명, 사상 및 '사상의 가능성'까지도 연구한다. '세계 내에 나타나는 것'과 경험적·합리적 사유에 의해 접근할 수 있는 일체의 것이 과학의 대상 영역에 속한다.(UZG 112 참조) 비록 야스퍼스가 자기 사유의 발전 과정에서 그 과학 이해를 약간 수정했다고 하더라도 본질적 특징에서는 애초의 과학 이해 그대로다. 그는 과학이 객관적이고 보편타당하며 인간에게 고도의 확실성과 확신을 주는 '강제적·대상적 지(zwingendes gegenständliches Wissen)'를 포함한다는 견해를 표명하고 있다. 그래서 그는 예를 들면 과학이 전달하는 '강제적 확실성(zwingende Gewissheit)' 및 하나의 '확고한 근거(fester Halt)'에 대해서 말하기도 하고 또는 구상적(具象的)으로 과학의 회의주의에 대해서 방어할 가치가 있는 과학들의 '단호한 현실성'에 대해서 말하기도 한다. 과학적 인식의 신뢰성과 확실성은 ≪일반 정신병리학≫의 개정판에서 다음과 같은 정의로 요약되는 기준에 의해 보증되고 있다.

"과학은 보편타당한 강제적 인식이다. 과학은 의식적이며 누구에 의해서도 확인할 수 있는 방법에 의해서 기초 지어져 있고, 언제나 하나하나의 대상에 관계하고 있다. 과학이 하나의 결과를 가지고 온다면 이 결과는 실제로 유행적으로 채용되는 것으로서뿐 아니라 일반적·지속적으로 그 가치가 인정된다. 과학적으로 인식된다는 것은 사상(事象) 일반을 이해할 수 있는 오성이 강제적 올바름을 멀리할 수 없는 것으로 제시하기도 하고 입증해 보이기도 한다는 것이다. … 과학은 어떤 길을 위해서도 과학의 일반적 기준들, 즉 보편타당성, 강제적 통찰(증명 가능성), 방법적인 명석성, 의미심장한 논의 가능성 등을 준비하고 요구한다."(AP 642)

야스퍼스가 근대 과학 기술과 대결하는 (≪일반 정신병리학≫ 이외의) 다른 한 저서에서 과학의 세 가지 '불가결한 특징'이라고 부르는 것은 "방법적 인식, 강제적 확실성, 보편타당성" 등이다.(UZG 111)

좁혀진 과학 개념

야스퍼스가 과학적 인식의 보편타당성과 '강제적' 성격에 대해서 말하고 있는 것과 같은 성질과 방식, 그리고 그가 주관적 평가로부터 벗어나서 가능한 한 '순수 과학(reine Wissenschaft)'을 지지하고 있다는 사정은, 야스퍼스의 논의에서는 그의 과학 이해가 너무나 편협하고 일면적으로 자연과학의 인식 이상으로 방향 지어지고 있다는 이론(異論)을 야기하기도 했다. 그래서 예를 들면 볼노는 정신과학 방법론의 시야로부터, 야스퍼스가 정신과학의 방법적 요건들과 일치하지 않는 실증주의적 지의 개념으로부터 출발한다고 비난하고 있다.[151] 새로운 논의에서는 자너가 제기하는 이와 유사한 이론(異論)이 엿보이기도 한다. 자너가 생각하는 바에 의하면 야스퍼스는 초기에 고전물리학의 이상을 지향하는 엄밀한 과학 개념을 차지하고 있었다는 것이다. 야스퍼스는 이러한 과학 개념을 "후기에도 역시 포기하려고 하지 않았다. 그 때문에 야스퍼스는 과학 일반으로 규정되었던 많은 것을 노령이 되어서까지도 과학으로 받아들이지

---

151) Bollnow(1938/1939), S. 196ff 참조.

않았다."152) 이러한 비판은 야스퍼스가 아직 정신병리학자 및 심리학자였던 시기에 자연과학의 실험적·인과적 설명방법에 의해 제한되는 단순한 과학 개념에 반대해서 정신과학에 기초한 현상학적·기술적(記述的) 방법 및 요해적(了解的) 방법의 성향을 정신병리학과 심리학에 통합하려 했다는 것에 주의를 기울일 때 곧바로 비상한 것으로 드러나고 있다.

과학의 기준

실증주의에 직면해 야스퍼스가 자기의 과학 이해로서 진술하고 있는 기준들을 음미한다면 방법적 명석성이라는 기준 아래에 원칙적으로 어느 누구에게서도 식별할 수 있고 확인할 수 있어야 한다는 과학의 방법적 표준이 필요해진다는 것이 명백하다. 왜냐하면 과학적 언명과 가설에 의한 명석성과 간주관성(Intersubjektivität)만이 이러한 기준을 그 논리적 정당성과 경험적 진리의 가치에 근거해서 음미할 수 있게 하기 때문이다.

---

152) Saner(1970), S. 70. 이러한 이론(異論)에 대해서는 콜리우스(collius)의 책 12쪽 참조 요망.

인식에 관한 이것 이외의 과학성(Wissenschaftlichkeit)의 기준은 보편타당성이다. 이러한 기준에 관한 야스퍼스의 견해에서는 가치 자유(Wertfreiheit)의 사상이 하나의 중심적 입장의 가치를 가지고 있다. 야스퍼스는 우리가 보편적인 것과 보편타당적인 것으로서의 대상적인 것을 흐리게 하는 '모든 충동'을 억제함으로써 '객관적 지'를 얻을 수 있다고 생각하고 있다.

"이 방법적 자기제한은 사상 그 자체에 대해서 일체의 가치 판단이나 평가를 하지 않고 시선을 돌리려는 요구 속에서 나타나고 있다."(I 166)

이와 동시에 야스퍼스에게서 과학적 인식의 보편타당성과 객관성이라는 결정적 관점은 막스 베버가 다음과 같이 이미 잘 알려진 명제로 요약하고 있는 과학 강령의 기초 위에서 공식화했던 것처럼 가치 자유의 원리에 따르는 데 있다.

"경험과학은 무엇을 해야 하는가를 누구에게도 가르쳐 줄 수 없고 오히려 무엇을 할 수 있고 - 사정에 따라서 - 무엇을 하고자 하는가를 가르칠 수 있을 뿐이다."[153]

---

153) M. Weber, ≪Die "Objektivität" sozialwissenschaftlicher und

영국의 계몽주의 철학자 데이비드 흄에게까지 소급하는 논리적 통찰, 즉 가치의 언명과 동시에 도덕적·정치적·세계관적 결단도 논리적 필연성을 가진 이론적 사실 인식으로부터는 이끌어 낼 수 없다는 논리적 통찰은 이러한 과학 이해에 기초하고 있다. 논리적 추론의 결론에서는 하나의 규범적 언명이 발견되고, 전제에서는 하나의 규범적 요소가 부여되고 있을 필요가 있고, 그렇지 않다면 결론은 논리적으로 부정확하다. 이것은 우리가 가치의 입장을 순전히 이론적으로 또 과학적인 사실 인식에 의해서 기초 지을 수 있는 것이 아니고 오히려 가치의 입장이 항상 비논리적·비합리주의적 구성 요소를 포함하고 있음을 의미한다. 이러한 이유에서 베버는 "자기 자신을 가차 없이 명백하게 하는 것, 다시 말해서 과학자들이 그때마다 완성한 연구 결과에서 무엇이 순전히 논리적으로 해명되고 아니면 무엇이 순전히 경험적으로 사실 확인되고 그리고 무엇이 실제적으로 가치 평가되고 있는지"[154]를, 모든 과학자들을 위한 지적 성실성의

---

sozialpolitischer Erkenntnis≫ In : 같은 저자, ≪Gesammelte Aufsätze zur Wissenschaftslehre≫, Tübingen 1968, S. 151.

154) M. Weber, ≪Der Sinn der "Wertfreiheit" der soziologischen und ökonomischen Wissenschaften≫ In : 같은 저자, ≪Gesammelte

계명(Ein Gebot der intellektuellen Redlichkeit)으로 간주한다.

통틀어서 말한다면 과학에서 가치의 자유가 요구되는 베버의 원리에 관한 유치하고 실증주의적으로 그릇된 해석과는 대조적으로, 가치의 관점이 다양한 방법으로 과학적 사유의 과정에 관계하는 것을 야스퍼스는 충분히 알고 있다. 즉 야스퍼스는 과학적 연구 대상이 문제와 제재(題材)들을 선택할 경우나 응용 방법들을 선택할 경우에 그러하다는 것을 충분히 알고 있다. 가치들을 과학적 탐구 대상으로 삼는 것을 가치 자유의 원리가 결코 금지할 수 없다는 것은 야스퍼스에게도 마찬가지로 확실히 보인다. 야스퍼스가 그의 베버관(觀)에서 비교적 적절히 묘사하고 있는 가치 자유의 원리의 재공식화를 요구한다면, 즉 '인식하는 행위에의 길(Wegzum Erkennen)'이 아니라 오히려 '인식 행위(Erkenntakt)'(E 6f)가 주관적 감정의 동기로부터 자유롭고 이러한 자유로부터 결과로 나타나는 평가가 되어야 함을 요구한다면, 우리는 새로운 과학 이론적 논의의 수준에서 과학적 인식의 발생 연관(물론 이용 연관 또는 작용 연관)에 관계

Aufsätze zur Wissenschaftslehre》, S. 990.

하는 것이 아니라 원인·이유의 연관 내지 음미의 연관에 관계하고 있다고 말할 수 있을 것이다. 과학적 탐구 과정에서 대상들, 생기(生起), 작용 연관(Wirkungszusammenhang)에 대한 가능한 한 적절한 관찰과 분석, 그리고 해석 가설(Deutungshypothese)의 논리적 관계와 문제된다면, 또는 가설이 논리적·경험적 방법의 진리 가치에 의해서 검증된다면 과학적 사유 노력의 결과를 회복하는 그러한 주관적 이해(利害)에 제약된 도덕적·정치적·세계관적 평가 방법은 가능한 한 배제되어야 한다.155)

우리의 문맥에서 가치 자유의 원리에 대한 가장 중요한 해석의 악센트는, 과학의 사실상의 가치 자유를 주장하는 것이 결코 중요한 문제가 아니라는 - 이 경우에 아주 중요한 것은 요청과 접근의 이상이라는 - 통찰에 있다.156) 이러한 오해에 대해서 베버는 가끔 저항했지만 소용없었다. 비

---

155) Jaspers/Max Weber, S. 35 참조.
156) H. Albert/E. Topitsch, ≪Werturteilsstreit≫, Darmstadt 1971 ; meinen Aufsatz : <Wertfreiheit und Sozialwissenschaft> In : Politische Studien 25, 1974, S. 481~486 ; K. Acham, ≪Philosophie der Sozialwissenschaften≫, Freiburg/München 1983, S. 125ff, 255ff 참조.

록 인문과학에서, 특히 정신과학과 사회과학에서 – 인간의 이론적(합리적) 동기와 실천적(감정적 가치 평가적) 동기가 결코 서로 깨끗이 경계 지어지지 못하기 때문에 – 완전한 가치 자유의 의미에서의 순수한 과학은 전혀 존재하지 않고 아마 장래에도 존재하지 못한다 하더라도 이것은 그의 언명(무엇보다도 특히 세계관적으로 논의의 여지가 없는 문제에 관한 언명)에 의해서 정당의 이해에 의해 조종된 모든 자의적(恣意的)·주관적 견해보다도 적어도 점차 객관적이고 보편타당하고자 하는 과학적 사유에서의 가치 자유의 요청이 불가결함을 전혀 변화시키지 못한다.

야스퍼스에 관해서 말하자면 우리는 이 점에서 과학과 가치 평가의 관계에 관한 그의 섬세한 확인에도 불구하고 그가 접근의 이상으로서 가치 자유의 원리의 역할에 충분히 주의를 기울이지 않고 있다는 인상을 받는다. 그는 마치 가치 자유의 원리를 실제로 실현하는 것이 과학성에서의 불가결한 조건인 것 같은 인상을 자주 불러일으키고 있고, 따라서 사실 그 이후 결국 가치 자유의 인식과 언명의 연관은 단지 과학적인 것으로서만 간주되고 있다. 이 환원주의적 성향은 그가 보편타당성의 기준이라는 자기 견해 속에서 가치 자유의 이념을 칸트의 인식론적 표상과 융합하기 때문에 성립하고 있다. 이미 언급했던 것과 같이 야스퍼스는 사유하는 의식 속에 인식 대상이 주어지고 있는 것이 아니고 사유하는 자아에 의해서 비로소 인식 대상이 구성된다는 이해를 칸트로부터 계승하고 있다.(W 236 참조) 이러한 칸트의 가정은 주지하는 바와 같이 인식의 객관성과 보편타당성을 배척하지 않는다. 이와는 반대로 경험이 인식하는 주관에 의해 구성되기 때문에 칸트는 경험의 보편타당성을 보증하고 있고 더욱이 모든 인식하고 있는 주관이 그 개인적·주관적인 특수성으로부터 독립해 칸트 및 다른 사람들이 '인식 일반'이라는 개념에 의해 지시하고 있는 공통의 형식적 인식의 전제를 가지고 있다는 바로 그 이유 때문에 그렇게 보고 있다.[157]

칸트의 인식론적 구상과 베버의 과학 방법론적 구상을 결합시킴으로써 야스퍼스는 인식 주관의 공통된 형식적 사유 구조와 가치 자유에 기초해서 '강제적인 지(知)의 가능성 (zwingende Wissbarkeit)' 또는 '강제적인 확실성 (zwingende Gewissheit)'이 과학적 인식에 귀속한다는 견해에 이르고 있다.

---

[157] I. Kant, ≪Prolegomena zu einer Künftihen Metaphysik, die als Wissenschaft wird auftreten können≫ Hamburg 1965, S. 61f 참조.

"내가 강제적으로 확실하게 아는 것만을 나는 과학적으로 안다."(UZG 83)

이러한 표현 방법을 슈테그뮐러는 다음과 같이 정당하게 비판하고 있다.

"'강제적으로 알 수 있다'는 표현은 과학적 사유의 특성화를 위해서 가장 부적당하게 골라진 것이다. 왜냐하면 이 표현은 첫째로 과학에서는 거의 알려지지 않고 있고 단지 가설적으로만 받아들여지고 있고, 둘째로 이 공식화는 사상을 시사하고 있고 지에서 일종의 '사유의 강제(Denkzwang)', 즉 진리 속에서 지가 지양되는 그러한 방식이 문제가 되기 때문이다."158)

비록 야스퍼스가 과학은 원칙적으로 미완성적이고 미완결적이며, 어떤 과학 분야도 단순히 단편적인 현실과 과학적 인식의 전제들이나 기초가 되고 있는 공리에 대해서 상대적으로 파악할 뿐이라고 여러 번 주장하고 있다고 하더라도 그는 '순수한 과학'과 과학적 인식의 '강제적' 성격에 대한 발언에 의해서 과학이 모든 사유하는 인간에게 동일한 의미에서

---

158) W. Stegmüller, ≪Metaphysik, Skepsis, Wissenschaft≫ 2. verb. Aufl. Berlin 1969, S. 214f. ≪Zur Kritik an Jaspers'verengtem Wissensbegriff≫, S. 108f 참조.

보편타당하고 그 때문에 모든 인간에게 실제로 시인되는 순수하고 확실한 지(知)의 규준에 의해서 성립한다는 인상을 주고 있다. 수학과 논리학이라는 가장 오래전에 규정된 형식과학의 특징을 가장 정당하게 평가하는 과학에 대한 이 같은 표상이 이미 경험과학에 관해서는 적합하지 않다는 것은, 이 과학에서 점차 상이하게 확인되기도 하고 또 확증되기도 하는 가설적 지만이 존재할 뿐이라는 숙고를 나타내고 있다. 우리가 과학적 가설과 이론의 검증 및 기초 짓기에 관해서 논리적 경험론자와 같이 검증주의(Verifikationismus)나 (카를 포퍼에 따르면) 위조주의(僞造主義, Falsifikationismus)를 주장할 수 있는지 어떤지는[159] 별도로 하고 우리는 과학적 언명 연관과 논증 연관(wissenschaftliche Aussage und Argumentationszusammenhänge) 가운데서 일시적 진리가치만이 상응하는 하나의 지와 끊임없이 관계해야 한다. 지극히 잘 확인['검증(verifiziert)']되는 고도의 개연성을 가지는 (또는 지금까지의 수많은 위조 시도에도 자신을 지탱

---

[159] R. Carnap, ≪The Logicalfoundations of Probability≫, Chicago 1962 ; C. G. Hempel, ≪Aspects of Scientific Explanations and Other Essays in the Philosophy of Science≫, New York 1965, S. 51ff ; K. Popper, ≪Logik derforschung≫ 2. erw. Aufl. Tübingen 1966.

해 왔기 때문에 지극히 잘 검증된) 법칙학적(nomologisch) 가설 및 이론과 나란히 거의 잘 확인되지 않은 (또는 검증되지 않은) 다른 많은 가설이 존재할 것이다. 과학적 인식의 확인(또는 검증)에서 이러한 본질적·단계적 차이는 야스퍼스의 과학 이해의 경우 그가 모든 과학적 지에 예외 없이 강제적 확실성이라는 성격을 인정할 때 시계(視界)로부터 사라진다.

다음과 같은 확인이 보여 주는 바와 같이 야스퍼스는 자신의 과학 개념의 협의의 성질을 아주 명료하게 만들었다. 그러나 그는 과학과 철학 사이를 가능한 한 엄밀히 경계 짓기 위해 의식적으로 이러한 성질을 지켜 나갔다.

"만일 우리가 과학을 모든 오성에게 강제적으로 인식 가능한 것, 그리고 그 때문에 사실상 일반적으로 유포되고 시인된 것이라고 말한다면 과학은 결코 철학도 아니고 신학도 아니다. 이와 반대로 과학이 방법적으로 행하는 모든 사유를 의미하고 하나의 체계적 성격을 획득하려고 시도하고 사유의 도상에서 오성의 합리적 수단조차 사용할 때에는 다른 것이 된다는 오늘날의 과학 개념을, 옛날의 이 개념 사용과 대비해서 명료하고 일정한 협의의 의미에서 받아들이고 두 가지 인식 방법 사이의 경계를 은폐하는 것을 초기 단계에서 명백하게 밝히는 것을 실제로 중요하고 올바르며 당연한 것으로 간주했다. 이것은 무엇보다도 특히 전문 지식과 신앙 인식의 차이로 간주하는 것이다."(Ent 132ff)

철학과 과학의 상호 관계

≪순수이성 비판≫의 제2판 서문에 기초해 칸트의 잘 알려진 언설(言說)을 변형한 진술에서 야스퍼스는 철학적 사유에게 자리를 양보하기 위해 지의 가능성과 과학의 도달 범위를 제한했다고 말할 수 있다. 그는 인간의 실존과 자유의 차원을 올바르게 평가하는 권한을 이러한 철학적 사유에게만 부여하고 있다. 철학과 과학을 가능한 한 명확하게 서로 경계 짓는 데에 야스퍼스는 철학과 과학 사이의 다양한 상호 관계에 주의를 환기시키고 있다. 그러므로 철학은 실로 순수 과학으로서는 어찌할 도리가 없는 것, 즉 과학적 사유의 원칙적 한계 짓기를 의식하게 하고 또 과학에 의해서 매개되는 강제적 확실성과 확신을 상대화하지 않으면 안 된다. 철학이 과학의 원칙적 한계를 지적함으로써 과학과 관계하는 철학의 고유한 과제들이 눈앞에 분명히 나타난다.

철학은 '무제약적 지식욕(unbedingtes Wissenwollen)'이라는 충동으로서의 과학 가운데서 한 가지 역할을 수행하고 있다. '근원적 호기심(ursprüngliche Neugier)', 놀라움(Staunen)은 모든 구체적인 과학적 연구에 선행하는 철학의 원동력이고, 모든 유용성과 목적에의 숙고를 초월해서 과학적 사유의 중요한 동기를 형성하고 있다.(Einf 16f 참조)

통일적·과학적 세계상이 '과학의 미신(Wissenschaftaberglaube)'의 여러 가지 형식 속에 다시금 나타나는 것처럼 철학은 그러한 상이 생겨나는 것을 저지하는 사명을 가지고 있다. 칸트와 베버에 관련해 야스퍼스는 근대 과학의 장점은 근대 과학이 그리스인의 우주론 사상의 기초를 이루었던 전체적·폐쇄적 세계상을 포기한 데 있다고 생각한다.(II 54, Ent 33 참조)

철학은 가치의 관점과 과학적 사실 인식의 혼동과 싸우고 또 과학의 의미 부여가 순수한 과학적 수단에 의해서는 이루어질 수 없음을 분명히 한다.

"과학적 인식은 삶을 위해 어떠한 목표도 줄 수 없다. 과학은 자기 자신에 대해서 분명해질수록 더욱더 결정적으로 과학 자신이 도달하기 어려운 다른 근원을, 즉 우리의 자유를 지시한다. 과학은 자기 자신의 의미에 대한 물음에 관해서는 어떤 해답도 줄 수가 없다. 과학의 존재 당위성은 과학적으로는 증명할 수 없는 하나의 근원적 지식욕에 의존하고 있다."(RAu 67)

철학은 가치와 의미의 물음에 관해서는 과학에 대한 하나의 지도적 임무를 가지고 있다. 과학적 연구의 가치 있는 목표, 과학이 인간 생활과 사회 속에서 인정하고 있는 과학의 의미와 목적, 과학의 윤리적 문제, 정치에 대한 과학의 관계 등은 과학이 답할 수 있는 문제가 아니고, 오히려 철학이 답하는 권한을 가진 문제다.

철학은 인식론과 과학 이론의 과제를 실현함으로써 과학에 대해서 메타 학문(Metadisziplin)으로서 작용한다. 철학은 과학의 구조, 한계, 전제에 관해서 성찰을 시도한다. 물론 이 경우에 야스퍼스가 과학적·논리적 통찰을 근원적 문제로 삼지 않고 있음을 잊어서는 안 된다. 그의 절박한 목표는 존재 의식의 각성에 있고 이러한 의식의 기초에서 본래적 자기존재, 실존적 자유, 초월자 등의 가능성이 인식된다. 과학의 전제들과 한계들을 반성한다는 것은 야스퍼스에게는 강제적으로 알 수 있는 것에 과학을 한정하는 것과 마찬가지로 인간의 본래성과 자유라는 차원을 객관화하는 과학적 사유에 의해서 규제하기도 하고 수평화 하는 것으로부터 지키지 않으면 안 된다는 자유주의적 표상에 봉사하는 데 있다. 이 때문에 그는 또한 "… 강력하고 의식적인 실존이 가장 결정적으로 강제적인 것으로서의 과학의 순수성을 향해서 나아가고 있다"(I 135)고 강조하고 있다. 이와 동시에 그것과는 대조적으로 실존적 차원의 고유 가치가 그만큼 한층 명료해진다.

철학과 과학의 관계에 대한 야스퍼스의 이해에서 특히 중요한 것은 연구 활동 목표의 방향을 정하는 것과 과학의 의미를 부여하는 것이 문제일 때는 과학이 철학의 도움을 필요로 할 뿐만 아니라 철학이 그 본래의 과제를 의식하기 위해서는 과학을 필요로 한다는 점이다. 과학적 인식의 흔적을 이해한다는 것은 과학이 더 이상 이룰 수 없는 것과 철학의 과제가 시작하는 곳을 과학의 한계로 보기 위한 불가결한 전제로서 나타난다. 그러기 때문에 철학자는 전문 과학에 잘 단련되어 있어야 하고 "언제나 과학적 인식과 관계하면서 살아가지"[160] 않으면 안 된다. 이러한 입장으로부터 야스퍼스는 경험적 합리적 사유 양식을 다른 실존철학자들(예를 들면 에브너와 부분적으로 키르케고르)과도 같이 결코 경시하지 않는다. 다른 실존철학자들은 야스퍼스에게 처음부터 인간의 실존적 본래성과 관련해 소외와 구상(具象化)의 기능을 사유하도록 영향을 미치고 있다. 이러한 영향을 받는 가운데 야스퍼스는 실존적 본래성에 합치하는 주체적

---

[160] Jaspers, <Philosophie und Wissenschaft> In: 같은 저자, ≪über Bedingungen und Möglichkeiten eines neuen Humanismus≫, Drei Vorträge. Mit einem Nachwort von K. Rossmann. Stuttgart 1951, S. 14.

실존적 사유를 소외와 구상화의 기능에 대립시키고 있다. 야스퍼스에게 "실재의 엄격함(Härte des Realen)"과 과학의 강제성을 항상 새로이 관통하는 것은 실존적 철학함과 본래적 자기존재 및 자유의 차원으로 비약하기 위한 불가결한 조건이 되고 있다.

철학과 종교

 야스퍼스에게는 철학의 특수한 성격과 독자적인 '근원'을 끊임없이 새롭게 인식하기 위해서 영속적인 성찰 과정 속에서 과학뿐만 아니라 종교와도 논쟁하는 것이 철학자의 불가결한 과제다. 이 경우에 철학과 종교 사이에는 단절된 대립이 존재하고 있고 동일한 인간이 철학자면서 동시에 종교적 신앙자가 된다는 것이 결코 적절할 수 없다는 전제로부터 출발하고 있다.

 "긴장은 종교에 대해서 절대적이다. 즉 본래적인 신자는 신학자가 될 수 있지만, 자기붕괴 없이는 신자가 될 수 없다."(I 294)

 키르케고르에 대한 일체의 가치 평가에도 불구하고 결국 야스퍼스가 키르케고르와 불일치하고 있다고 생각하는 이 근본 확신은 그의 철학 이해와 자유주의적 인간상을 구성하는 본질적 요소다.(GIO 515ff) 그러나 종교로부터 거리를 두고 경계선을 긋는다는 것은 이런저런 확인에 기초해서 나타날 수 있는 것과 같이 언제나 명백한 것은 아니다.

종교 비판과 종교의 철학적 내실

야스퍼스는 종교와 철학 사이에 다음과 같은 본질적 차이를 보고 있다. 요컨대 종교는 필연적으로 예배와 신앙 공동체와 결합해 있고 신화로부터 분리될 수 없다.

"세속적이거나 신성하지 못한 것으로부터 경계 지어진 것으로서 신성한 것, 즉 세계 내에 나타난 신성한 것의 형태를 가지는 초월자와 인간 사이의 현실적 관계가 종교에 속한다. 이러한 관계가 이미 현존하지 않거나 거부될 때 종교의 고유한 것이 소실된다."(GI 62)

이와 반대로 철학은 예배나 성직자에 의해 인도되는 공동체에 대해 알지 못하고 "… 세계 내에서 다른 세계 현존재로부터 구별된 신성한 것도 알지 못한다. 종교가 특정한 장소에 한정시키는 것이 철학에서는 도처에서 그리고 언제나 현존할 수 있다. 철학은 사회학적으로 현실적이지 않은 자유로운 관계에서, 요컨대 공동체의 보증도 없이 개인에게서 생긴다. 철학에는 의식도 없고 근원적으로 현실적인 신화도 없다. 철학은 자유로운 전통 안에서 그때마다 변화되면서 습득된다. 철학은 인간에게 속하는 것이지만, 어디까지나 개인의 문제다."(GI 62)

세계 내에서 나타나는 신성한 것의 형태 아래에 종교적 신앙은 신의 육화(肉化) 또는 계시의 표상으로 생각되며, 따라서 이 표상에 의해서 이러한 종교적 신앙은 그 정당성의 승인과 진리의 보증을 경험한다.

야스퍼스는 그가 그리스도교의 예에서 논구하고 있는 신의 육화와 계시의 사상에 대해서, 즉 종교에서는 음미할 수 없는 절대적 권위에 대해서, 첫째로 이성의 부인이나 자유의 포기를 보고 있는 계몽주의적, 종교 비판적 사유 전통에 존재하는 일련의 논거를 제시하고 있다. 하나의 주된 이의(異議)는 야스퍼스의 자유주의적인 인격성과 다원성의 이상에 현저하게 대립하는 종교적 신앙 진리에 의한 절대성과 배타성의 요구를 겨냥하고 있다.

세계관이나 이데올로기를 비판하는 새로운 연구가 분명히 한 바와 같이[161] 신앙의 진리가 배타적이고 절대적인 효력을 요구함으로써 흑백논리, 이것이냐 저것이냐의 입장, 적과 동지 나누기에서 표현되는 사회적 현실에서의 이분법

---

161) E. Topitsch, ≪Philosophie-Mythos-Politik≫, ≪Zur Naturgeschichte der Illusion≫, Freiburg 1969 ; W. Kaufmann, <Black and Whie> In : <A Journal of Soviet and East European Studies>(survey), 1973(1969), S. 22~46 ; 나의 저서, ≪Ideologie-Wissenschaft-Politik, Sozialphilosophische Studien≫, Graz/Köln 1975, S. 28 참조.

화 및 분극화 경향이 나타나고 있다.(GI 72 참조) 야스퍼스에 따르면 종교적 진리에 의한 절대성이나 배타성의 요구와 전체주의적 함의(含意) 및 결론이 결합되어 있다는 것은 확실하다. 그러나 이러한 요구에 가능한 한 모든 인간을 '유일한 참된' 신앙과 결부된 구원의 길에 관여시킨다는 '높은' 도덕적 목표 아래 신앙이 다른 자와 비신자의 전도를 권한다면, 이것은 구원의 진리에 대한 '맹목'에 의해 일시적으로 일어나는 그들의 저항에 거역하는 것이다.

야스퍼스의 종교 비판의 언설은 그것이 단순히 성직자와 교회 제도에 의한 권력 요구와 정치적 목표를 추구하기 위해 계시 신앙(Offenbarungsglauben)을 남용하는 것은 아니라는 인상을 일괄해서 전달하고 있다. 이 언설은 계시의 진리에 대한 고지(告知)를 넘어서 다른 인간에 대해 검증할 수 없는 인식의 독점을 요구할 수 있는 원칙적 가능성으로 향하고 있다.

"신으로부터 우리에게 증여되었고 신의 숨어 있음을 통해서 부단히 확인된 자유를 위해 우리는 신의 계시로서의 검증 불가능한 진리를 나에게 요구하기 위해, 즉 우리가 반론하는 것 없이 신앙에의 복종을 요구하기 위해 한 사람의 인간을 괴롭히는 것을 허용해야만 한다."(Ent 110)

야스퍼스는 신학자에 의해 도입된 — 신으로부터 유래하

는 계시의 내용과 영원히 불변하는 계시의 내용 간의 − 구별, 그리고 변화하는 신학적 해석에 의해서 이루어지는 신의 계시의 해석들 간의 구별이 결국은 하나의 외관상의 구별만을 나타낼 뿐이라는 이의를 제기하고 있다. 더욱이 그는 이제 계시와 해석을 결코 정확하게 확인할 수 없다는 바로 그 이유 때문에 그러한 이의를 제기하고 있다. 신앙 내용은 실질적으로 언표되고 고지되는 경우에 직접 전달되자마자 곧 항상 인간의 여러 시계(視界)를 통해서 각인되고 명확한 해석의 관점으로부터 일방적으로 확정된다.

계시 종교에 대한 야스퍼스의 부정적 평가에서 이러한 숙고는 이미 그의 합리주의 비판과 세계상의 용기에 대한 비판에서 특징적이었던 하나의 중심적 역할을 연출하고 있다. 환하게 밝혀진 객관적 신앙 내용에 관한 종교가 신앙 확신과 실제의 행동 확신을 전달해 준다면 인간이 자신의 역동적 충동과 다산적(多產的) 회의를 박탈해 끊임없이 새롭게 되는 자기 삶의 의미 부여를 위해 싸우려는 노력을 포기한다는 위험이 위협하며, 따라서 이로 말미암아 자율적인 자기이해의 가능성과 실존적 자기실현의 자유가 제한된다.

야스퍼스의 종교 비판은 가톨릭과 프로테스탄트의 저자들로부터도 일련의 반론을 유발했다. 슈나이더스는 이러한 반론의 주안점을 다음과 같이 요약하고 있다.

"가톨릭 비판은… 반은 다분히 철학적 비판이고 반은 다분히 신학적 비판이다. 철학적 비판, 즉 사실상의 토마스주의 비판은 존재론의 가능성이나 고전적 형이상학 일반을 변호하고 있다. 특히 그것은 존재의 유비(類比, analogia entis)에 관한 이설을 내놓고 있다. 신학적 비판은 계시의 가능성과 현실성을 옹호하고 있다. 이 점에서 신학적 비판은 개신교의 신학적 야스퍼스 비판(die evangelische theologische Jaspers ― Kritik)과 전적으로 일치하고 있다."[162] 로츠는 존재 인식과 유사하게도 신의 본질에 대해 긍정적인 통찰을 획득하고(예를 들면 비유나 그림에 대한) 이러한 통찰을 직접 전달할 수 있는 가능성을 반박하고 있다. 로츠는 야스퍼스에서는 전연 찾아볼 수 없는 "초범주적(超範疇的) 이성의 영역"을 존재 인식과 관련한 영역과 구별하지 않으면 안 된다고 주장하고 있다.[163]

여러 겹으로 제기되어 온 이의는 야스퍼스가 그리스도교의 계시에서 원칙적 강제성의 성격을 그릇되게 인식하고 있

---

162) Schneiders(1965), S. 215.
163) Lotz(1940), S. 72 참조.

는 논거에 기초하고 있다.

"성서와 교회의 근원적 권위는 증명하는 권위 이외의 다른 것이 아니다. 증인은 어떤 누구에게도 강제하지 못한다."[164]

그러나 야스퍼스의 자유주의적·계몽주의적 근본 확신에 의해 동기 지어진 종교 비판은 일면으로는 종교에 관한 그의 성찰을 나타내고 있고, 다른 면으로는 도그마적이지 않은 철학적 사유에 의해서 다시 의식할 만한 가치가 있는 많은 철학적 근본 진리가 종교에 기초하고 있다는 견해를 나타내고 있다. 그러므로 철학은 예를 들면 그리스도교에 관해서 말한다면 성서적 신앙이 가지고 있는 근원적인 '철학적 실체(philosophische Substanz)'를 교의적(敎義的)인 신앙 증언과 종파적 의식에 의해서 고정된 현상의 형식으로부터 해방해야만 하는 사명을 가지고 있고, 또 종파를 초월한 성서의 실존적 내용을 효력이 있도록 해야 하는 사명을 가지고 있다.(GI 79 참조) 야스퍼스는 이러한 실체로부터 미끄러져 떨어지는 것에 대해서 신인간(神人間, Gottesmensch)인 그리스도에 대한 신앙을 부여하고 있다. 이러한 신앙은 인간

---

[164] Ricoeur(1957), S. 635 ; Hammelsbeck, S. 31 참조.

예수의 삶 가운데 그 표현을 찾아보았고 그리고 어떤 누구에게도 자기 자신의 삶의 형태를 위한 중요한 추진력이 될 수 있었던 본질적·실존적 근본 진리에 대해 통찰하게끔 한다. 철학적 견지에서 본다면 예수라는 의미는 그리스도의 신성에 있는 것이 아니고, 그리스도가 이제까지의 인류 역사에서 네 사람의 "척도를 주는 인간(massgebende Menschen, 소크라테스, 불타, 공자와 더불어) 가운데 한 사람이었다는 사실에 있다. 그리스도는 인간으로서 인간 존재의 실존적 가능성들을 사랑의 에토스, 수난의 능력(Leidensfähigkeit), 수난의 진실성이라는 유일무이한 방법으로 실현했다."

"예수는 수난 가능성의 극치다. … 그러나 예수는 수난을 소극적으로 감수하지 않았다. 그는 행동했고, 그렇게 함으로써 고뇌와 죽음을 유발했다. 그의 고뇌는 우연적인 것이 아니고 진정한 좌절이다."(GrPh 207)

야스퍼스가 그리스도의 신인간(神人間)이라는 표상을 성서의 근본 진리를 왜곡한 것으로서 간주하고 있다는 사실은 그가 신의 실존을 원칙적으로 부정하고 철저한 무신론적 입장을 주장하고 있음을 의미하는 것은 아니다. 야스퍼스에게 '신은 존재한다'(GI 29)라는 명제 가운데 부적절하게 표현되어 있는 인식이 성경에 대한 철학적 신앙 내용에 속한다. 물론 그가 철학자로서 받아들일 용의가 있는 신, 숨어 있는 비대상적 신(deus absconditus)을 그는 이 때문에 대개의 경우 신이라 부르지 않고 "초월자(Transzendenz)"라고 부르고 있다. 그의 자유주의적 근본 확신에 의하면 개인의 자유를 위해서는 인격적·구상적 신의 관념도 신의 계시도 존재해서는 안 된다. 왜냐하면 이러한 관념이나 계시에 의해서, 권위 있는 신앙 내용에 관해 모든 인간이 지지할 수 없는 삶의 계획이 특정한 방향으로 지향되기도 하고 구성되기도 하기 때문이다.

자기의 자유주의적 세계관을 권위적이지 못한 철학적 신에의 이해와 결합하려는 야스퍼스의 시도는 신학적·종교철학적 논의 속에서 여러 가지 반향을 불러일으켰다. 그러므로 유명한 프로테스탄트 신학자인 카를 바르트는 야스퍼스를 최종적으로 '그리스도교 전통'의 현실적 내용을 결여한, 그러나 철학함이 "그리스도교의 교회에 가까운 인식 가능한 흔적을 지탱하고 있고, 이 점에서 이러한 흔적을 사유해서 윤곽을 만들어 왔던 그리스도교계를 지지하고 있는"[165] 종교적 철학자라고 부르고 있다. 리쾨르도 야스퍼스

---

165) K. Barth, ≪Die kirchliche Dogmatik≫ 제3권 2. Teil. Zürich 1948, S. 134·137.

의 "철학적 종교의 역설적 부상(浮上)"166)에 대해서 말하고 있다. 야스퍼스의 자유주의적이고 계몽주의적인 사유 동기의 고조된 입장의 가치를 정당하게 역설하는 그러한 저자들은, 이와는 대조적으로 그가 인간의 자유를 절대시하고 또 "자아의 주관적·실존적 본래성"을 구체화했기 때문에 그를 결코 '종교적 사상가'라고 부를 수 없다고 생각한다.167)

초월자의 개념과 암호의 형이상학

야스퍼스는 일찍이 자기의 철학적 신에의 이해를 다음과 같은 말로 전통적·종교적 신의 표상으로부터 구별하려 했다.

"우리는 신에 대항해 이야기하는 것이 아니라 신을 대변하려고 하는 인간적 요청에 대항해 이야기한다. 우리는 우리에게 무엇이 타당한 것인가를 말하지 않으면 안 된다. 즉 — 부정적으로 말한다면 — 세계 속에는 신의 어떠한 직접적 실재성도 존재하지 않는다. 다시 말하면 세계 속에서 자기를 대변하는 어떠한 법정을 통해서도 성무(聖務), 말씀, 성례전

---

166) Ricoeur(1957), S. 611.

167) H. van Oyen, <Der philosophische Glaube> In : <Theologische Zeitschrift> 14, 1958, S. 29.

(聖禮典)에 대해서 말하는 그러한 신은 존재하지 않는다. 이러한 성무에 복종하는 것이 자기에게 복종하는 것이라고 말하는 그러한 신은 존재하지 않는다 — 긍정적으로 말한다면 신은 우리를 자유와 이성의 존재로 창조했고, 그리하여 우리는 그러한 것으로서 증여되어 있고 우리 자신을 무한히 능가하고 있고 간접적으로만 말할 수밖에 없는 그러한 것으로서 — 우리 자신 속에서 우리가 찾아내는 — 하나의 법정 앞에서 자유와 이성에 대해 책임을 가지고 있다. … 신을 부정한다는 것은 신의 신앙에 대항한다는 것이 아니고 숨어 있는 신(verborgener Gott)이 계시하는 신에 대항한다는 것이다. 초월자의 현실성에 관한 철학적 의식은 계시의 실재성에 대항한다."(GIO 481)

야스퍼스의 시각에서 본다면 인간은 말하자면 미지의 신(unbekannter Gott) 또는 초월자에 대한 긴장 속에서 살아간다. 인간은 실존으로서 초월자를 체험하고 있기 때문에 신이 존재한다는 것을 확신하고 있다. 그러나 그는 초월자의 '무엇'과 '어떻게'라는 것에 대해서는 어떤 형상도 묘사할 수 없고 묘사하는 것을 허용하지도 않는다. 그러므로 초월자를 일반화하는 카테고리들에 의해서 내용 면으로부터 사유하는 모든 시도는 좌절하도록 운명 지어져 있다.[168]

여기서는 초월자의 개념과 관련해서 다음과 같은 것이

보완되면서 서술되어야 한다. 즉 야스퍼스는 '신'이라는 말과 더불어 초월자에 대한 동의어로서 '본래적 존재', '본래적 현실' 또는 '절대적 현실'과 같은 표현을 사용하고 있지만, 그러나 이러한 표현들은 처음에 논의된 그의 방법적 기본 가정에 의하면 대상화할 수 있는 존재에 대해서는 아무것도 말할 수 없고 오히려 내적 경험에 관계하고 있는 완전히 다른 존재를 간접적으로 지시해야만 하는 '암호(Chiffern)'로서만 이해되기를 바란다는 것이 바로 그것이다. 이러한 개념들은 그것들이 초월자를 내적으로 감지하지도 않고 또 초월자에 의한 실존적 당혹을 수반하지도 않았을 때에는 내용도 없고 공허하다.

이제까지 야스퍼스의 철학적인 신의 사상과의 대결에서 제기되었던 여러 가지 이의로부터 특히 여러 가지로 변형된 다음과 같은 두 가지 논거를 발견할 수 있다. 첫째 논거는 모든 종교적·유신론적 표상으로부터 거리를 두어야 한다는 야스퍼스의 요구를, 그의 저서 속에서 실제로 존재하고 있는 언설과 비교하는 것이다. 이 경우에 우리는 종교와 신학

---

168) 신(神)의 개념에 대한 해석은 J. Hersch, ≪Karl Jaspers. Eine Einführung in sein Werk≫, München 1980, S. 36 참조.

에 대해 의도적으로 거리를 두는 것이 성공하지 못하고 또 초월자 개념이 여전히 종교적·유신론적 의미를 구성하는 요소를 지시하고 있다는 결론에 도달한다. 그러므로 예를 들면 초월자에 의해서 자기가 증여되어 있다는 사상은 은총이라는 종교적 개념을 세속화 한 형식으로서 나타나 있다.[169] 종교적·유신론적 표상과의 유사성은 신 또는 초월자가 존재하는 것 일체의 "기점(基點), 담지자(擔持者), 목표 또는 근원이다"(W 691)라는 언설에 분명하게 나타나 있고 또 이 경우에 《진리론》에는 다음과 같이 쓰여 있다.

"일자(一者)의 모든 양태에 대해서 신만이 일자의 우선권을 가지고 있다. 신은 순수한 초월자이고, 그 때문에 신만이 다른 모든 포괄자를 포괄할 수 있는 참된 포괄자다."(W 702)

이러한 맥락에서는 부당하게도 플로티노스와의 유사성에 주의가 환기되지 않았다.[170] 플로티노스의 형이상학[171]

---

169) Stegmüller, S. 206·241 참조.
170) 같은 책, S. 240 ; Armbruster, S. 133 ; Bocheński, 같은 책, S. 202 참조.
171) 플로티노스(Plotinos)는 플라톤의 이원론을 일원론으로 체계화했다. 플로티노스에 의하면 이 세계는 오직 하나의 거대한 존재 계열을 이루고 있다는 것이다. 이 존재 계열의 최고 자리에 있는 것이 신(神)이라는 것이다. 이 신은 최고의 것이고 존재를 초월해 있고 존재의 피안에

에서 신성은 "참된 본래적 일자의… 모든 우연성과 합성성(合成性, Zusammengesetzheit)을 멀리 두고"[172] 있고 그리고 야스퍼스의 초월자와 같이 인식 불가능하고 무내용적이고 사유의 카테고리에 의해서는 파악될 수 없는 것이다. 초월적 '근원(Urgrund)'으로서 신성은 아직 주관과 객관의 분열 이전에 존재하고 있고 이 점에서 야스퍼스의 초월자와

있다. 신은 어떤 말로도 규정될 수 없고 설명될 수 없다. 신을 말로 규정하거나 설명하면 이미 신은 그 말에 의해 한정되거나 제한되기 때문이다. 신은 플로티노스에 의하면 일자(一者, to hen), 선(to agathon), 최고의 것(to proton)이라고 일컬어진다. 이 일자는 모든 유한한 존재를 초월해 있고 사유에 의해서도 파악되지 않는다. 이 일자에서 만물이 유출(流出)되었다. 일자에서 유출된 것 가운데 최초의 것은 이성(nous)이, 그다음으로 유출된 것은 영혼(Geis)이, 세 번째로 유출된 것은 물체(material)다. 일자에서 가까울수록 완전하면서 영원하고, 멀리 떨어져 있는 것일수록 어둡고 불완전하다. 일자는 무한하고 영원하기 때문에 일자에서 아무리 만물이 유출되어도 일자 자체에 어떤 양적 축소나 질적 변화란 없다. 일자는 영원히 그리고 무한정으로 일체를 흘려 보낸다. 흘러넘치는 것이 일자의 본질이기도 하다. 일자에서 이성, 영혼, 물체가 유출되는 과정을 플로티노스는 하강의 길이라고 말한다. 따라서 이 하강의 길에서 그 반대로 일자를 향해서 상승해 가는 사유를 하는 것이 진정한 철학함이다.

[172] ≪Plotins Schriften≫(übersetzt v. R. Harder), Leipzig 1930, S. 81.

비슷하다. 왜냐하면 이러한 초월자는 '주객 분열'을 초월해서 존재하고 있고, 이 분열을 포괄하고 있고, 규정할 수 없는 무한한 일자이기 때문이다. "그것은 그것 이외에는 아무것도 존재하지 않고 그것에 의해서 일체가 존재하기 때문에 아무것도 배척하지 않는다."(GIO 214)

야스퍼스의 철학적인 신의 사상이 자주 비판되는 제2의 논거는 이 사상의 불확정성과 불명료성에 관계하고 있다. 분석철학의 관점으로부터 신과 초월자의 개념에 대해서 반복해서 이론이 제기되어 왔지만, 이러한 개념은 불충분하게 설명되었고 그 때문에 그것은 불확정적이고 게다가 다의적이다. 개념논리적인 반론에 관해서 이러한 개념의 불확정성은 또한 내용에 관한 신학적인 논거에 의해서도 비판되고 있다. 그러므로 예를 들면 카를 바르트는 다음과 같이 단언하고 있다.

"우리는 너무 자주 신에 대해서 말하고 이 암호에 의해서 단순히 그 무엇만을, 즉 내용도 없고 성과도 없는, 근본적으로 몹시 단조로운 이른바 초월자를 생각한다. 이 경우에 초월자는 진정한 마주 서 있는 존재로서가 아니라 완전하고 참된 타자로서, 인간의 자유를 환상적으로 반사하는 것보다 훨씬 더 본래적 바깥(Draussen)과 저편(Drüben)으로서, 대상을 상실한 빈 공간 속에서의 자유의 계획으로서 해석될 수 있다. 이러한 '초월자'가 인간에 대해 일정한 의지도 가지지 못하고 또 일정한 일(Werk)도 달성하지 못한다는 것, 즉 일정한 언어도 찾아내지 못하고 일정한 힘과 권위도 가지고 있지 못하다는 것이 바로 이 초월자의 본질이다. 초월자는 현실에 구속될 수도 없고 현실에서 자유로이 지어질 수도 없다. 초월자는 인간을 변호할 수도 없고 인간을 만족시킬 수도 없다. 초월자는 인간에게 자기 삶의 명석한 의미일 수도 없고 분명한 목표일 수도 없다."[173]

바르트가 그것 때문에 초월자의 무내용을 비난하는바 내용적으로 구체적인 신의 표상을 야스퍼스가 외형상 고정되어 있고 자유에 적대하는 신의 형상으로 간주해 다시 거절해야 한다는 것은 그의 이제까지의 자유주의적 근본 확신의 서술로부터도 명확하게 밝혀지고 있다.

종교적인 신의 이해와 철학적인 신의 이해의 대치에 직면해서 야스퍼스의 형이상학에서 한층 첨예해지는 결정적 문제는 초월자에 이르는 통로의 문제다. 직접적인 신과의 관계는 그것이 계시의 순간 인간에 대한 신의 고지 형식에 있든 또는 그것이 양심에서의 신의 부름의 형식 및 기도의

---

[173] K. Barth. 위의 책, 제3·4권, Teil. S. 549.

대화적 관계 속에서 신과의 만남의 형식에 있든 야스퍼스는 처음부터 이러한 직접적인 신과의 관계를 거절하고 있다. 도대체 인간은, 내용이 없고 카테고리적 사유에 의해서는 파악할 수 없는 미지의 비대상적 신에 대해서 어떠한 관계에 서 있는 것일까? 야스퍼스는 초월자에로 지향할 수 있는 세 가지 길로서 형식적 초월함(formales Transzendieren), 실존적 관계들(existenzielle Bezüge), 암호 문자의 해독(Lesen der Chiffernschrift)을 언급하고 있다.

최후에 열거된 통로에 관해서 야스퍼스는 'Chiffre' 또는 'Chiffer'라는 언어에 의해서 어떤 표현의 실마리를 끄집어내어, ≪판단력 비판≫(§42)에서의 자연의 암호 문자에 관한 칸트의 진술에서 찾아낸 자기 철학의 맥락 속에서 해석하고 있다. 이러한 표현은 셸링이나 낭만주의자들에게서도 역시 자주 발견된다. 암호는 ─ 야스퍼스는 이 표현 대신 '형이상학적 상징(metaphysisches Symbol)', '형이상학적 대상성(metaphysische Gegenständlichkeit)'과 같이 표현하기도 한다 ─ 말하자면 초월자의 비대상적 '언어'다. 이 때문에 기호로서의 하나의 암호가 그 대상성과 미치는 범위 면에서 상세하게 규정할 수 있는 것처럼 특징지어졌던 것으로 파악하는 설명적 해석을, 야스퍼스는 원칙적으로 거절하고 있다. 그가 다소나마 개념적으로 파악할 수 있는 것에 대한 표출과 구조적 묘사의 의미에서 암호로 해석 가능한 보고적 관계(referentieller Bezug)와 모든 해석 기능을 부인하고자 어떻게 노력해 왔던가에 대해서는 '계시에 직면한 철학적 신앙'에서 시도하고 있는 '기호(Zeichen)', '상징(Symbol)', '암호(Chiffer)'의 구별이 특히 잘 나타내고 있다. 이 책에서 '타자를 규정할 수 있는 의미'로서의 '기호'는 그 자체로 직접 접근할 수 있는 것으로 규정되고, "'상징'은 상징화된 것이 상징 속에서만 비로소 그 자체로서 현존하고" 상징 속에서만 '대상'이 되는 직관적 충만으로서 규정되지만, 반면에 '암호'는 "사실과 상징의 동일화를 통해서 접근되는 것이 아니고 오직 언어를 통해서만 접근될 수 있는 초월자의 언어(Sprache des Transzendenz)"다.(GIO 157f) 다른 말로 한다면 상징의 경우 언제나 상징과 상징화된 것 간의 구별이 가능하다. 상징을 이해할 때 타자, 즉 상징화된 그 무엇은 지향적 객체(intentionales Symbol)여야 한다. 이 경우에 여기에서 말하는 '본다(schauen)'란 — 인간이 초월자를 비대상적인 "형이상학적 경험에서만 느낄 수 있다"는 것, 초월자가 인간에게 '환히 열리게(offenbar)' 된다는 것, 인간이 초월자에게 '확실하게(gewiss)' 되거나 '깨닫게(innewerden)' 된다는 것, 또는 암호 속에서 인간에게 '존재가 번쩍인다(das Sein leuchtet)'는 것에 대해서 야스퍼스가 말할 때 — 그가

언제나 은유적으로 쓰고 있는 합리적이지 못한 직관적 활동의 말을 바꾸어 쓴 것에 불과하다.(III 131)

야스퍼스가 자기 철학의 이러한 부분적 영역에서 얼마나 불분명하게 하나하나 논거들을 열거하고 있는가는 다음과 같은 사정에서 잘 나타나고 있다. 즉 암호 문자의 해독이 원칙적으로 가능적 실존으로부터 현실적 실존에의 비약을 동시에 의미하는 그러한 내적 행위어에서만 가능하다는 인상을 그가 자주 일깨우고 있다는 것다. 따라서 초월자를 경험한다는 것은 본래적인 자기존재의 고양된 순간에서만 가능하고 또 적어도 가능적 실존으로부터 현실적 실존에의 비약에서 가능하다. 그러나 다른 한편으로 그는 초월자가 실존을 향해서 말할 수 있는 세 가지 언어를 구별하고 있다.(III 129ff 참조) 초월자의 가장 직접적인 언어는 실존적인 자기실현의 고양된 순간에서 경험된다. 제2의 언어는 제1의 언어에 의한 직접적 초월자의 경험이 일반화되어 전달된다는 직관적 비유와 신화다. 초월자의 제3의 언어는 형이상학의 사변적 언어다. 이러한 언어들 가운데 내용적으로 표현된 것이 초월자의 인식으로서 또 절대적 존재에 관한 직접적 존재론적 언설로서 해석되자마자 그것은 똑같이 암호의 성격을 획득할 수 있다.

초월자가 암호를 통해서 실존에게 말 거는 방식에 대해

서 말하자면 우리는 암호가 '실존의 역사적 현재라는 순간'에 이 실존에게 '명백히(eindeutig)'(III 149) 된다는 것을 경험한다. 그러나 이것에 의해서 인지적·의미론적 의미에서의 명백함이 생각되는 것이 아니고 실존에 대한 초월자의 언어의 일회성, 대체 불가능성, 유일무이성, 또는 반복 불가능성이 생각된다. 게다가 암호는 언제나 '다의적'이라고 말할 수 있다.(III 149) 왜냐하면 초월자는 하나의 암호에서 여러 사람의 실존에게 똑같이 분명해지는 것도 아니고 또 여러 암호에서 한 사람의 실존에게 비교 가능한 방법으로 분명해지는 것도 아니기 때문이다.[174]

야스퍼스에 의해서 주장된 초월자를 암호를 통해서 체험하는 것이 내용 면에서 불확정적이라는 점에서 '암호의 세계(Welt der Chiffern)' 또는 '암호의 왕국(Reich der Chiffern)'(III 168ff, GIO 201ff, Ch 34ff 참조)에 관한 그의 상술(詳述)을 고려할 때에도 아무것도 변하는 것이 없다. 거기에서는 암호가 될 수 있는 일체의 것, 예를 들면 자연, 예술, 역사, 형이상학 등등이 상세하게 서술되지만, 암호의 실존적 동화(existenzielles Aneignen)라는 행위에 관해서 그리고 이 경

---

[174] Thyssen, S. 296 참조.

우에 이루어진 초월자의 경험에 관해서는 어떤 상세한 정보도 주어지지 않는다. 그러므로 그는 예를 들면 암호로서의 자연에 관해 다음과 같이 생각하고 있다.

"자연에의 사랑은 헤아릴 수도 없고 보편타당하지도 않지만, 그러나 모든 현실 가운데 함께 파악될 수 있는 존재의 진리로서의 암호를 본다. 길가의 웅덩이에서, 일출에서, 해부된 벌레의 체내에서, 지중해의 풍경 속에서 과학적 탐구 대상으로서의 단순한 현존재에 의해서는 다 퍼내어 올려질 수 없는 그 무엇이 존재하고 있다. … 암호로서의 자연은 역사적으로 특수한 형태에서 나의 현존재가 지상에 구속되어 있음, 즉 내가 거기에서 태어나고 나를 선택한바 자연의 친근함이다. 이 같은 것으로서 자연은 친근한 것 – 나의 영혼의 풍경(Landschaft meiner Seele) – 으로서 나에게 유일한 것이며, 따라서 가장 인상적이고 완전히 소원(疏遠)한 것으로서 상이한 것이기 때문이다."(III 174f)

암호 개념의 불확정성에 관해, 틸리에테와 같은 매우 호의적인 야스퍼스의 해석자조차도 "… 때때로 우리를 당혹하게 하는 야스퍼스의 암호의 불가사의성은 지극히 효과적인 해석 노력에 의해서도 '제거될 수 없다'는 결과에 이른다. 그리고 그것은 이해할 만하다"라고 말한다.[175]

좌절의 사상과 철학적 신앙

야스퍼스의 자유주의적 인간상에 관한 가장 중요한 형이상학적·존재론적 전제에 세계와 인간의 '이율배반적 구조(antinomische Struktur)'에 대한 명제가 속하고 있다.(PsW 230ff) 인간은 자기 사유와 행위에서 '우리에게 긍정적인 모든 것이 그것에 부수(附隨)하고 있는 부정적인 것에 결합되어 있는 한' 모든 현존재가 분열해 단편적이 된다는 사실과 끊임없이 새롭게 대결한다. "가능적·현실적인 악을 수반하지 않는 선도 존재하지 않고, 거짓을 수반하지 않는 진리도 존재하지 않고, 죽음을 수반하지 않는 삶도 존재하지 않는다. 행복은 고뇌에 결부되어 있고, 실현은 모험이나 상실에 결부되어 있다. … 모든 현존재 속에서 나는 이율배반적 구조를 볼 수 있다."(III 221)

세계와 인간의 이율배반적 구조에 관한 명제는 야스퍼스의 사유, 특히 좌절의 이념의 전제를 이루고 있다. 그러므로 생명 본능을 가진 생물학적 존재로서의 인간은 죽음의 사실 앞에서 좌절한다. 세계 정위에서 인간은 인식 능력에 의해서 원칙상의 한계들에 봉착한다. 왜냐하면 인간은 세계가

---

175) Tilliette(1960b), S. 120 참조.

전체로서는 (전체로서의 세계는 칸트적 의미에서 단순한 이념이다) 인식 불가능하다는 것을 간과하지 않으면 안 되기 때문이다. 과학자로서 인간은 과학이 무엇을 의미하는가라는 질문에 대답하는 과정에서 좌절한다. 지의 한계에서 모든 합리적 사유의 노력이 좌절하는 이율배반이 그 모습을 드러낸다. 인간은 그의 정신성이 그를 방해하기 때문에 충동적·본능적 존재로서 결코 완전한 자연이 될 수 없다. 그러나 인간은 그의 생물학적 본성이 그 점에서 그를 방해하기 때문에 완전한 정신도 될 수 없다. 경험적·합리적 자기성찰에서 인간은 자신의 본질을 완전히 인식하는 것에 좌절하고, 또 실존 개명과 실존적 자기실현이 원칙상의 한계를 체험하기도 하고 좌절하기도 하는 것에 불가피적으로 결합되어 있다고 판명한다. 왜냐하면 실존을 개명하는 자기성찰이 실존의 성취에로 전환해서 인간이 자기선택에서 자기를 자유로운 존재로서 체험하는 곳에서 그는 "본래적 자기존재가 근원적으로 초월자에게 의존함"(W 621)을 경험하고 그와 동시에 완전히 자율적인 자기 소질과 절대적 자유(III 221 참조)를 획득하려는 노력에서도 좌절을 경험하기 때문이다. 한층 진전된 좌절의 경험은 실존적인 자기실현의 순간적 성격과 결합되어 있다. 실존에의 비약은 지속적인 '상태(Bestand)'가 되지 못하고 삶의 고양된 순간에서만 체험된다.(III

227 참조) 초월자와의 관계에 대해서 말한다면 인간은 다양한 방식으로 좌절한다. 즉 인식 능력과 사유 능력이라는 카테고리에서 초월자를 파악하려는 철학적 노력에서 좌절하고, 거기에서는 지속적인 비호성(庇護性, Geborgenheit)과 감정적 안정성도 획득할 수 없다는 이유 때문에 초월자와의 실존적 관계에서 좌절하고, 암호 문자의 해독의 경우 명백성과 신앙 확신을 획득하려는 노력에서도 좌절한다. 왜냐하면 그것은 초월자의 '통지(Botschaft)'를 알아들을 수 없고 삶에 대한 객관적 신앙 보증과 명백한 행동 규칙이 전달되지 않기 때문이다.176) 야스퍼스의 인간상에 관해서 말한다면 그가 좌절에 하나의 긍정적 역점을 부여하는 사정이야말로 실로 중요하다. 인간은 최종적인 전체성, 통일성, 안정성, 비호성, 안전성, 평안, 확실성, 절대적 자유 등등을 추구하지만 실로 목표에 도달하지 못하기 때문에 자기 사유와 행위를 통해 영구적인 세계 정위를 재촉하고, 세계 내에서의 사귐과 이성을 촉진하고, 민주주의의 이념을 실현하려고 노력하는 열린 역동적 미완결의 존재일 가능성이 그에게 열린다.

---

176) 좌절의 다른 형식에 대해서는 J. Thyssen, S. 299ff 참조.

좌절에 대한 긍정은 야스퍼스의 종교 비판과 형이상학에서만 중요한 것이 아니고 그의 철학함 전체의 근본 카테고리를 형성하는 하나의 개념, 즉 철학적 신앙에 기초를 두고 있다. 비록 이러한 개념이 여러 뉘앙스를 가지고 있고, 야스퍼스가 "특유의 철학적 신앙이 무엇인가는 … 객관적 규정성에 의해 언표되는 것이 아니고 결국은 철학적 전 활동을 간접적으로 전달하는 것 속에서만 언표된다는 것"(VE 115)을 일찍이 생각했더라도 그럼에도 이러한 개념은 다음과 같은 방식으로 묘사되고 있다. 즉 철학적 신앙은 삶을 긍정하는 근본 기분(Grundstimmung)으로 나타나고, 우리는 이러한 신앙을 자발적·직접적 존재에의 신뢰 또는 근본적인 삶의 확신이라고 부를 수 있다고 말이다. 이러한 확신은 일체의 객관적인 세계 존재 및 세계지(Weltwissen)의 좌절에서 체험되는 불안과 무의미성에 직면해 인간을 포기하지 않는다.

"궁극적인 것은 좌절함에도 사물들의 토대에 대한 상상할 수 없을 정도의 신뢰를 유지하는 사랑하는 인간이다."(KISch 183)

삶을 긍정하는 철학적 신앙의 확실한 근본 특징은 《철학》에서 다음과 같이 말하고 있음으로 해서 분명해지고 있다.

"신앙은 파괴할 수 없는 희망으로서의 신뢰다. 신앙에서 불확실성의 의식은 존재의 토대에 대한 신뢰로서 일체의 현상적인 것으로부터 해방된다. 신앙 속에서 실현된 존재의 확실성은 초월자에 직면해 알 수 있다. 이러한 존재의 확실성 없이 초월자에 대해서 감각적·현실적 관계를 맺는다는 것은 믿을 수 없는 진리를 줄 수 있을 뿐이다."(II 281)

≪진리론≫에서 야스퍼스는 일찍이 이러한 신앙을 "존재와 그 인식 가능성이 근본적으로 '원활하고(in Ordnung)' 원칙적으로 모순되지 않는다는 신뢰"(W 297)라고 부르고 있다. 철학적 신앙은 야스퍼스가 이해하고 있는 바와 같이 철학함의 근원과 충동을 형성하기도 하고 또 실존적인 자기실현에의 끊임없는 충동을 형성하기도 한다. 우리가 자기존재의 가능성을 확신하면서 철학함을 시작할 때 이 신앙을 이미 수반하지 않으면 안 된다. 철학적 신앙은 "인간의 가능성에 대한" 인간의 신뢰인 동시에 "실존을 통해서 자기를 실현하지만, 그 실존에 대해서 자기를 숨기고 있는 초월자의 본질에 대한 신앙이기도 하다."(136, GI 59 참조)

철학적 신앙을 불안, 또는 좌절에서 체험했던 붕괴 및 무의미성에 대한 소극적 저항으로서 해석한다면 야스퍼스의 의도는 오해되고 말 것이다. 철학적 신앙 개념을 둘러싼 논의에서는 특히 벨테가 적극적 계기를 강조해 왔고[177] 크나

우스와 홀름 또한 그러한 계기를 주장해 왔으며, 이때 그들은 철학적 신앙 속에서 하나의 '철학적 태도' 또는 '삶에 대한 적극적인 태도'를 보고 있다.178)

종교적인 계시 신앙이 절대성과 배타성을 요구하는 것이 가능한 한 보편적·이성적인 사귐에 대한 장애를 의미한다면 이와는 대조적으로 철학적 신앙은 종교적 배타성의 요구들에 의해서 설치된 모든 철책과 한계를 넘어가는 "철저한 개현성이라는 모험(Wagins radikaler Offenheit)"(GI 16) 및 사귐에의 결의다. 철학적 신앙은 "무제한으로 서로 이해할 수 있는 가능성에의 신앙이다."(GIO 150) "계시에 직면한 철학적 신앙"에 의한 인상 깊은 입장에서 본다면 위의 말들은 다음과 같은 것을 의미한다.

"계시의 신앙을 단념한다는 것은 무신성(無神性)의 결과가 아니고 초월자에 의해서 자유로운 것으로서 창조된 실존의 신앙의 결과다. 철학적 신앙은 자신이 접근할 수 있는 진리와 인간을 향하면서도 숨어 있는 아득히 먼 초월자를 따르면서 다의적인 운동 속에 있는 암호들을 위해서 실재적인

---

177) Welte, S. 65f 참조.
178) Knauss, S. 139 ; Holm, S. 639ff ; H. Holz, ≪Zu Kant-Parallelen in diesem Zusammenhang≫, S. 409ff 참조.

계시를 단념하지 않으면 안 된다. 다양한 형태로 나타나는 철학적 신앙은 그럼으로써 권위가 되는 것도 아니고 교의(敎義)가 되는 것도 아니고 서로 간에 반드시 이야기를 나누어야 하지만, 서로 반드시 기도를 할 필요가 없는 인간들 간의 사귐을 지향한다."(GIO 110)

철학적 신앙을 평가하면서 많은 저술가들이 철학적 신앙은 그리스도교적 신앙을 결코 배척하지 않는다는 견해를 주장하고 있고, 이와 반대로 다른 저술가들은 철학적 신앙이 그리스도교적 신앙과 원칙적으로 양립할 수 없다고 생각하고 있다. 이처럼 주장되고 생각되는 하나의 이유는 확실히 오늘날 그리스도교적 신앙으로서 신학 쪽에서 일어나고 있는 폭넓은 변화에 있다. 다른 하나의 이유는 철학적 신앙과 종교적 신앙 간의 관계에 대한 야스퍼스의 태도 표명이 언제나 전적으로 명백하지 않다는 데 있는 것인지도 모른다. 그의 종교 비판적 논거에 직면해 우리는 이러한 두 종류의 신앙이 양립할 수 있고, 종교적 신앙의 입장이 언제나 예리한 비판을 받도록 하는 것이 바로 철학자의 과제라는 사실을 받아들이지 않으면 안 된다. 그럼에도 R. 불트만이 야스퍼스와의 논쟁에서 모든 종교적 계시 신앙의 불가결한 특징이라고 표현하는 배타성의 요청,[179] 계시에서 신성의 대상화, 성직자의 해석의 독점 등이 철학적 신앙에서 특징적인 자유주의적 자유 및 사귐의 이상과 명백히 대립하고 있다. 그러나 야스퍼스의 경우 그가 철학과 종교 간의 근원적으로 주장된 대립을 다시 상당히 제한하고 있는 것같이 보이는 일련의 발언들이 발견되고 있는데, 예를 들면 그의 다음과 같은 말이 이것을 잘 입증해 주고 있다.

"철학적 신앙은 본래적 근원이다. 그러나 철학적 신앙은 비록 계시를 이해할 수 없다고 하더라도 계시가 다른 사람에게는 이해 가능한 것임은 타당하다고 인정한다. 철학적 신앙은 적대감이 아니라 성실을, 단절이 아니라 사귐을, 강제가 아니라 관용을 원한다."(GIO 38)

야스퍼스가 종교에 대해서 한편으로는 비판을, 다른 한편으로는 관용을 지시하고 있다면 이것은 아마도 특히 그가 후기 사유에서 가능한 보편적 사귐의 불가결성에 대해서 이전보다 더 크게 확신하고 있다는 사정에서 설명되어야 할

---

179) Jaspers/Bultmann, ≪Diefrage der Entmythologisierung≫, S. 93. 야스퍼스와 불트만 간의 토론에 대한 세련된 해석은 다음 저서에 잘 서술되어 있다. H. Fahrenbach, ≪Philosophische Exintenzerhellung und theologische Existenzmitteilung. Zur Zuseinanodersetzung zwischen Karl Jaspers und Rudof Bultmann≫ In : Theologische Rundschan 24, 1957/1958, S. 75ff.

것이고, 그 때문에 세계관적 차이와 대립이 공통적 대화를 나누는 데 극복할 수 없는 장애가 될 수 없다는 견해에서 이러한 지시의 근거가 찾아진다. 철학자는 또한 종교적 세계관의 대변자에 대해서 언제나 마음을 열고 대화를 준비해야 한다. 특히 전 인류에 관계되는 문제가 야기될 경우에는 철학자는 그러한 태도를 취해야 한다. 그러나 종교를 향한 철학의 개현성(開顯性)이 어느 정도로 깊숙할 필요가 있는가라는 물음에 대해서 - 이러한 개현성에 의해서 철학적 신앙의 자유주의적 근본 이념은 부정되지 않는다 - 야스퍼스는 어떤 선명한 숙고도 더 이상 시도하지 않았다. 전 행위를 지탱시켜 주는 자유주의적 가치의 표상이 다시 포기되지 않는다면 철학자는 종교와의 대화에서 다원성의 이상을 부정해서도 안 되고, 종교적 입장의 권위주의적 구조와 사귐을 방해하는 경향에 대한 비판을 소홀히 해서도 안 된다. 철학과 종교의 일치는 궁극적으로 이성을 넘어서 전달 가능한 내용이면서 그리고 야스퍼스의 시각에서 볼 때 종교의 철학적 근본 내용인 가치 태도와 실존적·도덕적 내용과의 관계에서만 가능할 뿐이다.

철학과 교육

 야스퍼스는 자기의 사상을 전개시켜 나가는 과정에서 철학과 과학, 철학과 종교, 철학과 정치 간의 관계를 집중적으로 논술하고 있다. 야스퍼스는 더 나아가서 철학과 교육 간의 관계에 대해서도 여러 차례에 걸쳐 논의하고 있다. 교육철학에 대한 그의 관심은 1923년에 쓴 ≪대학의 이념≫이라는 저서에 가장 명백하게 나타나 있다. ≪대학의 이념≫은 1946년과 1961년에 다소 수정·보완해 다시금 간행되기도 했다. 카를 야스퍼스가 썼던 많은 칼럼과 강연 초록을 한데 모아 편집해 간행한 ≪대학의 개혁≫이라는 저서에서도 교육철학에 대한 관심[180]이 명백히 나타나 있다.

 교육과 교양 문제 역시 일찍이 야스퍼스의 방대한 저서

---

180) Karl Jaspers, ≪Erneuerung der Universität≫, Reden und Schriften 1945/1946. Mit einem Nachwort herausgegeben von Renato de Rosa. Heideberg 1986. Zu Interpretationen von Jaspers'Universitätsidee 참조.특히 G. J. Walters 편집, ≪The Task of Truth : Essays in Karl Jaspers's Idea of the University≫, Frankfurt/New York 1995 참조.

가운데 포괄적으로 언급되고 있다. 호른은 교육과 교양의 문제들을 야스퍼스의 원전[181)]에서 발췌해 편집한 한 해설서에서도 분명하게 나타내고 있다. 이 해설서에는 중요한 관점에 근거해 야스퍼스의 전 저작물에서 발췌한 교육학적 교양 철학적 관련 인용 문장들이 소개되어 있다. 이 해설서를 지배하고 있는 그의 중요한 관점들은 특히 교육과 가족, 교육과 학교, 교육과 우정, 교육과 대학, 권위와 자유, 상승과 기회 균등, 자기 확신과 자기 교육에 대해서 해석하고 있는 견해들이다.

앞의 여러 장(章)들에서 나는 야스퍼스가 실은 윤리학을 체계적인 형식으로는 전혀 쓰지 않았지만, 그의 전 철학만은 인간의 자유정신을 통해서 도덕적으로 또는 윤리적으로 기초 지어져 있다는 것을 시사했었다. 우리는 그의 교육철학에서 평등을 인식할 수 있다. 야스퍼스는 실제로 교육철학을 어떤 저작에서도 체계적으로 전개시키지 않고 있다. 그러나 정확하게 해석할 경우 그가 교육과 교양을 지향하고 있고, 그것이 그의 철학함의 기초가 되고 있다는 것이 감지

---

181) Karl Jaspers, ≪Was ist Erziehung?≫, Ein Lesebuch, Textauswahl und Zusammenstellung von Hermann Horn, München 1977, 2. Aufl. 1992 참조.

(感知)된다. 우리는 이것을 보다 많은 논증을 통해서 확증할 수 있다. 예컨대 '철학함이란 언제나 호소하는 성격을 가진다'라는 야스퍼스의 이해를 시사함으로써 이것을 확증할 수 있다. 그와 동시에 그 경우에 모든 개인에게 실존개명에의 사유가 깨우쳐지며, 그리고 사귐에의 용의(用意)와 이성지향적 행위가 촉진된다. 그의 포괄자 철학을 "사고의 윤리학"이기도 한 "철학적 논리학"으로(W 8) 특징지우는 것은 이러한 교육 지향과 교양 지향을 간접적으로 지시한다.[182]

중심적인 가정은 교육과 교양의 과정에서 전형적인 인격과 권위가 고결한 가치를 가진다는 이해에 있다. 다소간의 권위를 향해서 잠정적으로 방위를 결정한다는 것은 필연적으로 자주적인 인격의 형성을 가능케 한다. 물론 야스퍼스는 권위의 개념을 전승(傳承)된 교양이라는 정신적 재산(예컨대 과거의 위대한 사상가들이 보여 준 이념에의 내면적 동화)에의 동화(同化)와 결부시킴으로써 그것을 매우 폭넓게 이해하고 있다.

"믿음이 되고 있는 권위는 진정한 교육의 원천, 즉 적절

---

[182] ≪Zur Erziehungintention in Jaspers'Existenzphilosophie≫, Masubuchi 1995, S. 173ff 참조.

한 교육의 본질이다. 개인은 처음부터 자기의 유한성에서 시작한다. 자기형성의 도상에 있는 개인은 전승된 이념적 가치에의 동화에서 권위에 결부된다. 권위 가운데서 성장함으로써 개인에게는 공간이 열린다. 이 공간 도처에서 개인은 존재를 맞아들인다. … 완숙 도상에 있는 개인에게는 자기 자신의 근원이 자기 사유 가운데서 현재적이 된다. 권위의 이념적 가치들은 그 가치들이 개인의 고유한 것이 되는 한 생동적이 된다. … 개인은 권위로부터 성장한다."(W 297f)

권위의 인정과 권위로부터의 이반(離反)은 야스퍼스에게는 자유롭고 자기확정적인 인격의 발전에서 필연적인 제약인 것같이 생각된다.(WB 26ff)[183]

인격 형성을 위한 가치 교육으로서의 교양

야스퍼스가 설정한 교육과 교양 지향의 제2의 중요한 가정은 교육과 교양이 인격 형성적 가치의 매개를 목표로 삼지 않으면 안 된다는 확신이다. 이것은 얼핏 보아서 야스퍼

---

183) A. Rinofer, <Freiheit und Autorität. Zur Grundlegung des Erziehungsgedankensim Umgreifenden> In : K. Salamun 편집, ≪Philosophie-Erziehung-Universität≫, S. 127ff.

스가 교육과정의 계획에 반대해 천명한 입장과 모순에 서 있는 것같이 생각된다. 그의 논증이 예컨대 <교육학적 계획, 자유, 권위의 한계에 관해>[184]라는 논문에서 제시하고 있는 바와 같이 그의 논증을 보다 정확하게 고찰할 경우 다음과 같은 사태가 밝혀진다.

야스퍼스는 "심리학을 이용해 합목적적 심리학에서 말하는 행위상의 교육을 변화시키고"(WB 33) 교육과정에서 무계획(예컨대 카리스마 또는 교사의 인격의 주관적 책임)을 무시하려는 … 교육학의 경향을 비판하고 있다. 야스퍼스는 다음과 같이 쓰고 있다.

"아마도 우리는 교육에서 항상 숙고하고 계획할 수 있을 것이다. 그러나 우리가 이러한 계획의 한계를 깨닫고 그 한계 내에서 이 계획을 실천하지 않으면 안 된다. 그것은 아주 중요하다. … 교사 개인은 자유롭다. 그러나 교사 개인의 책임이 따르는 사방이 벽으로 둘러싸인 교실에서는 교사 개인에 의해 결정적인 것이 일어난다. 교실에서는 관료적인 계획자들, 엄격한 규정을 적용하는 자들, 학교 교장들에게 때

---

[184] Beside Artikel sind abgedruckt in : Karl Jaspers, ≪Wahrheit und Bewährung≫, Philosophieren für die Praxis, München 1983, S. 17~25 und 26~45. Hier abgekürzt als WB.

때로 공포가 되는 그런 현실적인 생활이 종종 일어난다. 교실에서 인간의 우정을 언젠가 정신적인 가치를 가지는 책임으로 느껴 온다. 여기서는 모든 계획에도 불구하고 근원적인 현실의 공간이 존속한다."(WB 24)

인격 형성적 가치의 매개는 철두철미 합목적적으로 계획되지 않는다. 야스퍼스가 항상 지속적으로 강조하는 모든 개인의 자유의 차원에 근거해 볼 때 교육과 교양과정에서 가치를 매개하는 데는 원칙상 한계가 놓여 있다. 이러한 입장은 교육과 교양의 과정에서 항상 접근 가능한 이상으로서 염두에 두는, 규정적 이념으로 이해하는 것을 배제하지 않고 있다.

우리가 야스퍼스에게 교양이 지향하는 의도에 따라서 교육과 교양의 과정에서 어떠한 가치들이 매개되어야 하는가라고 물음을 제기한다면 우리는 다음과 같은 곤란에 직면할 것이다. 즉 야스퍼스는 이미 언급한 바 있는 합리적 세계상, 체계, 교의(敎義) 등과 상반되는 그런 가치들을 공식화하고 있다는 곤란에 직면한다. 그는 자기의 호소하는 철학함으로써 시사하고 싶었던 인격의 이상을 철학적 인간학적 구상과 관련시켜서는 표현한 바 없다. 이 인격의 이상은 가치 규범의 형식으로는 어디에서도 뚜렷하지 않다. "인간상" 또는 인격의 이상을 목표 설정으로써 공식화하는 것은 야스퍼스에게는 강제적이면서 교의적인 것으로서 생각되고 있는 것 같다. 그럼에도 그가 되풀이해서 확정적인 가치 이념에 대해서 이의를 제기하는 것은 그가 필연적인 "사고방식의 혁명"(AZM 22) 또는 "새로운 사고방식"(AZM 281ff)의 성향에 관해 말하고 있는 그의 저서들의 맥락에서 나타나고 있다. 야스퍼스가 중요한 문제로서 취급하고 있는 새로운 사고방식은 "이성의 사고 자세"(AZN 26)로서, "철학적 사고방식"으로서 또는 "과학적 사고 자세"로서 규정되고 있다. 그러므로 야스퍼스는 다음과 같이 생각하고 있다.

"이성의 요소로서 과학적 사고 자세는 … 신뢰할 수 있는 자세가 되어야 한다."(WB 20)

야스퍼스가 앞의 장들에서 이미 인식했던 가치 이념들, 즉 자유, 자결(自決), 진리, 성실성, 비판의 개현, 관용, 책임, 이성과 사귐의 용의,(칸트의 도덕철학에서 의미하는바) 인간의 품위에의 존경과, 그가 어떻게 일컫든 상관없이, 새로운 사고방식을 직접적으로 관계 지우고 있다는 것을 생생하게 표현한다는 것은 중요하다. 이러한 가치 이념들을 총괄적 간접적 방식으로 매개하는 것은 야스퍼스에게는 모든 교육과정과 교양과정의 본질적인 목표를 나타내고, 특히 대학교육에서는 근본적이다. 그의 시각에서 볼 때 철학의 중심 과제는 항상 새롭게 교육과 교양의 이러한 가치 차원을 지시하는 데 있다.

　야스퍼스는 ≪대학의 이념≫의 서론에서 대학 교육은 근본적으로 학문의 전달과, 그리고 학문의 구체적 실질적 결과로부터 완전한 직업교육의 목적에 이르기까지의 지속적인 전달에 좌우된다는 견해를 내세우고 있다. 오히려 대학 교육에 있어 결정적인 것은 "특정한 사고방식" 또는 "사고 태도의 교육"(IU 2)이다. 대학 공부는, ≪대학의 이념≫의 다른 문장들에서 야스퍼스의 관점에 입각해 쓰고 있는 바와 같이, 본질적으로 직업의 기초 지식 확립에 도움이 되지만, 그러나 완전한 직업교육에는 근본적으로 도움이 되지 않는다.(IU 199) 전문대학은 우선 완전한 직업교육에 결정적이지만, 그러나 대학은 그렇지 못하다. 그와 동시에 야스퍼스는 우리가 한편으로는 능력 중심적, 가치 지향적 인격교육과, 다른 한편으로는 지식 중심적 직업 지향적 전문직업교육 간의 모순의 문제를 이상적으로 첨예화 해 표시할 수 있는 그런 문제를 거론하고 있다. 야스퍼스는 자기의 저서에서 능력 중심적, 가치 지향적 인격교육(인성 교육)에 우선을 두고 있다. ≪대학의 이념≫에서 로스만은 자기의 견해에 따라서 다음과 같이 진술하고 있다.

　"완전한 학문적 전문 인력으로서 마지막 시험을 준비하고 있는 연구생들에게 국가와 산업과 경제를 처리하도록 맡기는 것이 대학 연구의 목표가 아니다. 대학 연구의 과제와 목표는 방법적 학문적 사유와 인식의 능력을 발전시키는 데서 자기수련을 보증하는 데 있다. 이 자기수련은 의학도를 훌륭한 의사가 되게 하고, 문헌학자와 역사가와 자연과학자를 훌륭한 교사 또는 연구자 또는 학자가 되게 하는 것처럼 법률가를 훌륭한 판사와 변호사가 되도록 한다. 이것은 좁은 의미의 모든 학문적 사명에도 타당하다. 지금까지 알려지지 않은 내용들로 이루어진 새로운 과제들을 학문의 한계와 관계들을 의식한 가운데 방법적 과학적으로 해결할 수 있어야 한다는 요구는 이 학문적 사명을 수행하는 것과 결부되어 있다. 모든 학문적 사명을 실천함에 있어 매일 새로이 나타날 수 있고 그리고 지적인 결단력과 마찬가지로 또한 윤리적 결단력과 책임감으로도 그 해결을 요구하는 그런 과제들이 있다. 이 양자에 관해 교육하는 것은 대학 연구의 본래적 과제다."(IU 200)

이 인용 문장에서도 또한 교육과 교양의 도덕적 가치 차원이 단호하게 요구되고 있다. 야스퍼스는 그가 소크라테스적 교육의 이상을 언급하는 경우에 소크라테스적 교육이 자기책임, 내적 자유, 교육자들과 연구생들 간의 상호 승인에 의거해 특징지어진다는 것을 확인함으로써 역시 가치 차원을 지시하고 있다.(IU 25, 57f, 61, 79f)

이와 같은 교육철학적 입장을 고려할 때 우리는 다음과 같은 비판적 물음을 제기할 수 있다. 즉 대학의 연구 및 대학에서 촉진된 학문적 사고방식과 관련한 인격 형성에의 요구가 도덕군자연하는 교양 시민의 입장이 드러낸 시대에 뒤진 유물이 아닌지? 가치들을 매개로 해 삶의 방위를 결정하는 교육과 학문의 개념 일반이 근대 학문에의 이해와 일치되는 것인지? 경험과학의 가치 자유 원리의 명백한 형식화가 20세기 초에 막스 베버[185]에 의해 분명하게 된 이래 학문과 가치가 서로 떨어져 나가고자 하는 것이 중요한 문제가 되고 있다. 학문과 과학적 지(知)의 매개란 가능한 한 가치 자유해서는 안 되는지? 학문의 촉진과 한편으로는 과학적 인식의 강의에 의한 전달, 다른 한편으로는 가치 평가의 매개가 처음부터 배제되지 않는 것인지?

이와 같은 논증들과 비판적 물음들은 첫눈에 그럴싸한 것같이 생각된다. 그러나 보다 정확하게 숙고해 볼 경우 이러한 논증들과 비판적 물음들이란 빗나간 사격에 의존하고 있는가 하면 베버가 정식화한 가치판단 자유의 원리에 대한 실증주의적인 좁혀진 그릇된 해석에 의존하고 있다는 것이

---

[185] M. Weber, ≪Wissenschaft als Beruf≫, S. 582ff 참조.

드러나고 있다. 만일 야스퍼스가 가치판단 자유의 원리를 전통적인 "불명료하면서 제한 없는 과학의 요구"에 반대하는 하나의 한계로서 해석하고 있다면 그는 이러한 원리의 지향을 많은 베버 비판자들보다 더 잘 파악한 것이다.(KISch 97) 베버의 원리를 진지하게 받아들이는 과학관이 가치들에 의해 특히 진실한 원리에 의해, 경우에 따라서는 지적 성실성에 의해 정초 지워진다는 것을 야스퍼스는 명백히 강조하고 있다.

"과학의 순수성에 대한 의지는 그 자신의 성실을 지향하는 실존의 의지에 상응(相應)한다. 과학은 그것이 수행할 수 없는 것을 단념하지 않으면 안 된다. 다시 말하면 우리가 가치판단이라고 일컫든, 신앙 판단이라고 일컫든, 의지 판단이라고 일컫든 간에 평가를 단념하지 않으면 안 된다. 순수한 과학에의 의지와 실존의 순수성을 지향하는 의지는 둘 다 자유로운 결단에 의지한다. 순수한 과학을 의지하는 자는 과학적으로 인정될 것에 모든 사고자와 일치하게 되는 기회를 고조시킨다."(KISch 103)

높은 수준의 대학 교육의 목표로서 과학적 사고

본서의 "철학과 과학"의 장에서 비판적으로 말하고 있는 바와 같이, 가령 야스퍼스가 "순수한 과학"에 관해 말하고 있고, 일찍이 획득된 과학적 통찰을 "강제적 지"로서 표시하고 있다면 야스퍼스는 인식론적 과학 이론적 관점에 근거해 지극히 문제가 많은 과학 이해를 시사하고 있는 것이다. 그러나 넓은 의미의 문화철학적 전망에서 볼 때 우리는 야스퍼스의 불명료한 정식화가 단순히 과학적 사고의 차원만을 지시하고 있다는 것을 논증할 수 있다. 과학적 사고는 과학에 있어서 아주 중요하며, 그리고 그것은 모든 경험과학 부문에 있어서도 타당하다. 특히 경험과학에서는 가정과 이론의 형식으로 설명할 수 있고 예측할 수 있는 보편타당한 인식의 획득이 중요하다. 정신과학에서는 문화적 의미 형성물의 형성 조건, 구조, 의미 내용에 관한 가능적 객관적 통찰과 해석의 가정이 중요하다. 이와 같은 인식과 과학적 통찰들은 도덕적·종교적·정치적 가치관과 관점들에 상관없이 적확(的確)하지 않으면 안 된다. 다시 말해서 이러한 통찰들은 상이한 가치관들과 정치적 확신들을 가진 인간들에 의해 진정하고 보편타당한 것으로 수용되지 않으면 안 된다. 그러나 과학적 사고 진력(盡力)의 근본적 목표는 가끔 시계(視界)로부터 벗어나서 과학적 사고의 제2차원에 빠져들게 한다. 야스퍼스는 이러한 제2차원을 철학의 제2영역에 편입시키고 있다. 가능한 한 객관적 인식과 진정한 통찰에 이를 수 있도록 하기 위해 특별한 사고 태도를 필요로 한다는 것은 사실이다. "과학적 사고방식" 또는 "과학성의 태도"(IU 79)는 그 근원을 궁극적으로 철학에 두고 있다. "철학과 과학"의 장에서 이미 강조된 바와 같이 과학적 사고 태도는 야스퍼스의 관점에서 볼 때 기본적인 "놀라움", "근본적 보편적 지에의 욕구"(USG 115), 진리에의 추구, 사귐에의 의지, 모든 지에의 개현 등과 같은 철학적 충동에 의해서 규정된다. 철학적 충동은 의식 일반의 영역에서 수행되는 과학적 세계정위(世界定位)와 과학적 토론의 과정에서 필연적인 전제들을 형성한다. 과학적 사고 태도는 중심적인 규정 요소다. 대학에서 중재해야 하는 과학 교육은 그 중심 사항을 야스퍼스의 과학성의 태도에 두고 있다. 이 과학성은 객관적 인식을 위해 즉각 자기 자신의 가치평가를 정지할 수 있는, 즉 여러 사실들에 대한 엄밀한 분석을 위해 자기 자신의 의지를 지금 당장 도외시할 수 있는 능력에 의해서 두드러진다. 과학성은 객관성, 대상에의 몰두, 특히 신중한 검토, 즉 상반된 가능성들에 대한 탐색, 말하자면 자기비판이다.(IU 79) 그와 동시에 야스퍼스는 과학적 사고 태도가 특정한 규칙, 원칙 또는 규범에 의해서 구성된다는 사실에 대해서 주의를 환기시키고 있다. 모든 과학적 인식은 이러한 원칙 및 규범을 필연적으로 지향하지 않으면 안 된다. 그 경우에 이 과학적 인식은 성공적이 된다. 이러한 과학적 인식을 항상 새삼

스럽게 강조하는 것은 철학의 중요한 과제이다.

이러한 규칙, 원칙 또는 규범은 어떤 것인가? 우리는 이러한 것들을 새로운 과학 이론적인 토론에서 과학 고유의 내부적 또는 순수 과학적 가치들이라고 일컬었다.[186] 더욱이 무엇보다도 다음과 같은 것, 즉 편견으로부터 자유와 객관성을 지향하는 이상, (진리의 주장을 음미함에서 어떤 진리론과 기준이 전제되든 간에 상관하지 않는) 언명(言明)에 대한 간주관적(間主觀的) 음미와 비평을 지향하는 이상, 개념적 명석성과 논리적 일관성을 지향하는 이상 등이 중요하다. 그 밖에 야스퍼스에게는 다음과 같은 것도 중요하다.

"과학적인 태도는 … 무제한적인 비판을 추구한다. 과학적인 태도는 일반적인 회화(會話)의 애매성에 반대해 명백한 확실성을 촉구한다. 다시 말해서 과학적인 태도는 논증의 구체성을 요구한다."(UZG 117)

우리가 여기서 일컬어진 이상들이나 또는 원칙들을 문화철학적 전망에서 살펴볼 때 그 이상들이나 원칙들이 과학적 사실성을 훨씬 능가하는 규범적인 의미를 가지고 있다는 것

---

[186] K. R. Popper, <Die Logik der Sozialwissenschaften> In : Th. W. Adorno/H. Albert (특히)≪Der Positivismusstreit in der deutschen Soziologie≫, Neuwied 1969, S. 114.

이 명백히 밝혀진다. 야스퍼스는 그가 윤리적, 가치 지향적 인격교육에서 본질적인 기능을 과학적 사고 자세에 덧붙임으로써 이러한 규범적 의미를 주의의 중심에 옮겨 놓고 있다. 더욱이 야스퍼스는 다음과 같이 확인하고 있다.

"과학적 사고 자세는 이성적인 교육을 가능하게 한다. 그것은 인간애를 촉진한다. 다시 말해서 과학적 태도는 어떤 근거에 서서 듣는 경청, 이해, 다른 모든 사람들의 관점들에 근거해 더불어 사유하는 것, 성실성, 삶의 기율과 연속성을 촉진한다."(IU 80)

그러므로 관용의 이상은 과학적 사고 태도의 간주관적(間主觀的) 음미성(吟味性)과 비판성의 원칙과 결부되어 있다. 과학적 연구자로서 우리는 양자택일적 문제 해결의 방안과 양자택일적 해석의 가정을, 자기 자신이 제의하는 문제 해결의 방안에 대한 비판적 검토의 전제로서 적어도 이 양자택일이 거짓된 것으로서 입증되지 않는 한, 수용하고 관용하지 않으면 안 된다.

학문적 사고에 있어서 편협과 독단은 자기 자신의 이론과 문제 해결의 방안을 개선할 수 있는 가능성을, 즉 오류 제거와 착각의 삭제를 통해서 보다 논거(論據)를 분명하게 하고 보다 내용을 충분하게 할 수 있는 가능성을 저지한다. 야스퍼스는 다음과 같이 쓰고 있다.

"학문적 태도는 나의 주장에 대한 모든 비판을 수용하고자 하는 결의다. … 사고하는 인간에게 - 특히 과학자와 철학자에게 - 비판은 삶의 조건이다. 게다가 부당한 비판의 경험도 사고하는 인간에게는 생산적으로 작용할 수 있다. 비판을 회피하는 사람은 본질적으로 알고자 하지 않는다."(IU 57)

학문적 사고 태도에서 객관성과 비판성의 원칙은 다른 인간들과 마음의 문을 열어젖혀 공공연하게 사귐을 가지고, 자기 자신의 인식들을 다른 사람들에게 성실하게 전달하고, 항상 가능적 사귐에 대해 마음의 문을 활짝 열어젖히고 있어야 한다는 요구를 포함하고 있다. 간주관성(間主觀性), 비판적 음미, 그리고 객관성이라는 과학 내재적 가치들과 밀접한 관련을 맺고 있는 넓은 의미의 도덕적 가치들로서는 우리가 우리들 자신의 인식에서의 비판적 교정의 심급(審級)으로서 받아들이는 다른 인간들에 대한 존경, 그리고 아울러 지적 성실성, 진실성, 겸손 등이 있다.(IZG 117, 123 참조) 진지하게 생각하는 과학자는 자기가 좋아하는 이론들에 대해 적절한 시기에 작별을 고하고, 이 이론들에 대한 반박에 반대해 모든 가능적인 책략과 면역 전략으로써 이 이론들을 변호하지 않겠다고 각오하고 있지 않으면 안 된다. 우리는 과학적 태도가 지니고 있는 가치들, 규범들, 그리고 원칙들을 과학으로부터 배제시킬 수 없다. 다시 말해서 가령 우리가 과학의 문화적 기능과 사회적 편입이 시야(視野)로부터 벗어날 만큼 과학을 축소한다고 하더라도 그것이 지니고 있는 가치, 규범, 원칙 등은 결코 과학으로부터 제외할 수 없다. 이러한 맥락에서 스위스의 철학자 홀차이는 일찍이 다음과 같이 쓰고 있다.

"만일 우리가 과학에 있어 항상 지(知)의 존재(이론, 방법, 사실)만을 사고한다면 우리는 과학 자체가 그 고유한 규범 체계를 가진 구조라는 것을 즉각 파악한다."[187]

야스퍼스가 철학과 과학의 상호 의존과 상호 연루에 대해 깊이 성찰하고 그것이 대학 연구에서는 과학적 사고 태도의 형식으로 인격 형성적 가치 교육으로 하여금 다산적이도록 하고자 했다는 것을 시대착오적인 엘리트 보수주의적 정신의 귀족주의를 지향하는 징후를 드러내고 있다고는 말할 수 없다. 야스퍼스는 사실 이러한 비난을 자기 자신이 유발시키기도 했다. 왜냐하면 그는 대학에서는 항상 '소수'를 형성하는 '모든 하층계급으로부터 정신의 귀족주의'를 교육

---

[187] H. Holzhey, ≪Naturund Geisteswissenschaftenzwei Kulturen?≫ In : H. Reinalter 편집, ≪Naturund Geisteswissenschaftenzwei Kulturen?≫, Innsbruk/Wien 1999, S. 37.

하는 것이 중요시된다고 생각했고, 그리고 이러한 입장을 고풍스러우면서 애매한 표현으로 말했기 때문이다.(IU 39 참조)[188] 그런데 엘리트적인 정신의 귀족주의에 대한 비난은 그의 가치 지향적 인격교육의 구상에 적용될 수 없다. 이러한 구상은 지배적인 시대정신과의 현저한 대립에 선다. 이 대립은 우리가 "효율성의 이데올로기"라고 부를 수 있는 '사고방식'을 만들어 냈다. 많은 생활 영역에서 우리는 근본적으로 다음과 같은 물음의 지평에 중심을 두는 사고와 대립되고 있음을 느끼고 있다. 하나의 노력 또는 기도하는 행동이 어떤 성과와 어떤 효과를 가지는가? 우리는 행위의 진력 또는 공공기관의 설립을, 가능한 한 정확하고 합리적인 계획과 근대적인 경영 기술을 통해서 어떻게 보다 더 효과적으로 수행할 수 있는가? 그리고 업적 증가의 의미에서도 또 비용 극소화(極小化)의 의미에서도 그렇게 할 수 있는가?

교육 문제에서 이와 같은 사고방식은 근본적으로 직업 지향적 전문 직업 교육의 목표에, 즉 현실적 노동시장의 필요조건에서 전문가의 조예와 사용할 수 있는 전문 시기의

---

[188] 오늘날 대학에는 모든 사회 계층에 분포되어 있는 재능 있고 기꺼이 배우고자 하는 청소년들을 양성하는 것이 매우 중요하다고 말하는 사람들이 많다.

매개에 집착한다.

    자연과학과 공학이 옹골찬 전문 지식을 매개한다는 것은 의심할 여지없이 불가결하다. 왜냐하면 경제적 경쟁 근거에 기초한 복합적 전체적 기술적 세계에서는 이와 같은 지가 중요하기 때문이다. 따라서 야스퍼스는 일상적 삶의 문제와 노동 업무에 의한 압도를 완화함에서 기술의 위대한 업적들을 인정하고 있다.(UZG 127ff 참조) 그러나 야스퍼스는 과학과 교육의 의미를 명백한 삶의 실천적인 유용성의 원칙에서만 측정하는 사고 태도를 촉진하는 것에 대해 경고하고 있다. 이와 같은 사고 태도로부터는 대학과 다른 교육기관에서 교육 내용들을 매개하는 규율은 낮게 평가되고 있다. 우리는 이러한 교육 내용에 의해서는 경제적 경쟁과 노동 경감에 직접적으로 이용할 수 있는 전문 지식을 마음대로 사용할 수 없다.(IU 46ff 참조)

    효율성의 이데올로기에 의해 야기되는 무익한 과학적 규율에 근거한 정당성 인정의 압력은 철학과 정신과학의 의미와 실증적(實證的)인 가치들에 대한 폭넓은 지속적인 토의를 환기시켰다. 이러한 토의가 가지고 온 지금까지의 성과들은, 비록 이 토의가 이미 오랜 시간 동안 지속[189]되었다고 하더라도, 공중과 교육정책자의 의식에는 아직도 받아들여지지 않았다. 그와 동시에 정신과학의 가치와 특히 교육 규범에서의 철학이 이끌어 온 논증들은 이미 야스퍼스의 대학의 구상에 의하면 반드시 요청된다.

야스퍼스는 대학의 이념을 다시금 의식 가운데 야기시키는 것을 철학의 중요한 과제로서 간주한다. 대학의 이념은 지식의 매개를 목표로서 가질 뿐만 아니라 인격교육도 또한 결정적인 척도로 삼는다. 모든 하층민 출신의 재능 있는 청소년들은 과학적 사고 태도와 그리고 그러한 사고 태도와 결부된 가치들과 규범의 내면화를 통해서 책임 의식을 가진 성숙한 비판적 국민들(야스퍼스의 후기 철학에서 말하는 세계 시민들)이 되도록 대학에서 교육받지 않으면 안 된다. 이와 동시에 야스퍼스는 다음과 같은 두 가지 전제들을 불가결한 것으로 간주하고 있다.

(a) 연구 과정에서 배우는 사람들이 자주적·창조적 사

---

189) H. Lenk, ≪Pragmatische Vernunft≫, Philosophie zwischen Wissenschaft und Praxis, Stuttgart 1797 ; O. Marquard, ≪Über die Unvermeidlichkeit der Geisteswissenschaften≫ In : Derselbe, Apologie des Zufälligen. Philosophische Studien, Stuttgart 1986, S. 98~116 ; H. Sübbe, ≪Zwischen Herkunft und Zukunft. Bildung in einer dynamischen Zivilisation≫, Wien 1998 ; J. Mittelstrass, ≪Krise und Zukunft der Geisteswissenschaften≫ In : H. Reinalter 편집, 위의 책, S. 74.

고의 훈련에 직접 참여하는 것.190) 야스퍼스는 대학에서 강의하는 사람들로부터 그들이 다음과 같은 계명을, 즉 "가르친다는 것은 연구 과정에 참여하는 것을 의미한다"는 계명을 체득(體得)할 것을 바란다.(IU 64)

(b) 소크라테스적 교육의 방법. 이러한 방법의 두 가지 근본 원칙들은 가르치는 자가 처음부터 배우는 자와 더불어 동등한 수준에 서야 한다는 데 있다. 따라서 가르치는 자는 토의 과정에서 자기 스스로 배우는 자의 심정으로 돌아가서 이해하고, 공부하는 학생은 자유로운 공간에서 지식을 습득하기 위해 노력하는 모습을 보여 주고 동시에 그렇게 함으로써 자기 책임을 실행하지 않으면 안 된다.

가치 지향적 교육 구상의 현실성

세 가지 논증을 다음과 같이 논의해 보자. 야스퍼스의 가치 지향적 교육 구상이 오늘날 시대에 역행한 것으로서 나타나지 않고 현실적이면서 보존할 만한 가치가 있는 것으로서 생각되는가? 이 세 가지 논증 가운데 첫째 논증은 역사적

---

190) G. Casper 편집, ≪Die Befreiung der Universitäten≫ In : Die Zeit, Nr. 5(2005), S. 71.

문화적 논증이다.

　근대과학의 이념과 근대 대학의 이념은 유럽의 휴머니즘과 유럽의 계몽주의적 사고 흐름으로부터 유래하는 전통의 유산을 역사적으로 전승했다. 과학에 대한 근대적 이해는 예컨대 프란시스 베이컨이 중세로부터 근대로 전환하는 도상에서 계획대로 그것을 기도했던 것과도 같이 오늘날의 시각에서 볼 때 극단적·독단적·권위적이면서 현실로부터 먼 것으로서 나타나는 그런 인식과 과학에의 이해에 반대해 대립하는 데서 실현되었다. 그것은 성경에서 주출(做出)한 교리를, 그리고 아리스토텔레스의 철학으로부터 주출한 명제들을 인식에서 최후의 정당성의 심급과 진리의 보증으로서 간주한 인식과 지식의 이해였다. 근대 대학의 이념은 신앙과 결부된 중세 대학들과 분명히 대립해 공포되었다. 그러므로 서양의 그리스도교적 교육의 가치와 지식의 전승에서는 이러한 중세 대학들의 업적은 공적 면에서 다대하다. 이마누엘 칸트는 훔볼트가 1809년[191] 5월의 베를린대학 창설 제안서에서 표명한 바와 같이 1798년[192]의 ≪학부들의

---

191) W. von Humboldt, Werke IV : ≪Schriften zur Politik und zum Bildungswesen≫, Stuttgart 1964, S. 29·33.
192) I. Kant, ≪Der Streit der Fakultäten≫ In : Derselbe, Werke in

논쟁≫이라는 저서에서 이러한 근대 이념의 강령에 일치하는 목표들을 천명했다. 칸트는 대학에서는, 특히 대학의 철학부에서는 가르침의 유용성만이 중요한 문제가 되는 것이 아니고, 진리야말로 가장 중요한 문제고 "자유로운 판단"에의 능력이 특별히 촉진되어야 한다[193])는 것을 화두로 삼고 있다. 야스퍼스는 만일 그가 대학의 이념과 관련해서 계몽의 에토스를 강조하고 있다면 칸트와 훔볼트를 여러 차례 증인으로 끌어내고 있다.(IU 79 참조) 근대의 과학 이해 및 근대의 대학 이념과 항상 밀접하게 결부된 이러한 에토스는 과학적 기도에서 가치의 토대를 형성하고 있고 근대의 문화적 성과를 나타내고 있다. 이러한 에토스에 대한 거부는 수많은 생활 영역에서는 중대한 부정적 결과들을 가지고 오기도 했다. 이러한 에토스는 과학적 인식의 한계에 관해, 즉 인간의 삶에서 과학 일반이 가지는 의미에 관해 숙고하고 그리고 과학적 사고방식의 과대한 평가와 절대화를 비판적으로 - 야스퍼스에게 특히 철학의 과제는 여기에 있다 - 음미해야 하는 의무와 항상 결부되어 있다. 야스퍼스는 이것

---

zehn Bänden ; W. Weischedel 편집, 제9권, 1. Teil. Darmstadt 1983, S. 290ff..
193) Kant, 같은 책, S. 290.

을 그의 저서에서 "과학의 미신"이 가지는 위험에 대해 여러 번 경고함으로써 강조하고 있다.(W 502 ; UZG 124ff ; KISch 114ff ; GIO 160, 430, 532 ; RAU 246ff ; AZM 265)

우리는 근대적 과학의 이해와 근대적 대학의 구상이 유럽에서 문화적 전통의 중심적인 규정 요인임을 또한 잊어서는 안 된다. 이 문화적 전통은 "유럽의 특별한 길"[194]을, 즉 정치적 발전에 있어서 다원적 민주주의에의 길, 사회적 발전에서 서구적 복지사회에의 길, 과학의 발전에서 컴퓨터 시대에의 길을 가능하게 했다. 도덕적 발전에서는 인권의 존중과 실현에의 요구가, 법률상의 발전에서는 법치국가와 세계를 포괄하는 국제법의 이면이 이러한 문화적 전통과 밀접하게 결부되어 있다.

야스퍼스는 이러한 문화적 전통을 서양의 전통이라고 일컫고 있고, 이 전통이야말로 인류 발전사에서 가장 고귀하고 가치가 큰 문화적 업적을 나타내고 있다고 확신하고 있

---

194) H. Albert, ≪Freiheit und Ordnung≫, Zwei Abhandlungen zum Puoblem der offenen Gesellschaft, Tübingen 1996 ; 같은 저자, ≪Die Verfassung der Freiheit. Bedingungen der Möglichkeit sozialer Ordnung≫ In : K. Salamun 편집, ≪Moral und Politik aus der Sicht des Kritischen Rationalismus≫, Amsterdam 1991, S. 13~42.

다. 진보한 근대적 산업사회에서의 대학들과, 특히 대학에서의 정신과학은 이러한 전통을 항상 인류 발전상의 의미에서 다루고, 전통을 비판적으로 계승·발전시키고, 지적 엘리트 지도자로 하여금 가능한 한 많은 국민들에게 추구할 만한 가치가 있는 삶의 방위 결정을 제공해야 하는 과제를 떠맡지 않으면 안 된다.

가치 지향적 인격교육에 대한 야스퍼스의 구상을 유지하고자 논의하고 있는 제2의 논증은 정치적 논증이다. 우리는 좁혀진 전문가적 또는 실증주의적 과학 이해에서 과학, 과학의 반영, 과학의 성과가 문화적 환경과도 관련되어 있다는 사실에 대해 눈을 감아서는 안 된다. 이러한 환경은 사회에서 우세하고 있는 정치적 문화와 밀접하게 결부되어 있다. 정치적 문화가 반민주주의적, 권위적 구조와 통치 방식에 의해 형성되는 곳에서는 통제적 정당의 과학 문화와 교육 문화가 장려된다. 정치적 권력자의 지령에 좌우되지 않고 근본적으로 객관성의 이상을 지향하는 과학적 사고 시도는 여기서는 배척된다. 교육기관과 교양기관은 권력자의 이해관계(利害關係)와 이데올로기의 의미에서 후견을 받고 통제받는다. 정치 문화가 민주주의적인 곳에서는 다원적이면서 자유로운 과학 문화와 교육 문화가 장려된다. 이러한 곳에서는 과학은 정치권력자의 지시와 직접적인 조종에 의해 좌우되지 않는다. 학교와 교육기관에 있어서 지식의 전달 역시, 정치적 권력자의 이데올로기의 교조화(教條化)와 결부되지 않는다. 다원적이면서 자유로운 과학 문화와 교육 문화는 과학에서 획득된 인식들이 상호 경쟁을 하는 모든 정당들에 의해 객관적·보편타당적·초정당적인 것으로서 수용될 수 있다는 것의 필연적인 전제를 형성한다. 우리는 열린 민주주의 사회에서는 처음부터 과학에서 획득된 지식이 정치적 경쟁 단체에 의해 조작된다는 것을 받아들여서는 안 된다. 이러한 의미에서만 과학은 야스퍼스가 강조하고 있는 바와 같이 불편부당하고 "비정치적이다."(AZM 266 참조)

만일 야스퍼스가 칸트와 훔볼트를 인증(引證)으로 내세운 것과 마찬가지로 자기 자신의 논증으로 근대적 대학의 이념을 변호하듯이 근대적 대학의 이념이 대학 계몽의 에토스로써 변호되고, 다원적이고 자유로운 과학 문화가 민주주의의 정치적 이념과 밀접하게 관련되어 있다면 그것으로부터 다음과 같은 결론이 나온다. 즉 야스퍼스의 의도하는바 가치 지향적 인격교육의 의미에서 과학적 사고 태도의 매개는 동시에 자유로운 민주주의적 의미의 정치적 교육을 뜻한다. 이것은 정치적 독재에서 줄곧 권위주의적 정치 권력자들과 그들의 억압과 검열의 방법에 대항하는, 즉 때때로 대학들에 대해 경찰권으로 갑작스러운 폐쇄를 단행하는 조치에 반대하는 대학들로부터 나오는 항의와 혁명적인 행동까지도 입증하고 있다. 이데올로기 비판적인 화해 역시, 이미 앞에서 언급한 과학 자체의 가치들이 반민주주의적인 사고형식에 대해 두드러진 대립에 선다는 것을 나타내고 있다.

여기서 한 번 더 언급되어야 할 야스퍼스의 교육 구상의 시의적절성에서 마지막 셋째 논증은 실용적 근거들과 관계한다. 이러한 근거들 가운데 하나는 가끔 한탄을 자아내는 의미의 위기와 현재의 방향감각의 위기에서 그 결과로 생긴다. 앞서 언급한 바 있는 유럽의 휴머니즘과 계몽의 전통은 곧 자유·평등, 책임, 인권 등을 수반한 가치 지향을 나타내고 있다. 이러한 가치 지향은 대학과 다른 교육기관에서 정신과학 및 사회과학과 마찬가지로 철학에 의해 가치 충만한 유산으로서 지속적으로 전승될 수 있다. 이러한 전통이 여기서 앞서 언급한 바 있는 효율성의 이데올로기를 넘어서는 단순한 경제적 자유주의를 시사하는 것과도 같이 우리가 가치 지향 없이는 경제를 꾸려 나갈 수 없다는 것은, 최고경영자의 의견 진술에서 줄곧 명료화되고 있다. 경제 관계에서 상호 신뢰의 토대를 구축하고 그와 동시에 신뢰, 개현, 직진성(直進性), 상호 기대 가능성, 인격적 고결 등과 같은 가치들이 경제인들의 의식 속에 확고하게 체득되어 있고, 그 가치들이 현실적으로 행사되도록 하는 것이 절대적이라고 말한다면 높은 가치들에 대한 존중은 반드시 요청되지 않으면 안 된다. 야스퍼스는 이러한 높은 가치들에 대한 존중과 평가의 매개를 교육과 교양에서 강력히 요청하고 있다. 우리는 야스퍼스가 이러한 가치 평가를 그의 후기 철학에서 관념상의 목표로서 생각하고 있는 바와 같이, "이성적인 것의 공동체(Gemeinschaft der Vernünftigen)"가 가지는 개인의 본질적인 특성으로서 해석할 수 있다.(AZM 308ff 참조) 만일 우리가 이러한 가치 평가를 새로운 기초 분야인 경제 윤리에 의해 전달되는 것으로 생각한다면 그것은 환상이 아닐까? 야스퍼스의 관점에서 볼 때 가치 지향적 인격교육은 지금까지 인류의 문화적 발전의 전통적 인도주의적 유산에 대한 폭넓은 역사적·문화적 의식을 필요로 한다.

"지식과 숙련에 대한 가르침, 전문가의 전문성 고양은 아직도 인간의 교육, 인간의 과학적 사고방식 일반, 인간의 이성, 인간의 정신적 삶, 언제나 새롭게 증명해 온 인류의 정신적 가치의 역사적 전승에의 관여가 아니다."(AZM 446)

III. 영향

독일에서의 수용

야스퍼스의 영향을 평가하는 데 우리는 오늘날 아직도 슈나이더가 1965년에 출간한 그의 저서 ≪비판적 관점에서 본 카를 야스퍼스≫[195]에서 당시의 시점에 이르기까지의 "야스퍼스 논의"의 전망과 관점에 근거해 총괄한 것과 유사한 불만족스러운 결과에 직면하고 있다. 야스퍼스는 하이데거와 함께 독일의 위대한 두 명의 실존철학자들 가운데 한 사람으로서 간주되고 있고, 그가 저술한 저서들의 전체 발행 부수는 이미 100만 부의 선을 훨씬 넘어서고 있다.[196] 그러나 독일 내에서 그가 미친 영향에 관해서는 구체적으로 이야기되지 않고 있다.

야스퍼스는 그의 유명한 동시대인인 하이데거와는 달리

---

[195] Schneiders(1965), S. 4ff.
[196] 과거 야스퍼스의 저서들을 전문적으로 출판했던 출판업자 클라우스 피퍼는 "1963년에 독일어로 출판된 책들 가운데 단행본으로 무려 90만 부나 팔린 것은 야스퍼스의 저서가 최초다"라고 이미 쓰고 있다.
K. Piper, ≪Begegnung des Verlegers mit Karl Jaspers≫ In : Piper(1963), S. 14 참조.

그의 사상을 학문적 주장의 형식으로 대변하고 그를 추종하는 대학의 연구생들과 지속적으로 토의해 온 제자들을 독일 대학에 남겨 놓지 못했다. 야스퍼스는 자기의 생애 내내 자기의 철학을 옹호하고 선전할 제자들과 선전가들을 가까이 끌어들이기 위해 어떤 일도 행하지 않았다. 더욱이 그는 철학함이란 어차피 실질적인 지식을 가르치지 못한다는 확신에서 그런 일을 행하지 않았다. 야스퍼스의 철학의 본질적인 내용들이란 직접 전달되지 못한다는 사실과 관련한 방법적 표상은 그의 사상의 폭넓은 논의에 커다란 방해였다. 왜 그의 철학이 그가 생존하고 있던 동안 상세하게 토의되지 못했는가하는 전기상(傳記上)의 원인은 1948년에 야스퍼스가 스위스로 이주해 간 데 있다. 당시 그의 동료 교수들 가운데 많은 교수들이 그의 스위스로의 이주에서 전후 독일 문제에 직면해 편안하게 도피한 모습을 보았다. 그리고 또한 그들은 국가사회주의 정권이 남긴 유산으로 말미암아 무거운 부담을 지고 있지만, 그러나 다시금 일으켜 세운 새로운 국가상을 전 세계에 비로소 부각시키는 것이 중요한 문제로 되어 있던 시기에 이른바 새로이 세운 독일 민주주의 국가에 대한 배신을 그의 스위스로의 이주에서 보았다. 독일의 전문적인 철학 분야에서 보여 주고 있는 야스퍼스의 사상의 비교적 보잘것없는 수용을 설명하고자 시도하는 데 우리는 또한 그가 그의 철학함으로써 확고한 체계와 관용적 범주화에 상응하지 않고 있다는 사실도 잊어서는 안 된다. 사실 우리는 대체적으로 평범한 철학자들과 위대한 사상가들을 이러한 체계와 범주화에 근거해 평가하곤 한다. 게다가 프랑스 언어권에서의 그의 철학의 강력한 여성 옹호자인 예안네 헤르슈는 일찍이 다음과 같이 쓰고 있다.

"무신론자들에게 야스퍼스는 신앙인이고 신앙인들에게 야스퍼스는 무신론자며, 합리주의자에게 야스퍼스는 신비주의자고 신비주의자들에게 야스퍼스는 미결정적 궤변가다. 어두운 심연에 빠져 있는 사람들, 공공연한 진리의 비합리적인 것 가운데서 모험을 감행하는 사도들은 야스퍼스를 표피적이면서 값싼 휴머니즘에서 길을 잃은 계몽주의자들 가운데 배열하고 있다. 오직 논리적 경험적 명증성에 근거하는 사람은 그의 한계상황, 암호, 실존, 초월자, 포괄자를 반계몽주의적 보수주의적 공허한 수다에 옮겨 놓고 있다."[197]

야스퍼스의 철학을 근본적으로 해석하고 지속적으로 발전시켜 나가는 것을 전문으로 하는 명망 있는 독일 철학자

---

197) J. Hersch, ≪Jaspers in Frankreich≫ In : Piper(1963), S. 150.

가 없다고 하더라도 많은 사람들이 그의 철학의 부분적 영역에 몰두하고 그와 동시에 자기들 자신의 사고에서 많은 충동을 경험한다. 그러나 이러한 충동의 경험을 구체적으로 증명한다는 것은 어려운 일이다. 그러므로 예컨대 하버마스와 같은 국제적으로 많이 알려진 독일 철학자는, 비록 그가 이것을 그 어디에서도 명백히 실현하지 않았다고 하더라도, 야스퍼스의 철학으로부터 확실히 심대한 자극을 받았다. 하버마스의 "의사소통의 이성(Kommunikative Vernunft)"이라는 개념이 야스퍼스의 사귐의 이해 및 이성의 이해와 아주 비슷한 구조적 유사성을 나타내고 있다는 것은 파렌바흐가 수행한 연구에 의해 제시되고 있다.[198] 야스퍼스의 방대한 작품 가운데 진술된 다양한 사상은 우리가 그의 철학적 저술들의 폭넓은 스펙트럼을 통해서 그의 사상에 동의해 그것을 인용하기도 하고 때로는 비판적으로 그것을 인용하기도 하는 방향으로 인도했다. 이러한 스펙트럼은 심리철학, 철학적 인간학, 교육철학, 도덕철학으로부터 형이상학, 역사철학, 문화철학, 종교철학을 넘어 정치철학과 기술철학에

---

[198] Fahrenbach(1995), S. 110ff, sowie auch Weidmann(2005b), S. 193ff 참조.

까지 미치고 있다.[199]

우리가 철학사 관계의 많은 저서들에서 본 바와 같이 야스퍼스가 아직도 독일 실존철학의 한 사람의 대표자로 하락·축소시킨 과소평가가 오늘날 시대에 뒤진 것이라는 것을 머지않은 과거에 '바젤 카를 야스퍼스 재단'과 '오스트리아 카를 야스퍼스 학회'에서 거의 매년 개최되었던 야스퍼스 심포지엄과 야스퍼스 워크숍에서 제공되었던 연구 결과가 나타내 보여 주었다. 하이델베르크에서는 빌을 중심으로 한 젊은 야스퍼스 연구자들의 서클이 형성되었다. 이 서클은 야스퍼스 사상의 해석과 지속적인 발전을 위해서 기대되는 많은 새로운 경향을 효과적으로 토의하고 있다. 1990년 올덴부르크대학에서 <카를 야스퍼스, 시간 문제에 대한 그의 강의>라는 제목을 붙인 일련의 강연회가 열렸다. 이 강연회에서 초청 연사는 보편적인 사귐에 대한 야스퍼스의 이념

---

199) 야스퍼스가 ≪역사의 기원과 목표≫에서 시도하고 있는 기술에 대한 평가는 작세의 ≪기술의 인간학≫에서도 언급되고 있다. Ein Beitrag zur Stellung des Menschen in der Wilt. Braunschweig 1978, S. 241 ; F. Rapp, ≪Analytische Technikphilosophie≫, München 1978, S. 16 ; H. Lenk, ≪Zur Sozialphilosophie der Technik≫, Frankfurt 1982, S. 155ff.

의 의미에 근거해 다양한 문화권의 세계 이해를 토의하기도 했다. 독일에서의 야스퍼스에 대한 연구의 중심은 마인츠 대학이다. 왜냐하면 많은 출판물을 통해서 야스퍼스 철학의 상이한 관점들을 입증해 준 야스퍼스 연구의 두 권위자들인 리하르트 비서와 게를라흐가 마인츠대학에서 연금부 퇴직 때까지 야스퍼스의 철학 사상을 강의해 왔기 때문이다. 현재 마인츠대학에는 야스퍼스 연구자로서는 이 두 분 이외에 안드레아스 체자나도 활동하고 있다, 체자나는 특히 상호문화성과 상호 문화적 철학에 관한 토의에 야스퍼스의 철학을 연결시키고자 애써 노력하고 있다.[200]

정신과학적으로 방향을 결정한 교육학의 논의에 야스퍼스의 사상을 수용하는 가장 중요한 시도를 오토 볼노는 이미 일찍이 착수한 바 있다. 볼노는 1936년과 1939년에 이미 두 편의 논문에서 야스퍼스의 철학 사상을 매우 섬세하게 분석했다. 볼노는 널리 알려졌고, 게다가 여러 판을 거듭해서 출간된 그의 만년의 저작인 ≪실존철학≫에서 야스퍼스의 사고의 본질적인 근본 특징을 아주 알기 쉽게 분명하게

---

[200] A. Cesana(2000 und 2003), sowie zu dieser Thematik aluch : R. A. Mall(1999) 참조.

표현했다. 볼노는 그것을 실존적 교육학에 관련한 논문들과 특히 ≪실존철학과 교육학≫이라는 저서에서 야스퍼스의 수많은 사고 동기들에 근거해 전달하고 있다. 볼노는 교육학이란 단순히 "부단한" 교육 과정과 관계할 뿐만 아니라, 교육의 한결같지 않은 형식들과도 관계한다는 사실로부터, 즉 격심한 동요 및 심각한 결단과 결부된 삶의 경과에서 위기 및 방해와 관계한다는 것으로부터 논의를 시작하고 있다. 이와 같은 위기에 대한 볼노의 현상학적 기술에서도 또 이 위기의 교육학적 극복에 대한 그의 숙고에서도 야스퍼스의 한계상황과 실존적 사귐의 개념으로부터 받은 영향이 명백해지고 있다. 야스퍼스의 영향은 만일 교사가 교육의 실존적 차원에서 가끔 의도적인 계획 수립의 한계에 부딪치고, 교육에서 진정한 한계상황을 경험하고, 보호 없는 개현의 모험을 감행하지 않으면 안 되고, 항상 좌절의 가능성에 직면하는 것이 확인될 경우에 교사와 학생의 관계를 기술하는 데 볼노의 개념의 선택에서도 나타나고 있다.[201]

볼노의 실존적 정신사적 만남의 개념이 딜타이와 하이데

---

201) O. F. Bollnow, ≪Existenzphilosophie und Pädagogik≫, Stuttgart 1959, S. 132ff, 146f, 169f 참조.

거의 해석학 그리고 부버의 해석학뿐만 아니라 야스퍼스의 해석학으로부터 어느 정도로 영향을 받았는가는 보다 정확한 분석에 의해서만 드러난다. 이러한 만남의 개념은 야스퍼스의 사귐의 개념과 비교해 볼 때 개인적인 영역을 넘어서 정신사적 현상들을 체득하는 자기 동화의 영역으로 나아가는 확대를 나타내고 있다. 그러나 그때에 가정된 실존적 만남이 드러내는 성격 묘사는 정신적 현상들과 문화의 형상을 제 것으로 체득하는 실존적 자기 동화에 대한 야스퍼스의 표상과 아주 많이 비교된다는 것을 나타내고 있다.[202] 교육학과 교육과학에서 야스퍼스의 이념의 성과는 볼노에 의하면 무엇보다도 호른을 두드러지게 했다. 호른은 과거에 야스퍼스의 제자였고 뢰비트의 조교였던 프리츠 뵈페르젠이 베르기에 대학 교육과학학부에서 그리고 부페르탈 종합전문대학에서 강의하고 있는 것과도 같이 오랜 시간 동안 하겐교육전문대학에서 강의했고 그 후에는 도르트문트대학에서 강의했다.[203]

---

202) 같은 책, S. 98f, 101ff, 110ff ; ≪Zu kritischen Bedenken gegenüber dieser Ideebei Jaspers≫, Röd, 135ff 참조.
203) B. Tollkötter, ≪Erziehung und Silbstsein≫, Das Pädagogische Grundproblem im Werk von Karl Jaspers, Köln 1961 ; H. Horn,

칼 바르트, 불트만, 파울틸리히, 파넨베르크와 같은 저명한 신학자들이 야스퍼스의 사상과 대결했다는 것은 그의 종교 비판과 신학에 대한 비판적 도발로서 그의 초월자 개념과 철학적 신앙이 현저하게 고려되고 있었다는 것에 대한 증거다.

정신의학의 방법에 관한 토의에 대해 야스퍼스가 부여하고 있는 의미는 충분히 평가될 수 없다. 그러나 일반 정신병리학은 설명과 이해의 이분(二分)과 관련한 이원론적인 방법이 가지는 딜레마를 고려해 정신의학을 체계적·방법론적 기초 위에 정초(定礎) 지우고자 하는 최초의 시도였다. 그런데 야스퍼스는 이 딜레마를 해결하고자 하는 그의 제의에 동의하는 추종자를 찾지 못했다. 그러나 그의 방법론적인 계획은 모범적인 해결의 시도로서 정신의학적인 근본 토의에서는 항상 현재적이다.[204]

야스퍼스는 그의 방법론적 관점에 근거해 정신적 현상에 대한 설명의 지극히 자연주의적 범례(凡例)에 대해서도 또

《Einführung zu : Karl Jaspers. Was ist Erziehung?》, S. 20ff ; F. Böversen(1984), S. 77ff 참조.
204) W. Schmitt(1980), S. 46ff ; W. Blankenburg(1986), S. 112ff, 126 ; W. Janzarik(1986), S. 112ff ; M. Bormuth(2002) 참조.

한 정신분석의 극단적·사변적·전체주의적 성향에 대해서도 매우 비판적으로 맞서고 있다.205) 그의 이러한 방법론적 관점이 현재 다시 한번 더 강렬하게 토의되고 있다는 사실이 2005년 모스크바에서 "철학과 정신병리학 — 카를 야스퍼스의 과학적 유산"이라는 주제로 열린 국제회의에서 밝혀졌다. 이 국제회의에서 일련의 권위 있는 독일 정신과 전문의들(Ch. 문트, H. 슈티어린, A. 크라우스, H. 랑, M. 슈미트-데겐하르트, M. 뷔르기, Th. 푹스)은 정신병리학에서 야스퍼스의 방법론적 통찰의 장점과 부족한 점에 관해서 보고했다.

철학적으로 관심 있는 문외한에 미친 야스퍼스 철학의 영향은 결코 구체적으로 증명될 수 없다. 이러한 영향은 그의 저서들의, 특히 문고 형식으로 출간된 저서들의 엄청난 부수(部數)가 입증해 주고 있는 바와 같이 결코 하찮은 것일

---

205) 보르무트는 정신 분석에 대한 야스퍼스의 비판을 상세하게 설명했다. M. Bormuth(2002), ≪sowie derselbe : Die Psychoanalysekritik von Karl Jaspers als Wiltanschauungskritik≫ In : R. Wisser/ L. H. Ehrlich 편집(2003), S. 215~220 ; 같은 저자, <Aspekte der Kritik an der Psychoanalyse bei Karl Jaspers> In : Jahrbuch der Österreichischen Karl Jaspers-Gesellschaft, Jg. 10(1997), S. 55~90 참조.

수는 없다.

　보다 넓은 세상에서의 야스퍼스의 지명도(知名度)는 1950년대와 1960년대 독일연방공화국의 많은 대중매체에서 (그 가운데 ≪슈피겔≫과 ≪디 차이트≫에서는 그의 견해를 널리 알리는 지면이 할애되기도 했다) 그의 정치적 논제에 대한 토의에 의해서 결정적으로 높아지기도 했다. 야스퍼스의 정치적 논제에 대한 공공연한 반응은 당시에 부분적으로 매우 논쟁적이었다. 그러므로 사람들은 정치적 좌파 계통의 신문들에서 전체주의에 대한 비판을 맹목적 반공산주의와 "냉전"의 경직된 정신의 결과라고 비판했다. 서방 진영이 강대국인 미국과 더불어 공산주의자들의 테러에 의한 세계 지배에 대한 최후의 가능적 양자택일로서 핵전쟁도 계산에 집어넣고 있다는 고려는 노쇠한 친미 나토(Nato) 철학자의 반공산주의적인 과대망상으로서 백안시되었다. 보수적인 신문들에서는 독일 재통일의 독트린을 포기하고 세계 제2차 대전에 의해서 만들어진 국경선의 상황을 인정하라는 요구, 비상사태법에 대한 비판, 독일연방공화국에 정당 독재가 전개되고 있다는 경고가 오히려 예리하게 공격받았는가 하면, 더 나아가서는 외국에서 계속 살아왔고 정치적으로 세상과 동떨어진 철학자의 망상으로서 경시되기도 했다. 야스퍼스가 동독에서 정치적 자유화가 보다 용이하게 가능해지고 양독 국가 시민들 간의 접촉이 개선될 수 있도록 동구권 내에서 동독의 자주성을 강화하기 위해 경제적 원조를 통해서 동독을 지원하지 않으면 안 된다는 이론을 주장한 것은 당시 결코 주목을 받지 못했다. 이러한 제의가 거의 20년이 지난 이후 독일연방공화국 내의 유명한 보수적 정치가들(예컨대 B. J. 슈트라우스)의 머릿속에 가령 동독에서 이 제의를 받아들이고자 했을 경우에, 과연 실천할 의도가 있었는지 어떤지 하는 것은 아마도 검증되기는 어려울 것이다.

과거 동독에서 야스퍼스의 철학은 우선 실존철학 일반에 반대해 논박했던 것과 동일한 틀에 박힌 논증으로 경시되었다. 다시 말해서 야스퍼스의 철학은 비교(秘敎)의 내면성을 지향한 일종의 도피고 자본주의의 위기만을 경고하고 있을 뿐이라는 것이다. 야스퍼스의 철학은 독점자본주의 제도의 안정화에 기여하고 있고 그것은 미국의 전쟁 선동가들에 의해 촉진되고 있는 … 관념주의적 유행 철학이다. 이 유행 철학은 대중과 지식인들을 오도하고 제국주의에 대항하는 투쟁을 방해했다.[206] 그러나 그 밖에도 예컨대 베버의 영향이

---

206) G. Mende, ≪Studien über die Existenzphilosophie≫,

보다 정확하게 분석되고 야스퍼스의 실존철학과 정치철학 사이의 공통성과 상이성이 연구되는 경우에는 야스퍼스와의 섬세한 논쟁이 있었다. 이 섬세한 고찰은 특히 H. M. 게를라흐207)에서 발견된다. 게를라흐는 당시 할레 비텐베르크 대학에서 강의하고 있었다. 게를라흐는 1983년 야스퍼스 탄신 100주년에 즈음해 개최된 할레 비텐베르크 대학의 "마르크스 레닌주의 철학 분과"의 공동연구회의에서 다음과 같이 용기 있게 확증했다.

"야스퍼스는 실존철학에서 말하는 상황론의 근본 입장을 한계상황으로써 기획하고 있다. 이 상황론은 훗날 다양한 시민의 상황 윤리로 받아들여져서 사유되었다. 나의 생각으로는 이 상황론은 사적(史的) 유물론의 관점에서 의사들, 심리학자들, 교육학자들, 사회학자들에 동의해 마르크스주의의 윤리를 보다 깊이 분석하고 토론하고 비판하는 것을 필요로 한다. 왜냐하면 바로 여기에 인간의 삶에서 본질적인 문제들이 숨어 있기 때문이다."208)

Berlin(Ost) 1956, S. 182ff 참조.
207) H. M. Gerlach(1974), S. 78ff, 100ff.
208) H. M. Gerlach, ≪Sechs Thesen über das Thema : Jaspers als Philosophund wie werten wir ihn heute?≫ In : H. M. Gerlach/S.

Mocek, ≪Karl Jaspers. Eine marxistischleninistische Auseinandersetzung mit Jaspers' Philosophischem, politischem und medizinischem Werk≫, Halle 1984, S. 15f.

국제적인 반향

야스퍼스의 주저들은 영어, 프랑스어, 이탈리아어, 스페인어, 일본어, 한국어 등으로 번역되었다. ≪진리론≫만이 지금까지 외국어로 완역되지 않고 있을 뿐이다. 주저들, 논설들, 논문들로부터의 발췌는 총 32국어로 번역되었다. 그 가운데는 아랍어, 덴마크어, 한국어, 네덜란드어, 페르시아어, 폴란드어, 포르투갈어, 러시아어, 스웨덴어, 세르보크라트어(세르비아와 크로아티아의 언어. 역자 주), 터키어, 헝가리어 등도 포함된다.[209]

특히 일본에서 야스퍼스의 철학은 심대한 주목을 받았다. 야스퍼스 철학 사상의 수용의 첫 시작으로 ≪시대의 정신적 상황≫과 ≪철학≫이 이미 대학에서 토의되었던 1933년에까지 거슬러 올라간다.[210] 제2차 세계대전 이후 1950년에서 1951년 사이에 '도쿄 야스퍼스 학회'가 창립되었다.

---

209) 야스퍼스의 주저들의 역서 목록은 라바누스의 저서에 기술되어 있다. Rabanus(2000), S. 337~366.
210) D. Yoshizawa, ≪The Reception of Jaspers in Japan≫ In : L. H. Ehrlich · R. Wisser 편집, S. 395ff.

'도쿄 야스퍼스 학회'는 ≪실존≫이라는 타이틀로 회보를 펴냈고 그 이후에는 ≪사귐≫이라는 이름으로 고쳐서 회보를 펴내기도 했다. 이 회보에는 일본에서 야스퍼스에 관해서 저작된 단행본들(특히 스즈키, 사이토, 가네코, 가네코의 단행본들)에 관해서 보고가 있었다. 그리고 이 회보에는 야스퍼스의 사상을 수용한 범위가 명시되기도 했다. 1970년에 이 '도쿄 야스퍼스 학회'는 '일본 야스퍼스 학회'라는 이름으로 고쳐서 새롭게 창립되었다. <일본 야스퍼스 학회>는 오늘날 도쿄에 있는 와세다 대학에 그 본부를 두고 있다. 우리는 일본 내 젊은 야스퍼스 연구자들 가운데 특히 하야시다, 요시자와, 마즈부시, 후쿠이, 하시모토, 한유, 히라노, 이마모토, 하라 등을 거명할 수 있다.

만일 우리가 일본 내에서 야스퍼스 철학의 커다란 반향을 설명하고자 한다면 무엇보다도 두 가지 주요한 이유를 언급해야 할 것이다. 그것은 첫째 "한계상황", "좌절", "초월자", "초월자의 암호", "실존규명"과 같은 야스퍼스 철학의 중심 개념들이 "옛부터 내려오는 많은 진정한 동방 사상들[211]"과 제휴 가능하다는 사실이다. 야스퍼스 철학이 일본

---

211) F. Hashimoto, ≪Die Philosophie von Karl Jaspers in Japan≫ In

에서 인기 있는 두 번째 원인은 야스퍼스 철학의 실천의 차원에 있다. 야스퍼스 철학은 그것이 가지고 있는 인도주의적인 정신으로써 삶의 실천적 윤리적 문제들을 매우 효과적으로 처리해 준다. 우리는 이러한 사실을 일본에서 이미 일찍이 인식했고, 예를 든다면 교육과 경제에서 도덕적 문제에 관한 토의에 사귐의 개념을 포함시킨 바 있다. 제2차 세계대전에서 일본의 패전 이후, 그러니까 일본 역사에서 군사적 시기에 대두된 합리주의적·기술주의적 정신에 대한 대극(對極)으로서 새로운 인도주의적 이상을 발견하는 것이 중요한 문제로 되어 있었을 때 야스퍼스 철학의 이러한 차원이 특별한 공명단(共鳴團)을 발견했다. 사람들은 야스퍼스 철학에서 "실존적 이성"의 개념을 접합점으로서 발견했다. 이러한 이성의 이해는 이성을 단순한 기술적 합리성으로 환원시키는 것이 아니고, 실존 개념과 함께 개인의 도덕적 가치 평가를 변호하고 있다. 이러한 도덕적 가치 평가는

: R. Piper 편집(1953), S. 167. 한국의 야스퍼스 철학 사상의 연구가인 정영도 역시 이 사실을 명백히 입증했다. 다음을 참조하자. etwa seinen Artikel : <Karl Jaspers Und Laotse. Parallelen zwischen den Begriffen Transzendenz und Tao> In : Jahrbuch der Österreichischen Karl Jaspers Gesellschaft, Jg. 11(1998), S. 28~43.

전후 일본에 있어서 도덕적 세계관적 의미 공백을 메꾸기 위해서도 특별히 요청될 뿐만 아니라 오늘날 아직도 현실적으로 시급하다.212)

이탈리아에서 야스퍼스는 1940년에 처음으로 철학사가인 파라이존에 의해서 논의되었다.213) 나중에 야스퍼스는 실존철학의 신봉자들과 적대자들 간의 투쟁에서 가끔 모범적인 상소 법원으로서 이용되기도 했다. 이탈리아 실존주의의 최초의 대표자인 N. 아바그나노와, 특히 야스퍼스의 저서들의 전문적인 번역자로서 나타난 E. 파치는 야스퍼스의 사상으로부터 커다란 영향을 받았다.214) 가톨릭 지향적 철학자(예컨대 G. 펜초)의 신의 이해, 초월자 사상, 암호의 개념 등은 철학적 신앙의 개념과 마찬가지로 항상 해석의 중심에 서 있다.215) 일찍이 자유 지향적이었던 사상가들(예컨

---

212) Y. Masubuchi, <Zur Rezeption von Jaspers'Philosophie in Japan als existentielle Vernunft> In : Jahrbuch der Österreichischen Karl Jaspers Gesellschaft, Jg. 5(1992), S. 48~62 참조.

213) L. Pareyson, ≪La filosofia dell'esistenza e Carlo Jaspers≫, Napoli 1940 참조.

214) L. Quattrocchi, ≪Karl Jaspers Und die Italienische Philsophie≫, In : K. Piper(1963), S. 152f 참조.

215) etwa G, Penzo, <Die Relität der Chiffer bei Jaspers oder eine

대 G. 칸틸로)의 야스퍼스의 사유의 도덕적 요구는 커다란 가치 평가를 누리고 있다.216) 그러나 근본적으로 이탈리아에서 야스퍼스에 대한 관심이 얼마나 대단한가 하는 것은 G. 펜초가 1983년 야스퍼스 추모의 해에 발간한 방대한 논문집 ≪카를 야스퍼스≫에 기고한 이탈리아 철학자들(A. 리고벨로, F. 코스타, B. 네그로니, P. 리치 신도니, M. 시그노레, G. 마시, F. 비아수티, O. 메오 등등)의 논문들에 의해 잘 나타나고 있다. 그것은 또한 ≪철학, 과학, 신학≫ 또는 2003년에 펜초가 출간한 논문집 ≪카를 야스퍼스 : 휴머니즘으로서 실존주의≫(이 논문집은 M. L. 바소, F. 미아노, A. 타글리아피에트라, G. 벨루치, R. 발란티, P. 살란디니, G. 로디니, M. 세라벨리, A. 리차카사 등의 논문들로 구성되어 있다), 그리고 D. 디 케사르와 G. 칸틸로가 2002년에 편집해 간행한 논문집으로서 <나폴리 국제 야스퍼스 회의>의 결과들을 요약한 ≪야스퍼스의 실존적 사귐의 철학≫에도 야스

---

neue Dimension der Vernunft> In : Jahrbuch der Österreichischen Karl Jaspers Gesellschaft, Jg. 15(2002), S. 49~79 참조.

216) etwa G. Cantillo, <Die Leidenschaft zur Wahrheit und die Philosophie der Liebe bei Karl Jaspers> In : A, Hügli/D. Kaegi/R. Wichl 편집(2004), S. 87~98 참조.

퍼스의 철학에 대해 폭넓게 형성된 관심이 명백히 나타나 있다. 이 국제회의에서도 '이탈리아 야스퍼스 학회'가 창립되었다. 이 국제회의에서 발표한 주요 논문 발표자들로서는 G. 칸틸로, D. 디 체자레, M. L. 바소, F. 미아노, S. 마차노, P. 발란디, A. 기우글리아노와 A. 기우스티노, 그리고 이탈리아에서 야스퍼스 연구의 최고령자인 펜초 등이 있었다.

프랑스 언어권에서 야스퍼스는 진실로 실존주의의 가장 탁월한 대표자로 알려졌다. 그러나 그의 사고는 아주 자세하게 토의되지는 않았다. 사르트르가 야스퍼스를 그의 작품과, 특히 철학적 신앙의 개념을 보다 자세하게 설명함이 없이 그리스도교적 실존철학자로서 낙인 찍고 있는 데[217) 반해서 카뮈는 모든 체계를 거부하는 야스퍼스의 가차 없는 폭로와 좌절의 이념과 결부된 부조리(不條理)에의 통찰을 높이 평가하고 있다. 그러나 다른 한편으로 카뮈는 좌절의 긍정적 해석과 초월자를 향해 가는 도상에서의 좌절의 정초를 비판하고 있다. 카뮈는 좌절과 동시에 실현하는 초월적 존재에의 비약을 통해서 마침내 다시금 부조리의 완전한 의

---

217) J. P. Sartre, ≪Der Existentialismus ist ein Humanismus und andere philosophische Essays 1943~1948≫, Reinbek 2000, S. 148 참조.

식으로부터 회피하는 모든 철학자들이 저지르는 "철학적 자살"의 범례를 보고 있다.218) 가브리엘 마르셀이야말로 야스퍼스의 중요한 사상에 가장 세심하게 전념했다. 마르셀은 특히 야스퍼스의 철학에서의 사귐의 근본 특징을 긍정적으로 평가하고 있고, 개별적 근본 상황의 심화된 해석을 주고 있지만, 그는 또한 야스퍼스에서 그 실체가 종교적 개념들의(예컨대 죄책) "부적절한 세속화"를 발견했다고 생각하고 있다.219) 현대 프랑스 철학에서 야스퍼스의 중심 사상(예컨대 신앙의 이해)을 상세하게 분석한 파울 리쾨르에 미친 야스퍼스의 영향은 이제는 끝난 것같이 생각된다.220)

프랑스의 언어권에서 야스퍼스의 작품 내용에 나타난 관점에 전념한 다른 유명한 철학자들로서는 R. 조리베트, J. 발, X. 틸리에테, J. 파우멘, R. 아롱, 특히 야스퍼스의 이전의 여성 제자였던 J. 헤르슈 등이 있다. 헤르슈는 야스퍼스의 다양한 중심 사상에 관한 많은 논문들을 썼을 뿐만 아니라 야스퍼스의 사상에 관한 입문서도 썼다. 이 입문서는 여

---

218) A. Camus, ≪Der Mythos von Sisyphos≫, Düsseldorf 1956, S. 26, 32f 참조.
219) G. Marcel(1973), S. 155 참조.
220) P. Ricoeur(1946/1986), sowie Dufrenne/Ricoeur 1947 참조.

러 판을 거듭해서 출판되어 나오기도 했다.221) 더 나아가서 헤르슈는 스위스에 카를 야스퍼스 재단을 설립했다. 이 카를 야스퍼스 재단은 계속해서 재단 기금으로 카를 야스퍼스의 유고 출판을 후원했다. 카를 야스퍼스 탄신 100주년 기념해에 야스퍼스에게 헌정하는 ≪국제 철학 평론≫이라는 소책자가 출판되었다. 파리에서는 유네스코가 주최한 "카를 야스퍼스, 이념과 보편적인 철학"이라는 주제를 가지고 대화 형식의 토론회가 열리기도 했고 또한 야스퍼스 추모 전시회도 열리기도 했다. 그뿐만 아니라 야스퍼스의 작품222) 들로부터 발췌한 여러 문장들을 게재한 프랑스어판 특집호도 출간되었다. 이 모든 것은 야스퍼스의 사고가 프랑스어권에서 높이 평가되고 있는 간접 증거로서 간주될 수 있다.

영국계 미국인의 영역에서 야스퍼스는 1957년에 출판된 책 ≪카를 야스퍼스의 철학≫으로 말미암아 특히 그 진가를

---

221) J. Hersch(1990) 참조.

222) Der Titel dieses Sonderheftes war : Jalons Jaspersiens. Centenaire de la naissance de Karl Jaspers 1883~1969, Paris : Unesco 1983 참조. C. F. Wallraff, <Jaspers in English : A Failure of Communication> In : ≪Philosophical and Phenomenological Research≫, XXXVII 1977, S. 537~548 참조.

인정받았다. 이 책은 P. A. 실프에 의해 편집 출판됨으로써 널리 알려진 일련의 살아 있는 "철학자들의 도서관"의 테두리 안에서 나온 셈이다. 1877년에 왜 야스퍼스의 철학은 영어권에서 충분한 반향을 일으키지 못했는가라는 물음에 대해 쓴 한 논문에서 찰스 월래프는 야스퍼스의 중요한 개념들에 대한 번역상의 결함에 주의를 환기시켰다.[223] 이러한 번역상의 결함은 나중에 적어도 부분적으로는 수정되었다. 그와 동시에 L. H. 에를리히(그는 매사추세츠 대학에서 수년 동안 강의한 바 있다)와 그의 부인 E. 에를리히 여사(그녀는 한때 바젤에서 야스퍼스의 강의를 들었던 청강생이었다)는 커다란 공을 세웠다.[224] 영국계 미국 철학자들이 일련의 야스퍼스 연구 논문집을 발간하는 데 재정적 지원을 했다는 것은(이러한 철학자들 가운데 특히 O. 슈래그, E. 영-브루얼, C. 월래프, L. H. 에를리히, A. 올슨, G. J. 월터스 등

---

[223] den Band : ≪Karl Jaspers. Basic Philosophical Writings≫ Selections. Edited, translated, with introductions by Edith Ehrlich, Leonard H. Ehrlich, George B. Pepper, Athens, London : Ohio University Press 1986 참조.

[224] O. Schrag(1971), E. Young-Bruehl(1981), C Wallraff(1970), A. Olson(1979), G. J. Walters(1988) 참조.

이 주로 재정적 지원을 했다)[225] 논의할 여지없이 명백하다. 야스퍼스의 작품에 관한 연구 활동의 대부분은 1980년도에 창립된 '북미 카를 야스퍼스 학회'의 테두리 내에서 현재 행해지고 있다. 이러한 연구 활동은 해마다 '미국철학협회(APA, American Philosophical Association)'의 회의와 관련해, 적어도 야스퍼스의 사고에 관한 전문가회의와 관련해 행해지고 있다. 이 회의의 결과들은 계속해서 간행물로 발표되고 있다.[226] 오늘날 미국에서 야스퍼스의 지명도가 날로 높이 올라가는 가운데 인식되고 있다는 것은 특히 그의 옛 여성 제자였던 해나 아렌트의 인기와 관련되어 있다. 자기가 생존하고 있었을 동안 해나 아렌트는 자기 스스로 야스퍼스의 저서들을 번역하고 그것을 널리 알리고자 노력했다. 만일 오늘날 해나 아렌트 자신의 저서에 관해 미국 학생들이 많은 학위논문들을 쓰고 있다면 그것은 야스퍼스가 (하이데거와 나란히) 그녀의 사상 발전에 미친 영향과 관계하고 있는 것이다.

야스퍼스 철학의 국제적 수용은 '국제 야스퍼스 학술회

---

[225] J. W. Koterski/R. J. Langley(편집), 2003 참조.
[226] 같은 책.

의'에 의해 요구되고 있다. 그러므로 2000년과 2004년에 두 차례에 걸쳐 열린 국제야스퍼스 심포지엄은 '바젤 요한 볼프강 괴테 재단'의 후원 아래 알자스 지방의 클링겐탈에서 개최되었다. 이 심포지엄에서는 "야스퍼스와 유럽"이라는 테마가 토의되었다. 과거 다섯 차례에 걸쳐 열린 세계 철학자 대회의 범위 내에서 리하르트 비서와 L. H. 에를리히는 (1983년에는 몬트리올에서, 1988년에는 브라이턴에서, 1993년에는 모스크바에서, 1998년에는 보스턴에서 2003년에는 이스탄불에서) 이와 같은 학술회의를 조직했다. 많은 나라들과 여러 대륙으로부터 많은 철학자들이 이 학술회의에 참가했다. 따라서 이 학술회의에서는 우리가 확정적으로 야스퍼스의 철학에 대해 국제적으로 인정함에서 때때로 실제보다 낮게 평가하지 않았는지 어떤지에 대해 문제 제기되고 있다. 왜냐하면 우리가 하이데거의 철학의 엄청나고 분명히 확인할 수 있는 영향에 비해 야스퍼스 철학의 영향을 성급하게 그리고 부당하게 측정하고 있기 때문이다.

약 어

A	Die Atombombe und die Zukunft des Menschen 원자폭탄과 인류의 장래
ABR	Antwort Zur Kritik meiner Schrift, Wohin treibt die Bundesrepublik? 나의 저서, 독일연방공화국은 어디로 가고 있는가에 대한 대답
Ant	Antwort 대답
AP	Allgemeine Psychopathologie 일반 정신병리학
Aut	Philosophische Autobiographie 철학적 자전
BR	Wohin treibt de Bundesrepublik? 독일연방공화국은 어디로 가고 있는가?
Ch	Chiffren der Transzendenz 초월자의 암호
E	Existenzphilosophie 실존철학

Einf	Einführung in die philosophie
	철학 입문
Ent	Die Frage der Entmythologisierung
	비신화화의 문제
Gl	Der philosophische Glaube
	철학적 신앙
GlO	Der philosophische Glaube angesichts der Offenbarung
	계시에 직면한 철학적 신앙
GrPh	Die grossen Philosophen
	위대한 철학자들
GSZ	Die geistige Situation der Zeit
	현대의 정신적 상황
HS	Hoffnung and Sorge
	희망과 염려
KlSch	Kleine Schule des philosophischen Denkens
	철학적 사유의 작은 학교
Prov	Provokationen
	도발
PsW	Psychologie Weltanschauungen
	세계관의 심리학
RAu	Rechenschaft und Ausblick
	변명과 전망

SchW	Schicksal und Wille
	운명과 의지
UZG	Vom Ursprung und Ziel der Geschichte
	역사의 근원과 목표
VE	Vernunft und Existenz
	이성과 실존
W	Von der Wahrheit
	진리론
Ⅰ, Ⅱ, Ⅲ	Philosophie Bd. Ⅰ, Ⅱ, Ⅲ
	철학 Ⅰ, Ⅱ, Ⅲ

해 설

 이 책은 카를 야스퍼스의 철학 사상을 체계적으로 명쾌하게 설명하고 있는 일종의 해설서다. 다시 말해 이 책은 야스퍼스의 깊고 방대한 철학 사상을 어디서부터 어떻게 공부해야 하는가를 마치 사다리를 밟고 지붕에 오르는 듯한 방식으로 안내해 주는 입문서이기도 하다. 이 책의 성격을 비유적으로 표현한다면 '사다리 입문서'라 할 수 있다.

 지금까지 독일을 비롯한 유럽 여러 나라와 영국, 미국 등에서 야스퍼스 철학 사상을 해설한 입문서나 안내서 가운데 이 책만큼 체계적이면서 명철(明哲)하고, 이해하기 쉬운 책은 지극히 드물다. 그래서 이 책은 야스퍼스의 철학 사상을 공부하려는 초학자(初學者)들에게 가장 많이 읽히는 입문서로 정평이 나 있다.

 저자인 쿠르트 잘라문 교수는 이 책의 <삶의 고비와 정신적 발전>의 장에서 우선 카를 야스퍼스가 왜 정신병리학이라는 당초의 전공을 버리고 철학의 길로 나섰는가에 대해 분명한 이유를 쓰고 있다. 그는 동시에 왜 야스퍼스가 히틀러의 나치 정권에 저항했고, 종전 이후에는 왜 조국을 떠나 스위스의 바젤로 갔는지 그 동기를 간명하나마 명백하게 밝히고 있다.

<철학적 저작> 장에서 철학적 사유란 항상 실천과 직접적인 관계를 가지며, 반독단적 사유에서 철학의 본질이 드러나고, 존재의 확신에서 철학의 과제가 실현된다는 것을 서술하고 있다.

<철학의 방법> 장에서는 야스퍼스의 철학 방법이 논의되고 있다. 어떻게 하면 우리가 현존재(Dasein)에서 실존(Existenz)으로 비약할 수 있는가에 대한 야스퍼스의 철학적 사유가 해명되고 있다. 요컨대 실존으로 전환할 수 있는 방법으로서의 초월하는 사유가 여기서 기술되고 있다.

<실존의 개념> 장에서 쿠르트 잘라문은 현존재와 실존의 상이성과 양자의 성격 및 의미를 주로 쇠렌 키르케고르의 신(神) 앞에 선 단독자와 칸트의 영혼과 관련지어 설명하고 있다. 더욱이 잘라문은 여기서 실존이 되는 계기로서 한계상황 앞에서의 좌절에 관해 효과적으로 해명하고 있다. 그는 야스퍼스가 "한계상황을 경험하는 것과 실존하는 것은 동일하다"라고 말한 것을 중심 테마로 실존 개념을 이해시키고자 시도하고 있다.

야스퍼스에 의하면 실존을 획득하기 위해서는 여러 방면

의 모티브가 있지만, 오늘날과 같은 초고도 산업 사회에서는 너와 나 간의 실존적 사귐이 더욱 필요하다는 것이다. 이러한 근거에서 잘라문은 <사귐의 철학>이라는 장을 설정해 매우 인상적으로 해설하고 있다. 이 <사귐의 철학> 장에서 잘라문은 현존재적 사귐의 비인간화 및 인간 존재의 비본래성을 적나라하게 파헤치고 있다. 실존적 사귐에서만 인간은 실존을 획득하고 나아가 진정한 실존의 현실화로서 사회적 실존을 구현할 수 있다고 설명하고 있다.

<포괄자론(包括者論)과 이성의 철학> 장에서는 야스퍼스의 존재론으로서의 포괄자론(Periechontologie)을 논의하고 있다. 이 장에서 잘라문은 "야스퍼스는 존재를 포괄자(das Umgreifende)로 이해하고 있다"고 쓰고 있다. 잘라문이 설명하고 있는 요지는 대략 다음과 같다.

야스퍼스에 의하면 전통적인 형이상학이 사유해 온 존재는 전체로서의 포괄자가 아니고 포괄자에 의해 둘러싸인 하나의 존재자(Seiende)에 불과하다는 것이다. 존재는 존재자를 포괄하는 포괄자로서 체험되는 한 존재일 수 있다. 그러나 존재가 사유하는 주관에 의해 사유되면 그것은 객관으로서의 대상으로 존립할 뿐이며 동시에 그것은 존재자로서 사유되고 있을 뿐이다. 따라서 포괄자는 사유나 인식의 대상일 수 없다. 포괄자는 사유 및 인식의 영역을 초월해 있다.

야스퍼스는 이 포괄자의 체험으로 초월해 가는 사유에는 두 가지가 있다고 주장하고 있다. 하나는 '주관-객관의 분열(Subjekt-Objekt Spaltung)'을 넘어서고자 하는 사유고, 다른 하나는 '지평(地平, Horizont)'을 넘어서고자 하는 사유다. 잘라문은 이 장에서 '주관-객관 분열의 배경으로서의 포괄자'와 '지평을 넘어선 초월자로서의 포괄자'를 집중적으로 조명하고 있다. 이러한 도상에서 우리가 포괄자를 철학적으로 규명(Erhellung)하려고 시도하자마자 곧 일체를 포괄하는 비대상적인 하나의 존재가 일곱 가지의 포괄자 양태로 분절된다. 이러한 포괄자의 양태 가운데 그 어떤 양태도 존재 자체로서 포괄자는 아니다. 그러므로 우리가 이 포괄자의 양태들을 하나씩 돌파해 나갈 경우에 우리는 궁극적으로 포괄자의 포괄자, 즉 초월자로서 존재 자체인 포괄자에게로 초월한다. 이 장은 아주 난해한 이 문제를 알기 쉽게 해설하고 있다.

<정치적 사유> 장에서 잘라문은 야스퍼스가 주장하는 냉전의 종식, 전체주의의 파기, 그리고 세계 평화의 구축이라는 정치철학적 이념을 요약해 서술하고 있다. 더 나아가서 이러한 정치철학적 이념을 실현하기 위해서 무엇보다도 나치 독일의 출현과 나치 독일이 저지른 죄상에 대한 전 독일 국민의 도덕적 죄의식 및 도덕적 반성, 전후에 경제적 복

구와 정치적 새 질서의 형성을 명분으로 삼은 전체주의에 대한 세계인들의 억제 등을 위해서, 독일 국민 및 인류의 자기내면에서의 도덕적·형이상학적 전향, 즉 실존적 전향을 감행하지 않으면 안 된다고 주장하는 야스퍼스의 입장도 논의하고 있다. 다시 말해서 국가의 정치적 안정, 자유 이념의 구현, 핵전쟁의 억제, 전체주의로부터의 해방, 그리고 세계 평화 질서의 구축을 현실화해야 한다는 야스퍼스의 정치철학도 여기서 기술하고 있다.

<철학과 과학> 장에서는 야스퍼스가 말하고 있는 의미·의의·한계를 정리해 소개하고 있으며, 여기에 덧붙여 철학과 과학의 상호 관계를 요약·소개하고 있다.

<철학과 종교> 장에서는 종교적 진리, 특히 계시 종교의 신앙과 철학적 신앙의 상이성을 주장하는 야스퍼스의 종교 사상을 조명하고 있다. 이와 동시에 야스퍼스의 철학적 신앙의 핵심이 되는 초월자의 암호에 관한 이론인, 이른바 암호론을 해설하고 있다.

이 책은 야스퍼스의 철학 체계, 자기 고유의 철학적 개념, 한계상황, 실존적 사귐, 포괄자론, 정치철학 등을 총망라해 이해하기 쉽게 해설하고 있다. 그러므로 야스퍼스의 저서들, 특히 주저를 읽고자 하는 독자들은 먼저 이 책부터 읽을 것을 권하고 싶다. 이 책은 야스퍼스의 깊고 무거운 주저를

읽기 전에 반드시 읽어야 할 필독 입문서다.

본 역자와 친분이 두터운 쿠르트 잘라문 교수는 이 책을 번역한다는 소식을 접하고 마지막 장에 해당하는 <영향>을 한국어로 옮기지 말 것을 요청하는 사신(私信)을 보내왔다. 그 이유는 오늘날 야스퍼스가 미치고 있는 영향이 그가 이 책을 집필·발간하던 당시의 상황과는 달리 새로운 면모로 나타나고 있다고 판단했기 때문이다. 역자는 그의 요청에 따라 <영향>을 이후 출간된 개정 증보판의 내용으로 교체했음을 밝힌다.

지은이에 대해

쿠르트 잘라문은 현재 오스트리아의 그라츠(Graz)대학교 철학과 교수로 재직하고 있다. 잘라문 교수는 오스트리아 카를 야스퍼스학회(Ö sterreichische Karl Jaspers Gesellschaft)의 회장이기도 하다.

쿠르트 잘라문은 1940년 오스트리아의 레오벤(Leoben)에서 태어났고, 그라츠대학교에서 철학·심리학·독문학·영문학을 연구했다. 1963년에 그라츠대학교 철학과 연구 조교로 일했고, 1965년에 <카를 야스퍼스의 사귐에서의 본래적 자기존재>라는 논문으로 철학 박사학위를 받았다. 1973년에 철학 교수 자격시험에 합격했고, 1975년에는 그라츠대학교 철학과 교수로 부임해 2006년 12월까지 재직했다. 2007년 3월 정년퇴임해 지금은 그라츠대학교의 철학과 명예교수로서 계속 강의하고 있다.

쿠르트 잘라문은 1987년에 '오스트리아 카를 야스퍼스학회'를 창립해 지금까지 회장을 맡아 오면서 야스퍼스학회의 학회지를 1988년 창간호로부터 2010년 6월 현재 제13집까지 편집·발간하는 학구적 열정을 보여 주고 있다.

그의 저서 가운데 중요한 것은 다음과 같다. ≪이데올로기 - 편견의 지배≫(1972, 공저), ≪이데올로기-과학-정치, 사회철학 연구≫(1975), ≪계몽으로서의 사회철학≫(1979, 편저), ≪철학이란 무엇인가≫(1980, UTB 1000), ≪카를 야스퍼스, 그의 사유의 현실성≫(1991, 편저), 이외에도 그는 정치 및 세계관 분석의 철학, 철학사, 사회철학, 철학적 인간학, 지식론 등 다방면에 걸친 연구 논문들을 썼다.

쿠르트 잘라문은 역자와의 특별한 지우(知友) 관계를 맺고 서로 진지한 직접적 대화와 서신을 통한 교우를 계속해오고 있다. 역자는 그의 학문적인 정열에 대한 존경과 인간적인 소박한 정(情)의 아낌없는 표현에 깊은 감사를 드린다.

또한 일본 도호쿠대학교의 마스부치 유키오(增淵幸男) 교수에게도 감사를 드린다. 그가 펴낸 이 책의 일역본(日譯本)은 역자에게 번역상의 안정감을 주었기 때문이다.

옮긴이에 대해

정영도는 영남대학교 철학과를 졸업하고 동 대학원에서 니체의 기독교 비판에 대한 연구로 석사 학위를 받았으며 오르테가의 생적 이성의 철학에 대한 연구로 박사학위를 받았다. 그 후 독일 뮌헨대학에서 5년간 니체 철학을 연구했다.

정영도는 동아대학교에서 철학과 교수로 32년간 재직하다가 2005년 2월에 정년퇴직했다. 현재는 명예 교수로 있으면서 후학들을 위해서 아직도 철학을 강의하고 있다. 정영도는 한국철학회 부회장, 새한철학회 회장, 한국니체학회 회장 자리를 맡았다. 현재 한국야스퍼스학회 회장을 맡아 일하고 있다.

전공 저서로는 ≪니체의 사랑과 철학≫, ≪야스퍼스 철학의 근본 문제≫, ≪현대 유럽 철학≫, ≪그리스 로마 철학≫ 등 다수가 있다. 번역서로는 ≪니체의 차라투스트라에 대한 철학적 해설≫(안네마리 피퍼), ≪신의 추구자냐 안티크리스트냐 - 니체의 기독교 비판≫(오이겐 비저), ≪개인과 사회≫(오르테가), ≪삶의 형이상학≫(오르테가), ≪초월자의 암호≫(야스퍼스), ≪척도를 주는 인간들≫(야스퍼스), ≪근원에서 사유하는 철학자들≫(야스퍼스), ≪야스퍼스의 철학사상≫(월래프), ≪카를 야스퍼스≫(리하르트 비서) 등 다수가 있다.

부산시 문화상(학술 부문), 눌원문화상(학술 부문), 동아학술상(인문 · 사회 부문) 등을 수상하기도 했다.

카를 야스퍼스

지은이 쿠르트 잘라문
옮긴이 정영도
펴낸이 박영률

초판 1쇄 펴낸날 2011년 3월 28일
개정판 1쇄 펴낸날 2022년 3월 28일

지식을만드는지식
02880 서울시 성북구 성북로 5-11 (성북동1가 35-38)
전화 (02) 7474 001, 팩스 (02) 736 5047
출판등록 2007년 8월 17일 제313-2007-000166호
전자우편 zmanz@commbooks.com
홈페이지 www.commbooks.com

ZMANZ
5-11, Seongbuk-ro, Seongbuk-gu, Seoul, 02880, KOREA
phone 82 2 7474 001, fax 82 2 736 5047
e-mail zmanz@commbooks.com
homepage www.commbooks.com

ⓒ 정영도, 2022
KARL JASPERS by Kurt Salamun

All rights reserved by proprietor throughout the world
in the case of brief quotations embodied in critical articles or reviews.

Korean Translation Copyright ⓒ CommunicationsBooks, Inc
(ZMANZ Publishing Co.), Seoul
Copyright ⓒ 2021 Königshausen & Neumann GmbH

This Korean edition is published by arrangement with
Königshausen & Neumann GmbH through
Bestun Korea Literary Agency Co, Seoul

이 책의 한국어판 저작권은 베스툰 코리아 출판 에이전시를 통해
저작권자와의 독점 계약으로 커뮤니케이션북스(지식을만드는지식) 출판사에
있습니다. 저작권법에 의해 한국 내에서 보호를 받는 저작물이므로
무단 전재와 무단 복제를 금합니다.

ISBN 979-11-288-6500-8
979-11-288-6501-5(큰글씨책)

책값은 뒤표지에 있습니다.